교육학개론

윤건호, 김봉석 지음

창지사

머리말

『교육학개론(教育學概論)』은 교육 현상을 이해하는 데 필요한 기초 개념과 지식을 전달하는 데 초점을 두고 쓰였다. 그래서 우리 저자들은 교육에 대한 개념 탐색과 더불어 교육학의 여러분과 학문에서 기본적으로 다루는 내용 가운데 가장 기초적인 것들을 전달하는 데 주력하였다. 이 책은 대학의 '교육학원론' 또는 '교육의 기초' 등과 같은 강좌에서 교재로 사용하기에 알맞도록 되어 있다.

교육학개론은 교육 현상과 교육 이론을 이해하는 데 필요한 기초 개념과 기본 방법을 익히는 강좌이다. 또한 교육학개론은 교사가 되려는 사람들이 배우는 전문적인 교육학 분야의 기초 과정이다. 교육학개론을 통해 인간의 삶에서 중요한 한 영역인 교육 전반에 관하여 인문사회적 교양 지식을 얻을 수 있다. 교육학개론을 통하여 얻은 지식은 학생들이 자기 자신의 교육에 대하여 깊이 생각해 보고 좀 더 나은 교육을 받을 수 있는 길과 방법을 모색하는 데 도움이 된다.

이 책은 크게 5부로 나뉘어 있다.

제1부는 교육의 개념적·역사적 이해를 다루었다. 여기에서는 교육 현상을 이해하는 데 필요한 기초 지식으로서 교육의 개념, 기능, 유형을 살펴보고, 동·서양의 교육 역사를 개괄함으로써 오늘의 교육의 모습을 역사적으로 이해할 수 있도록 하였다.

제2부는 교육의 심리적 이해를 다루었다. 여기에서는 심리 현상으로서 교육이 갖는 특성과 교육을 좀 더 잘 해나가는 데 필요한 심리적 기술과 방법을 이해하기 위하여 발달심리, 학습심리, 학습의 심리적

요인을 살펴보았다.

제3부는 교육의 과정적(過程的) 이해를 다루었다. 여기에서는 교육의 과정(過程)으로서 수업을 다루었다. 특히 수업을 효과적으로 진행하기 위하여 필요한 교수설계와 다양한 교수-학습방법을 살펴보았다. 제4부는 교육의 사회적 이해를 다루었다. 여기에서는 사회 현상으로서 교육을 이해하고 교육의 사회적 특성을 탐구하는 데 필요한 기초 내용으로서 교육의 사회적 접근방법과 사회적 쟁점을 살펴보았다.

제5부는 교육의 행정적 이해를 다루었다. 여기에서는 주로 학교 제도로 대표되는 교육 현장에서 나타나는 교육행정의 문제들을 이해하는 데 필요한 기초 지식으로서 교육행정의 개념과 이론, 교육행정의 조직과 체계, 교사론 등을 살펴보았다.

『교육학개론』을 읽는 학생 여러분이 유의해야 할 것이 있다. 그것은 이 책에 나오는 내용이 교육학의 전 영역을 전부 다루는 것이 아니라는 점이다. 이 책에서 다루는 내용은 교육학의 여러 영역 가운데 기본적인 영역에서 다루는 기초적인 내용에 국한되어 있다. 좀 더 전문적인, 교육학의 분과 학문 분야의 지식은 범위와 계열의 문제로 인해 다루지 못하였다. 좀 더 전문적인 교육학 지식을 습득하기를 원하는 학생들은 이 책의 뒷부분에 나오는 참고문헌을 참조하거나 강의를 맡으신 교수님들께 자문을 구하여 관련 도서들을 공부해 나가면 좋을 것이다.

『교육학개론』의 출판을 맡아 완성해 주신 창지사 사장님과 편집부 직원 여러분들께 감사의 말씀을 전한다.

2015년 10.

저자 윤건호, 김봉석

차례

머리말 ••• 3

PART 01 교육의 개념적·역사적 이해 / 11

제1장 교육이란 무엇인가 13
1. 교육의 개념 ••• 15
2. 교육의 기능 ••• 18
1) 교육의 필요성 ••• 18
2) 교육의 기능 ••• 20
3. 교육의 유형 ••• 26
1) 비형식적 교육과 형식적 교육 ••• 26
2) 교육의 수평적 유형과 수직적 유형 ••• 27

제2장 근대까지의 교육 31
1. 고대의 교육 ••• 33
1) 교육의 목적 ••• 33
2) 고대 서양의 교육내용 ••• 36
3) 고대 동양의 교육내용 ••• 39
2. 중세의 교육 ••• 43
3. 근대의 교육 ••• 47

제3장 현대의 교육 53
1. 20세기 전반기의 교육 ••• 55
1) 진보주의 교육 ••• 55
2) 경험중심 교육과정 ••• 58
2. 20세기 후반기의 교육 ••• 64
1) 진보주의 교육의 퇴조 ••• 64
2) 학문중심 교육과정 ••• 67
3) 교육의 인간화와 인간중심 교육과정 ••• 71

PART 02 교육의 심리적 이해 / 75

제4장 교육과 심리 ………… 77
1. 현대 심리학의 등장 ••• 79
2. 행동주의 심리학 ••• 80
3. 정신분석학 ••• 81
4. 인본주의 심리학 ••• 82

제5장 발달심리 ………… 85
1. 발달의 개념 ••• 87
2. 발달의 원리 ••• 88
3. 발달과업 ••• 89
1) 태아기 ••• 89
2) 신생아기 ••• 90
3) 영아기 ••• 91
4) 유아기 ••• 91
5) 아동기 ••• 92
6) 청소년기 ••• 92
7) 성인 초기 ••• 93
8) 성인 중기·후기 ••• 93
9) 노년기 ••• 95
4. 발달 이론 ••• 95
1) 피아제(Piaget)의 인지발달(cognitive development) 이론 ••• 95
2) 프로이드(Freud)의 심리성적(psychosexual) 발달 이론 ••• 100
3) 에릭슨(Erikson)의 심리사회적(psycho-social) 발달 이론 ••• 103
5. 발달 이론의 교육적 시사점 ••• 107
1) 준비성(readiness) ••• 107
2) 결정적 시기(critical period) ••• 107
3) 문화 실조(cultural deprivation) ••• 108

제6장 학습심리 ………… 109
1. 학습의 이해 ••• 111
1)학습의 개념 ••• 111
2. 학습 이론 ••• 113
1) 행동주의 학습 이론 ••• 113

2) 인지주의 학습 이론···120
3) 구성주의 학습 이론···122

제7장 학습의 심리적 요인 ········· 125
1. 지능···127
1) 지능의 개념···127
2) 지능의 구조···128
3) 지능의 발달···131
4) 지능과 학업 성취···132
2. 학습동기···133
1) 동기의 의미···133
2) 동기 이론···133

PART 03 교육의 과정적 기초 / 139

제8장 수업의 과정 ········· 141
1. 교수설계···143
1) 교수설계의 개념···143
2) 교수설계의 과정···144
2. 수업계획서와 학습지도안의 작성···150
1) 수업계획서의 작성···150
2) 학습지도안의 작성···156
3. 교수-학습방법···160
1) 일반적인 수업의 과정···160
2) 교수-학습방법의 단계···161
4. 효과적인 수업 기술···163
1) 신뢰감 형성 기술···163
2) 학습의욕 제고 기술···164
3) 수업반응 제고 기술···165
4) 효과적인 설명 기술···165
5) 효과적인 판서 기술···166
6) 학습자료 제시 기술···166
7) 시범 기술···167

제9장 교수-학습방법 169
1. 강의식 수업방법 ••• 171
1) 강의식 수업의 특징 ••• 171
2) 강의식 수업의 과정 ••• 172
3) 강의식 수업과 질문법 ••• 174
2. 토의식 수업방법 ••• 175
1) 토의식 수업의 특징 ••• 175
2) 토의식 수업의 유형 ••• 176
3) 토의식 수업의 과정 ••• 178
3. 문제해결학습 ••• 180
1) 문제해결학습의 특징 ••• 180
2) 문제해결학습의 단계 ••• 182
3) 문제해결학습의 과정 ••• 183
4. 협동학습 ••• 185
1) 협동학습의 특징 ••• 185
2) 협동학습의 과정 ••• 187

PART 04 교육의 사회적 이해 / 191

10장 교육과 사회 193
1. 교육사회학의 형성 ••• 195
1) 교육사회학의 등장 ••• 195
2) 교육사회학의 특성 ••• 196
2. 교육사회학 연구 ••• 198
1) 교육사회학의 탐구 문제 ••• 198
2) 교육사회학의 연구 분야 ••• 199

11장 교육의 사회학적 접근방법 201
1. 구조 기능주의적 접근방법 ••• 204
1) 구조 기능주의적 교육사회학의 발전 과정 ••• 204
2) 구조 기능주의적 교육사회학의 기본 입장 ••• 204
3) 구조 기능주의적 교육사회학의 주요 관점 ••• 206
2. 갈등 이론적 접근방법 ••• 212
1) 갈등 이론적 교육사회학의 발전 과정 ••• 212

2) 갈등 이론적 교육사회학의 기본 입장 • • • 212
3) 갈등 이론적 교육사회학의 주요 관점 • • • 214
3. 신교육사회학의 해석적 접근방법 • • • 223
1) 신교육사회학의 발전 과정 • • • 223
2) 신교육사회학의 기본 입장 • • • 225
3) 신교육사회학의 주요 논제 • • • 226
4) 신교육사회학의 의의 • • • 229

12장 교육의 사회적 쟁점 231
1. 교육 경쟁과 교육열 • • • 233
1) 교육 선발 제도와 교육 경쟁 • • • 234
2) 교육열 • • • 236
2. 교육 불평등 • • • 239
1) 교육 기회의 허용적 평등 • • • 241
2) 교육 기회의 보장적 평등 • • • 242
3) 교육 조건의 평등 • • • 242
4) 교육 결과의 평등 • • • 243
3. 교육의 사회적 측면들 • • • 243
1) 정치 이념의 변화와 교육과정 • • • 243
2) 지식의 계층화 및 성 차별화 • • • 244

PART 05 교육의 행정적 이해 / 247

제13장 교육과 행정 249
1. 교육행정의 개념 • • • 251
1) 국가공권력설 • • • 251
2) 조건정비설 • • • 252
3) 정책달성설 • • • 252
4) 행정행위설 • • • 253
5) 종합설 • • • 254
2. 교육행정의 성격 • • • 255
1) 수단적·봉사적 성격 • • • 255
2) 전문적 성격 • • • 255
3) 민주적 성격 • • • 256

4) 장기적 성격•••256
3. 교육행정 이론•••257
1) 고전적 조직론•••257
2) 인간관계론•••262
3) 행동과학 이론•••266
4) 체제이론•••268
5) 다원적 이론•••271

제14장 교육행정의 조직과 체계 ········· 273
1. 교육행정의 조직•••275
1) 조직의 정의•••275
2. 조직의 종류•••276
1) 공식조직과 비공식조직•••276
2) 계선조직과 참모조직•••278
3. 교육행정의 체계•••279
1) 중앙 교육행정•••280
2) 지방 교육행정•••282

제15장 교육과 교사 ········· 287
1. 교직의 전문성•••289
1) 장기간의 교육과 훈련•••289
2) 직무의 자율성•••290
3) 책임감•••291
4) 봉사•••292
5) 자치단체 조직•••292
6) 직업윤리의 강조•••294
2. 교사의 자질•••295
3. 교사와 인간애•••296
1) 종교에서의 사랑•••296
2) 교사의 사랑 : 교육애•••297
4. 교사와 윤리•••299
1) 사도헌장•••300
2) 사도강령•••300

참고문헌 ········· 304

PART
01

교육의 개념적 · 역사적 이해

제1장 교육이란 무엇인가
제2장 근대까지의 교육
제3장 현대의 교육

CHAPTER
01

제1장 교육이란 무엇인가

1. 교육의 개념
2. 교육의 기능
3. 교육의 유형

교육이란 무엇인가? 이 "교육이란 무엇인가?"라는 물음은 무엇을 묻는 물음일까? 이 물음은 첫째로 교육의 개념 즉, '교육'이라는 낱말의 뜻을 묻는 물음이다. 둘째로 이 물음은 교육의 역할 또는 기능을 묻는 물음이다. 셋째로 이 물음은 교육의 형식 혹은 유형을 묻는 물음이다. 지금부터 "교육이란 무엇인가?"라는 물음에 대하여 교육의 개념, 교육의 기능, 교육의 유형이라는 세 가지 측면에서의 대답을 살펴본다.

1. 교육의 개념

'교육'이라는 낱말을 『우리말 큰사전』에서 찾아보면 '지식과 기술들을 가르치며 인격을 길러주는 일'이라고 정의되어 있다. 『콜린스 코빌드(Collins Cobuild) 영어 사전』에서는 '교육'이란 '사람들을 특히, 학교나 대학에서 장기간에 걸쳐 가르침으로써, 그들이 여러 가지 교과나 주제에 지식과 식견을 얻도록 하는 일' 또는 '주로 학교나 대학에서 사람들을 가르치는 체제이며, 이로써 개인이 학습을 통해 지식과 식견을 획득해 가는 점진적인 과정'이라고 정의하고 있다. 교육은 한자어로 '가르칠 교(敎)', '기를 육(育)'으로 되어 있다. 이를 풀어보면 敎자는 노인(老)이 손자(子)를 회초리(攵)로 훈계하는 것을 뜻하며, 育자는 敎의 대상을 장기간에 걸쳐 정기적으로 보살펴 주는 것을 뜻한다. 즉, 노인으로 상징되는 성인세대가 손자로 대표되는 아동세대를 가르치고 보살펴 주는 것이 교육이다.

이상과 같은 사전적 정의를 종합해 보면, 교육이란 한 사람이 다른 사람(들)에게 특정한 지식과 기능을 가르쳐 주고 인격을 길러주는 일이며 주로 학교에서 이루어진다고 말할 수 있다. 여기서 교육을 행하는 주체 즉, 가르치는 사람은 지식이나 기능, 인격 등을 먼저 알고 습득한 사람이다. 일반적으로 한 사회의 기성세대가 이에 해당한다. 이러한 가르치는 사람을 남보다, 배우는 사람보다 먼저 안 사람이라 하여 '선생(先生)'이라고 부른다. 교육을 받는 대상 즉, 배우는 사람은 가르치는 사람인 선생에게서 자기가 모르는 지식, 기능, 인격 등을 전수받는 사람이다. 일반적으로 한 사회의 성장세대, 아동세대가 이에 해당한다. 이처럼 기성세대인 선생으로부터 지식, 기능, 인격 등을 배우는 사람을 '학생(學生)'이라고 부른다.

교육에 관하여 이러한 방식으로 정의를 내렸을 때 주목해야 할 것은 기성세대가 앞서서 겪고 습득한 경험과 지식을 성장세대에게 전수하여 준다는 점이다. 이때 전달의 대상이 되는 경험이나 지식은 아동세대로서는 아직 겪어보지 못한 것, 알지 못한 것이다. 아동이 겪어보지 못하고 알지 못한 것을 성인으로부터 전수받는 과정은 당연히 전수의 주체인 성인중심으로 이루어지게 마련이다. 전수의 내용과 과정은 어디까지나 성인의 관점에서 결정되고 실행된다. 성인의 관점에서 볼 때 아동이 앞으로 성인이 되어 살아갈 때 필요한 지식과 기능, 인성 특성 등을 선택하고 결정하여 교육내용으로 삼는 것이다. 이 점에서 교육의 내용은 아직까지는 아동에게는 없는 것, 하지만 아동이 세상을 살아가려면 꼭 필요한 것이어야 한다.

만약에 이런 것들을 아동이 성인에게 전수받지 않고 스스로 습득하려면 상당히 장기간에 걸쳐 커다란 노력을 해야 한다. 이 경우 아동이 습득하게 되는 내용은 매우 제한될 수밖에 없다. 따라서 성인이 일정한 제도적 장치를 마련하여 비교적 단기간에 걸쳐서 체계적으로 아동에게 세상을 살아가는 데 필요한 지식, 기술, 인격 등을 전달하여 주는 편이 효과와 효율 면에서 훨씬 낫다. 교육이라는 활동을 가장 중추적으로 실행하는 학교제도는 이 때문에 발생하였다. 여기서의 교육의 내용은 대개가 아동들의 심리세계 외부에서 즉, 사회적으로 주어지는 것이다. 교육의 개념을 기성세대가 성장세대를 가르치는 과정으로 볼 경우 그 교육의 내용은 대개 아동의 흥미나 관심이나 소질 등을 떠나서 아동에게 외부에서 부과되는 것이다. 이러한 교육의 개념에는 교육을 통하여 아동을 사회 내지는 기성세대가 원하는 모양으로 만들어낸다는 의미가 들어 있다.

이와는 달리 성장세대인 아동이 지니고 있는 여러 가지 잠재적인 능력들을 골고루 끌어내어 조화롭게 발달시켜 주는 것을 교육으로 보는 생각도 있다. 이러한 견해는 교육을 뜻하는 영어 단어 에듀케이션(education)에 잘 나타나 있다. 에듀케이션(education)은 라틴어 어원으로 '밖으로(e)'라는 접두사와 '이끌어내다(ducare)'라는 동사가 결합된 낱말이다. 여기서 아동이 지닌 여러 소질들을 계발시켜 밖으로 끌어내 주는 것이 교육이라는 개념 정의가 발생하였다. 교육에 관한 이러한 정의는 주로 18세기 무렵의 서양에서 나타난 자연주의적 교육관(naturalistic view of education)에서 비롯되었다. 자연주의적 교육관은 인간의 본성을 선한 것으로 본다. 인간이 태어나면서부터 갖고 있는 선한 품성과 소질, 재능 등을 외부에서 주입되는 강압적인 교육을 통하여 억지로 키우는 것은 올바른 교육이 아니다. 인간이 태어나면서부터 갖고 있는 선한 품성과 소질, 재능 등은 아동의 자연적인 발달에 의거하여 아동의 흥미와 관심, 개성 등을 존중하면서 자연스럽게 키워나가야 한다. 이러한 논지는 자연주의적 교육관의 핵심이다.[1)]

1) 18세기 프랑스의 사회철학자 루소(Jean-Jacques Rousseau, 1712~78)는 이와 같은 자연주의적 교육관을 정립시킨 대표적인 사상가이다. 루소에서 시작한 자연주의적 교육관은 19세기 독일의 교육사상가 페스탈로치(Pestalozzi, 1746~1827), 프뢰벨(Frobel, 1782~1852) 등을 거쳐 20세기 미국의 교육철학자 듀이(John Dewey, 1859~1952)에 이르러 아동중심 교육사상으로 발전한다.

2. 교육의 기능

1) 교육의 필요성

앞에서도 말했듯이, 교육의 기능을 살펴보는 것은 교육의 개념을 교육학적으로 정의하는 것이기도 하다. 교육의 기능을 논의하는 데는 "교육이 왜 필요한가" 라는 물음 즉, "왜 기성세대는 성장세대를 가르치며, 왜 성장세대는 기성세대에게서 배우는 것일까" 하는 물음을 출발점으로 삼는 것이 적절하다. 이 물음에 대한 답변은 단순하게 생각해 볼 때 "삶을 살아가는 데 커다란 도움을 얻기 위해서"라고 말할 수 있다. 교육은 무엇보다도 교육을 받는 사람의 측면에서 삶을 살아가는 데 유익함을 도모하기 위하여 하는 활동이다. 한 마디로 교육은 "잘 살기 위해서" 즉, "삶의 질을 높이기 위해서" 받는 것이다.

삶 또는 생활이라는 것은 유기체와 유기체를 둘러싸고 있는 환경 사이의 상호작용을 말한다. 유기체와 환경 사이에 상호작용이 이루어진다는 것은 유기체가 환경에 영향을 미치고 환경이 유기체에 영향을 미친다는 것을 의미한다. 그런데 유기체와 환경 사이에 상호작용이 이루어지는 과정에서는 반드시 환경에 변화가 일어난다. 환경에 변화가 일어나면 이 변화는 다시 유기체에게 영향을 미친다. 여기서 유기체에게 미치는 환경의 영향은 때로는 사소한 것일 수도 있지만 때로는 유기체의 생존에 결정적인 해를 끼치는 것일 수도 있다. 이 경우 유기체는 환경의 변화에 적응을 해야만 살아남을 수 있다. 이것을 '적자생존의 원리(principle of the survival of the fittest)'라고 한다.

유기체의 생존에 영향을 미치는 환경의 변화는 유기체에게 주어진 문제(problem)라고 할 수 있다. 유기체는 변화된 환경에 적응을 함으로써 지속적인 생존을 도모한다. 유기체가 이처럼 환경의 변화에 적응해 나가는 것은 일종의 문제해결(problem solving)이다. 이러한 견지에서 볼 때 유기체의 관점에서 삶이란 유기체가 자신에게 닥친 문제를 해결해 나가는 과정이라고 정의할 수 있다. 그런데 문제를 해결하기 위해서는 지식과 기술이 필요하다. 문제를 해결하고 난 뒤에 남는 것도 지식과 기술이다. 즉, 문제해결의 과정과 결과는 지식과 기술의 형태로 정립된다.

동물의 경우 살아가는 데 필요한 지식과 기술은 대부분 본능으로 갖추고 있다. 고등동물의 경우에도 이는 마찬가지이고, 극히 일부분에 한해서만 부모로부터 훈련을 받는다. 반면에 인간은 삶을 살아가는 데 필요한 지식과 기술을 대부분 교육을 통하여 습득한다. 인간의 본능은, 살아가는 데 필요한 지적·기능적 프로그램화가 미리 이루어져 있는 동물과는 달리 생득적인 경향성(innate tendency)만을 의미할 뿐이다. 즉, 인간의 경우에 본능은 학습을 할 수 있는 선천적인 능력을 의미한다. 이 점에서 인간은 교육을 통하여 비로소 '인간다운' 삶을 살 수 있는 '교육적 존재'이다.

인간에게 있어서 삶을 산다는 것은 단순히 의식주의 문제를 해결하는 것만은 아니다. 인간에게 있어서 삶을 산다는 것은 그보다 더 큰 영역과 차원의 문제를 해결해 나가는 것을 포함한다. 그 가운데서도 사회적·문화적 영역과 차원은 인간의 삶에서 중핵을 이루고 있다. 따라서 인간의 삶에 있어서는 의식주를 포함하여 사회적·문화적 차원에서 발생하는 문제를 해결하는 과정이 중요하다. 인간의 삶에서 '잘 산다는 것'과 관련된 대부분의 문제는 바로 이 사회적·문화적 영역에서의 문제해결과 밀접하게 관련되어 있다. 따라서 교육은 잘 사는 것에 관련된 사회적·문화적 영역에서의 문제해결을 위한 활동이라고 할 수 있다.

2) 교육의 기능

(1) 사회화

그렇다면 과연 인간에게 있어서 잘 산다는 것은 무엇이며, 잘 살기 위해서는 어떤 '교육적' 노력을 기울여야 하는 것일까? 인간의 삶이 갖는 가장 큰 특징은 사회성에 있다. 인간이 사회적 동물인 것은 누구나 수긍하는 사실이다. 인간은 누구나 한 사회의 구성원으로서 태어난다. 그러나 한 사회에서 태어났다고 해서 자동적으로 그 사회의 구성원이 되는 것은 아니다. 그 사회에서 통용되는 언어와 생활양식을 익히고, 그 사회의 공통적인 규범체계와 가치관을 받아들여 자신의 것으로 삼게 됨으로써 구성원으로서의 소속감과 일체감을 갖게 되었을 때, 인간은 비로소 그 사회의 일원이 된다. 이처럼 한 개인이 그가 속한 사회의 문화요소를 습득하여 그 사회의 구성원이 되는 과정을 사회화(socialization)라고 한다.

여기서 한 개인이 자신이 속한 사회의 문화양식을 습득하는 과정은 가정을 통해서든 학교를 통해서든 아니면 사회를 통해서든 결국은 교육에 의하여 이루어진다. 다시 말해서 인간이 사회 속에서 사회의 구성원으로서 살아가기 위해서는 반드시 교육을 받아야 한다. 이 점에서 교육은 한 개인이 사회적 존재가 되는 데 필수적인 과정이다. 그러므로 교육의 기능은 무엇보다도 인간의 사회화 과정과 관련된다. 즉, 교육의 첫 번째 기능은 사회화이다.

인간은 잘 살기 위해서는 아니 무엇보다도 살아가기 위해서는 한 사회의 구성원이 되지 않으면 안 된다. 개인이 한 사회의 구성원이 되는 과정 즉, 사회화 과정에서 필수적인 것은 그 사회의 문화양식을 습득하여 내면화하는 것이다. 이것이 이루어져야 사회 속에서 다른 사람들과 사회적 상호작용을 주고 받을 수 있기 때문이다. 앞에서 삶을 환경과의 상호작용이라고 정의한 것을 떠올려 본다면, 사회 속에서의 타인들 역시 한 개인에게는 중요한 환경이 된다. 따라서 타인과의 상호작용에서 발생하는 변화와 그로부터 발생하는 문제를 해결하는 것은 삶의 중요한 내용이 되지 않을 수 없다. 교육은 주로 사회적 상호작용에서 발생하는 문제를 해결하는 데 필요한 지식과 기능을 제공해 준다.

한편, 인간이 사회화되는 것은 한 사회에서 특정한 사회적 역할과 직업을 갖게 되는 것을 포함한다. 현대 사회에서 개인이 사회적 존재로서 살아가려면 일정한 사회적 역할과 직업을 가지고 있어야 한다. 사회 구성원들 간의 사회적 상호작용은 대부분 바로 이 사회적 역할의 수행과 직업 생활로 이루어져 있다. 사회적 역할을 맡게 되거나 직업을 갖게 되는 데에는 일정 기간 동안의 훈련과 준비 과정이 필요하다. 특히, 복잡성과 다양성을 특징으로 하는 오늘날과 같은 고도 산업사회에서는 사회생활을 위한 훈련과 준비의 과정이 더욱 더 체계적으로 이루어지고 있다. 여기서 교육은 사회생활을 위한 체계적인 훈련 및 준비 과정으로서의 기능을 담당한다. 현대의 학교교육은 상당 부분 바로 이러한 기능을 수행하는 데 초점을 두고 있다.

(2) 인간 행동의 계획적 변화

그렇지만 사회화와 교육을 비교하면 양자 간에는 뚜렷한 차이점도 있다. 사회화는 사회생활의 과정에서 다분히 의도성이나 계획성 없이 은연중에 이루어지는 반면에, 교육은 비교적 뚜렷한 목적과 목표를 갖고 계획적으로 진행된다. 즉, 교육은 의도성과 계획성을 갖고서 체계적으로 이루어지는 활동이다. 명확한 의도가 전제되어 있고 체계적인 교육행위의 진행 계획이 마련되어 있을 때 교육이 성립되는 조건이 완성된다. 흔히 '교육목적'이니 '교육목표'니 하는 말을 교육의 과정(process of education)에서 사용하는 것은 바로 이러한 점을 나타내는 것이다. 따라서 교육은 비교적 뚜렷하고 명확한 교육의 목적 내지 목표 아래 인간을 사회화된 개인으로 만들어 나가는 과정이라고 말할 수 있다. 이때 교육에서 주력하는 것은 인간을 자연적 인간에서 사회적 인간으로 변화시키는 일이다. 즉,

인간이 자연적·생물학적 존재였을 때는 갖추고 있지 않았던 지적(知的)·정의적(情意的)·기능적(機能的) 특성을 미리 세워 둔 계획에 따라 체계적으로 가르침으로써 교육을 받는 인간을 특정한 지적·정의적·기능적 특성을 갖춘 사회적 존재로 변화시켜 나가는 것이 교육의 요체이다. 여기서 교육의 두 번째 기능을 정의하면 인간의 특성과 행동을 계획적으로 변화시켜 나가는 것이라고 말할 수 있다.

교육 현상을 탐구하는 교육학은 심리학의 발달 과정과 궤를 같이하여 정립되었다. 교육의 두 번째 기능으로서 인간의 특성과 행동을 계획적으로 변화시키는 과정을 제시한 것은 교육에 관한 심리학적 접근과 관련된 것이다. 인간의 행동의 변화는 본디 심리학의 탐구 대상이다. 심리학에서 인간의 행동이 발생하는 원인과 과정을 연구한 것을 받아들여, 교육학에서는 인간의 행동을 어떤 방법으로 변화시킬 것인가 하는 문제를 중심 연구과제로 삼았다. 교육학은 특히, 그 가운데서도 인간의 학습행동을 주된 연구 대상으로 삼았다. 즉, 학습을 인간의 행동상의 변화라고 정의한 심리학의 관점에서 인간의 행동을 계획적으로 변화시켜 나가는 과정을 교육이라고 본 것이다. 인간의 행동이나 생각, 특성 같은 것들이 변화되는 원인은 여러 가지가 있을 것이다. 그렇지만 그 가운데서도 의도적이고 계획적인 교수-학습행위를 통하여 일어난 변화만을 교육학적 탐구의 대상으로 간주한다는 것이 교육학이 심리학과 다른 점이다.

(3) 자아실현

인간의 행동을 계획적으로 변화시키는 것을 교육의 두 번째 기능으로 보았을 때, 이것을 교육받는 개인의 관점에서 보면 인간이 자신의 고유한 인성과 재능을 계발하여 자아를 실현해 나가는 과정과 밀접하게 관련된다. 즉, 교육의 세 번째 기능은 개인의 인격의 완성으로서의 자아실현 과정을 의미하는 것이기도 하다. 인간은 누구나 자기 자신에 관한 자아 관념을 갖고 있으며, 이러한 자아 관념이 좀 더 긍정적이고 가치로운 것이 되도록 노력해 나간다. 즉, 인간은 누구나 지금보다 더 나은 사람이 되기 위하여 노력하는 존재로서, 교육은 개인의 자아계발과 인격 완성의 과정 그 자체이기도 하다. 그리고 이러한 자아실현을 위한 교육의 과정은 인간이 자신의 행동을 의도적이고 계획적으로 변화시켜 나가는 일련의 교수-학습행위로써 이루어진다.

(4) 문화유산 전수

그런데 인간의 행동을 의도적으로 그리고 계획적으로 변화시켜 나가는 데는 교육을 하는 자의 가치판단이 개입된다. 즉, 교육은 인간의 행동을 변화시켜 나가는 방향성에 대한 가치판단에 입각해서 이루어진다. 앞에서 말했던 교육목적이나 교육목표 등과 같은 용어는 바로 이러한 교육행위자의 가치판단을 나타내는 용어이다. 이 경우 인간 행동의 변화의 방향성으로서 교육목적과 교육목표는 한 사회가 바람직하다고 합의하거나 용인한 것이 될 수밖에 없다. 전통적으로 한 사회에서 바람직하다고 여기는 가치 관념은 그 사회의 문화 내용과 도덕관념에 속하는 것이 보통이다. 즉, 사회의 기본적인 문화와 가치관이 교육적 가치판단의 기초가 된다.

인간의 행동과 특성이 변화되는 방향성을 사회적 도덕관념과 문화 내용 속에서 찾는다는 것은 사회화의 내용적 측면 역시도 사회의 문화와 도덕에서 찾는다는 것을 의미한다. 이것은 교육의 내용과 관련되는 것이기도 한데, 대부분의 경우 교육의 내용은 한 사회의 문화와 지식 및 가치체계들로써 이루어진다. 특히, 그 사회에서 전통으로 계승하고 있는 문화유산 가운데 지적으로, 도덕적으로 가치 있다고 판단되는 것들이 주된 교육내용이 된다. 그런데 여기서 교육의 내용이 되는 문화유산은 비단 어느 한 사회의 고유문화 내지는 전통 문화만으로 제한되지는 않는다. 교육의 역사를 보면 늘 그러했듯이 교육내용은 한 사회에 고유한 문화 전통만이 아니라 인류의 보편적인 문화 내용도 포함하고 있다. 예를 들어 교육내용에서 커다란 비중을 차지하는 지식의 경우 해당 분야의 학문을 모체로 하여 정립되는데, 바로 이 학문이야말로 인류의 보편적인 정신문화 가운데 대표적인 산물이다. 교육은 이처럼 보편적으로 가르칠 가치가 있는 과거의 지적·도덕적 문화 전통을 다음 세대에 전승하는 기능을 한다. 이 점에서 교육의 네 번째 기능은 인류의 보편적인 문화유산을 전수하는 것이라고 말할 수 있다.

(5) 사회 유지 및 존속

여기서 학문을 포함하여 인류의 보편적인 문화유산이 주요한 교육내용이 되는 까닭은, 인간의 정신문화 자체가 다음 세대에 전수되지 않는다면 인류가 지금까지 쌓아 온 문명세계가 유지·존속될 수 없기 때문이다. 이것은 한 사회를 단위로 생각할 때도 마찬가지이다. 즉, 사회가 유지·존속되려면 사회 성원을 사회화시키는 과정과 더불어 그 사회의 문화유산도 사회화의 대상이 되는 성장세대에게 전승되어야 하는 것이다. 이 점에서 교육의 다섯 번째 기능으로서 사회를 유지하고 존속시키는 기능, 더 나아가 인류의 문명을 유지하고 존속시키는 기능을 제시할 수 있다.

(6) 사회 개선

한편으로, 교육은 사회체제를 유지하고 존속시키는 기능만을 수행하는 것이 아니라 사회를 개선하는 기능도 수행한다. 즉, 교육의 다섯 번째 기능으로 사회의 개선을 들 수 있다. 개인이 교육을 통해 지적·도덕적·인격적으로 더 나은 상태를 이루기 위하여 노력하는 것처럼, 사회체제도 교육을 통하여 현재보다 더 나은 상태로 개선되고 진보·발전해 간다. 사람들이 모여서 이룩한 사회체제나 제도는 사회가 변화하고 환경이 변화해 감에 따라 문제점을 드러내게 마련이다. 이러한 문제점들은 사회체제나 제도의 기능에 관련된 문제점일 수도 있고, 체제나 제도 자체의 목적이나 정당성에 관련된 문제점일 수도 있다. 이때 정말로 문제가 되는 것은 사회 성원들이 다양한 형태로 나타나는 사회적 문제점들을 고쳐 나가려 하지 않는 것이 될 것이다. 이 절의 앞부분에서 이야기한 것처럼 환경의 변화로 나타난 문제점을 해결하지 않는다면 유기체는 더 이상 생존해 나갈 수가 없을 것이기 때문이다. 인간의 이성이 정상적으로 작동되는 사회에서는 그 사회에서 발생하는 체제와 제도의 문제점들을 이성적이고 합리적인 태도로 개선해 나가는 노력을 끊임없이 기울임으로써 더 나은 사회체제를 이룩하려는 활동을 체계적으로 수행한다. 이러한 활동의 지적·실천적 토대를 이루어주는 것이 바로 교육이다.

사회화, 인간 행동의 계획적 변화와 자아의 실현, 인류 문화유산의 전수, 사회와 인류 문명의 유지, 사회의 개선 등을 주된 기능으로 삼는 교육은 무엇보다도 인간을 지적·도덕적으로 완성시키는 것을 제일의 목적으로 삼는다. 지적·도덕적으로 완성된 인간은 한 마디로 이성적 인간이다. 이 점에서 교육은 인간을 이성적이고 합리적인 존재로 길러 냄으로써 이들 이성적인 인간들이 모여 합리적인 사회생활을 이루어 나가도록 함과 동시에 이를 통하여 이성적인 사회를 이룩하려는 사회적 과업이다.

3. 교육의 유형

1) 비형식적 교육과 형식적 교육

(1) 비형식적 교육

교육은 일반적으로 교육의 주체, 대상, 내용에 따라 크게 비형식적 교육(informal education)과 형식적 교육(formal education)의 두 가지 형태로 나뉘어진다. 때로는 비형식적 교육을 비공식적 교육으로, 형식적 교육을 공식적 교육으로 부르기도 한다. 비형식적 교육은 교육의 목표와 내용과 방법 및 체제가 대체로 명확하게 규정되어 있지 않은 상태에서 이루어지는 교육을 말한다. 예를 들어 가정교육은 교육목표와 교육내용, 교육방법, 교육체제 등이 명확하게 규정되어 있지 않은 대표적인 비형식적 교육이다. 비형식적 교육에서는 교육을 하는 사람에 관하여 뚜렷한 자격 요건을 명문화하여 요구하지 않는다. 또한 교육을 받는 사람에 대해서도 입학과 졸업에 관한 명확한 자격 규정이나 절차 규정을 마련하고 있지 않다. 그리고 교육내용과 수업에 관련해서도 명확한 시행 규정을 갖고 있지 않다.

(2) 형식적 교육

이에 반해 형식적 교육은 교육목표, 교육내용, 교육방법, 교육체제 등이 매우 명확하게 정립되어 있는 교육을 말한다. 학교교육은 교육목표, 교육내용, 교육방법, 교육체제가 명확하게 확립되어 있으므로 형식적 교육의 대표적인 형태이다. 형식적 교육에서는 교육을 하는 사람에 관하여 그 자격 요건을 뚜렷하게 명

문화하여 요구한다. 교육을 받는 사람에 대해서도 입학과 졸업에 관한 명확한 자격 규정과 절차 규정을 마련하고 적용한다. 또한 교육내용과 수업에 관련해서 명확한 시행 규정을 제시한다. 즉, 비형식적 교육과 형식적 교육을 가늠하는 준거는 입학, 수업, 졸업에 관하여 명확한 자격 규정과 절차 및 시행 규정이 있는가 없는가 하는 것이다. 특히, 학교교육처럼 국가가 세금을 재원으로 하여 직접적으로 그 운영을 관장하는 형식적 교육을 '공교육(公敎育, public education)'이라고 부른다.

2) 교육의 수평적 유형과 수직적 유형

(1) 교육의 수평적 유형

교육의 유형은 수평적 차원과 수직적 차원에서 구분할 수도 있다. 교육을 수평적 차원에서 나누어 보면 일반적으로 가정교육, 학교교육, 사회교육으로 분류할 수 있다. 가정교육은 한 가정에서 부모가 자녀에게 가장 기초적이고 기본적인 삶의 기능과 역할 및 예의범절을 가르치는 교육을 말한다. 가정교육을 통해서는 주로 인성적인 측면에서의 교육이 이루어진다.

학교교육은 교육의 유형 가운데 가장 대표적인 것으로서, 학교라는 교육기관에서 사회생활을 위한 지식, 기술, 태도, 가치관 등을 학생들에게 체계적으로 가르치는 교육을 말한다. 학교교육의 경우에도 인성교육을 하지 않는 것은 아니지만 대체로 지식과 기능을 중점적으로 가르치는 것이 특징이다.

사회교육은 가정과 학교를 제외한 사회의 전 부분에서 이루어지는 교육으로서, 사회 성원들의 자아 계발을 돕고 그들의 교육적 필요와 요구를 지속적으로 충족시켜 주기 위한 교육 프로그램을 제공하는 것을 말한다. 사회교육은 비형식적 교육의 형태로 이루어질 수도 있고 형식적 교육의 형태로 이루어질 수도 있다. 텔레비전이나 라디오 등의 방송매체, 신문이나 잡지 등의 언론매체에 의한 매스컴 교육은 대체로 비형식적 교육의 특성을 띤다. 반면에 기업이나 지방자치 단체의 교육·문화센터, 종교기관, 학원 등에서 이루어지는 교육은 대체로 형식적 교육의 특성을 띤다. 사회교육은 일반적으로 정규 학교교육의 연한을 끝낸 성인이 자신의 교육적 필요를 일생 동안 충족시켜 가는 과정에서 받는 것이기 때문에 '성인교육(adult education)' 혹은 '평생교육(life-long education)'이라고 부르기도 한다.

(2) 교육의 수직적 유형

한편, 교육의 유형은 수직적 차원에서 유아교육(infant education), 초등교육(elementary education), 중등교육(secondary education), 고등교육(higher education)으로 구분할 수 있다. 이것은 형식적 교육인 학교교육에 한정하여 적용되는 분류이다. 즉, 이것은 대체로 인간의 발달 단계에 따라 수준을 높여가면서 실행되는 학교교육 제도를 나눈 것이다. 대개, 어느 나라든 유치원, 초등학교, 중학교, 고등학교, 대학교로 이어지는 학교 제도를 두고 있다. 나라에 따라서 유치원을 기본 학제에 포함시키거나 그렇지 않은 경우가 있으며, 중학교와 고등학교가 분리되어 있거나 한 데 합해져 있는 경우가 있다.

유아교육은 초등학교에 입학하기 전 2~3년간에 걸쳐 유치원에서 5~7세의 유아를 대상으로 기초적인 생활습관과 사회적 관계 형성을 위하여 실시하는 교육이다. 유아교육의 경우 대부분의 선진국들은 국가가 운영하는 공교육의 학제에 포함시키고 있다.

초등교육은 대략 7~8세에서 12~13세의 아동을 대상으로 초등학교에서 실시하는 교육이다. 초등교육은 한 나라의 국민으로서 가져야 할 기본적인 특성과 자질을 가르치는 국민교육으로 정립되었다. 대체로 한 사회의 구성원으로서 반드시 익히고 있어야 하는 기초적이고 본질적인 지식과 기능과 태도 및 가치관을 중점적으로 가르친다.

중등교육은 초등교육을 마친 십대의 청소년을 대상으로 대체로 이들이 성인이 될 때까지 실시하는 교육이다. 중등교육은 중학교 과정과 고등학교 과정으로 나뉘는데, 성인이 되어서 세상을 살아가는 데 필요한 학문적 지식과 사회적 기능을 중점적으로 가르친다. 또한 중등교육은 상위의 단계인 고등교육 즉, 대학교육을 받는 데 필요한 지식과 기능을 익히는 대학입학 준비 과정의 성격도 갖는다. 대부분의 나라에서는 이를 특히, 인문계 중등 과정으로 두고 있다.

고등교육은 중등교육을 마치고 대학입학의 자격을 얻은 성인이 대학에서 받는 교육을 말한다. 고등교육을 다른 말로는 대학교육이라고도 부른다. 고등교육은 한 나라의 지도적인 인재를 양성하는 데 중점을 두어 교양지식과 전문지식을 가르친다.[2)]

2) 고등교육과 관련하여 일반인들이 흔히 잘못 이해하고 있는 것으로, 고등교육을 고등학교 교육과 혼동하는 경우를 들 수 있다. 이것은 중등교육을 중학교 교육으로만 이해하는 데서 비롯된 잘못이다. 중등교육은 고등교육(대학교육)을 준비하는 과정으로서, 중학교 과정과 고등학교 과정으로 이루어져 있다. 고등교육은 대학교육을 말하는 것이며, 최근의 교육적 추세에서는 대학원 교육도 포함한다고 볼 수 있다.

CHAPTER 02

제2장 근대까지의 교육

1. 고대의 교육
2. 중세의 교육
3. 근대의 교육

제1장에서 살펴본 교육의 개념과 기능에 비추어 볼 때, 교육이 시작된 것은 인류가 지구상에 출현하면서부터라고 말할 수 있다. 그 때의 교육은 대체로 비형식적 교육의 형태를 띠었다. 즉, 주로 가정과 일터에서 부모가 직접 자녀에게 집안일 하는 법, 사냥하는 법, 농사짓는 법 등을 가르쳤다. 이러한 과정을 거쳐서 인류의 문명이 발달하고 국가 수준의 사회를 형성하게 되면서 계급과 사회적 기능이 분화되었다. 이때부터 교육은 점차로 제도화되어 형식적 교육의 형태를 띠게 되었다. 여기서 교육이 제도화되었다는 것은 사회 속에 교육을 담당하는 기관이 따로 마련되었다는 것을 말한다. 즉, 학교가 등장한 것이다.

이제부터는 형식적 교육기관으로 학교가 등장한 이래 학교교육이 역사적으로 어떻게 변천되어 왔는지를 살펴보고자 한다. 특히, 학교의 교육내용이 무엇이었는지, 그러한 교육내용은 어떤 방법으로 가르쳤는지, 그러한 교육내용을 가르친 목적은 무엇이었는지, 그리고 이 모든 것에 대하여 방향 설정을 하였던 교육철학은 무엇이었는지를 중점적으로 살펴본다.

1. 고대의 교육

1) 교육의 목적

학교가 정확하게 어디에서 언제 맨 처음으로 만들어졌는지는 알 수 없다. 학교를 가리키는 영어 단어 스쿨(school)은 라틴어 '스콜라(schola)'에서 파생된 것인데, 스콜라의 원뜻은 '여가(餘暇)' 또는 '한가한 시간'이었다. 즉, 학교는 그 어원에서 볼 때 애초 직접 생산노동에 종사하지 않아도 먹고 사는 데는 지장이 없는 부유층이 공부를 하고 학문을 연마하기 위하여 다니는 곳이었다. 학교가 언제 어디서 맨 처음 세워졌는지는 알 수 없지만, 서양의 경우 고대 그리스의 아테

네에 '아카데미아(Akademeia)'라는 철학학교를 철학자 플라톤이 세워서 운영하였고, 동양의 경우 고대 중국이 '태학(大學)'이라는 이름의 고등교육기관을 운영하여 국가의 관리를 양성하였다. 이들 아카데미아나 태학은 명백히 학교에 해당하는 것으로서, 오늘날의 대학과 같은 고등교육기관이었다. 이로써 보건대, 학교는 인류의 역사에서 고대 사회에 이미 상당한 체계를 갖추고 등장하였다는 것을 짐작할 수 있다.

고대 중국에서 국가의 관리를 양성하는 고등교육기관을 가리켰던 태학은 한자로 쓰기는 '大學'이라고 쓰고, 읽기는 '태학'이라고 읽었다. 한대(漢代)에 이르러 태학을 '클 태(太)'자를 써서 '太學'으로 표기하였는데, 이는 사서(四書)의 『대학(大學)』과 구별하기 위해서였다. 나중에 살펴보겠지만 서양의 경우에는 중세에 이르러서 대학이 설립되고 대학교육이 시작되었다. 이 점에서 그리스의 아카데미아를 대학과 똑같은 것으로 볼 수는 없다. 그러나 아카데미아가 고대 그리스 사회의 최고 학부요 고등교육기관이었다는 점에서 서양의 대학의 기본적인 모습은 아카데미아로부터 비롯되었다고 말할 수 있다.

고대 그리스나 고대 중국은 계급·신분제 사회였다. 아카데미아나 태학과 같은 고등교육기관에는 주로 사회의 지배계층의 자식들이 다녔다. 이들은 국가 사회의 지도자 내지 관료가 되기 위하여 교육을 받았다. 계급과 신분이 혈통으로 세습되는 계급·신분제 사회에서는 오직 왕족이나 귀족, 자유인 계급만이 교육을 받을 수 있었다. 이는 서양의 경우나 동양의 경우나 모두 마찬가지였다. 그리고 이들 왕족, 귀족, 자유인 계급이 교육을 받은 까닭은 국가 관료로서 가져야 할 통치 및 행정능력을 기르기 위함이었다.

오늘날에도 그러하지만 고대 그리스, 고대 중국 사회에서는 국가의 통치자와 관료가 가져야 할 통치·행정능력 가운데 가장 대표적인 것으로 '이성'과 '도덕성'을 꼽았다. 따라서 아카데미아나 태학에서는 지배층 자식들에게 이성과 도덕성의 확립을 위한 지식과 덕행을 중점적인 교육내용으로 가르쳤다. 지식을 습득하여 이성을 계발하고, 덕행을 수련하여 도덕성을 확립하는 것은 공직(公職)에 진출하려는 귀족, 자유인 계급의 자식들이 반드시 달성해야 하는 것이었다.

고대 사회에서는 오늘날의 공교육이니 무상교육이니 하는 것처럼 국가가 재정을 들여서 시행하는 교육이 실시되지는 않았다.[3] 반대로 고대나 중세에는 교육을 받는 데에 상당히 많은 비용이 들었다. 그래서 집안에 일정 정도의 재산이 있어야 교육을 받을 수가 있었다. 따라서 고대 사회에서 교육은 당연히 상당한 재산을 지닌 계급만이 누릴 수 있는 특권이었다. 고대 사회에서 재산을 가진 계층이라는 것은 대부분 토지 귀족으로서, 다수의 노예를 노동력으로 부리는 계층이었다. 이들은 생산노동에 종사하지 않는 대신 남는 시간을 학교에서 공부하는 데에 사용하였다. 앞에서 살펴본 것처럼 스쿨(school)이라는 영어 단어의 어원이 여가인 것은 이러한 까닭 때문이다.

아카데미아와 태학을 비교해 볼 때 고대 서양과 동양의 고등교육은 교육의 목적과 내용이 비슷한 점이 많았다. 그것은 우선적으로 교육의 목적에서 나타난다. 고대 사회에서 교육은 공직자가 되기 위한 준비와 수련의 과정이었다. 앞에서 공직자가 되기 위해서는 이성의 단련과 도덕성의 함양이 무엇보다도 중요하다고 말하였다. 이것은 한 마디로 인격의 수양이 제일의 교육의 목적이라는 것을 뜻한다. 단순히 실무 수준의 공무에 종사하는 하급관리가 되는 것이 아니라 나라를 경영하고 백성을 통치하는 정치·행정 부분에 종사할 고급관료가 되기 위해서는 지식과 도덕성을 배우고 닦아서 인격을 갖출 필요가 있었다.

지식의 탐구를 통한 인격의 함양이 동서양을 막론한 고대 교육의 공통된 목적이긴 했어도, 아카데미아와 태학 즉, 서양과 동양의 고대 교육은 그 목적에 있어서 강조점이 서로 달랐다. 서양의 아카데미아의 경우 국가 관료를 양성하는 데

3) 물론 이 점은 고대 중국이나 우리나라 같은 동양권의 경우에는 달랐다. 태학이나 그 뒤를 이어 설립된 국자감(國子監), 성균관(成均館)과 같이 국가가 설립한 고등교육기관은 그 설립 목적이 국가 관료를 양성하는 것에 있었기 때문에 기본적인 교육비는 모두 국비(國費)로 충당되었다. 그러나 이들 학교에 들어가는 소위 사대부 계층이 토지 귀족층이었다는 점과 입학과 관직 등용을 위한 시험인 과거제도를 준비하는 과정에서 상당한 사교육비가 들었다는 점에서는 공부할 만한 충분한 여가와 재력이 있는 이들만이 교육을 받을 수 있었다.

그 근본 목적이 있었던 것은 아니었다. 아카데미아는 순수한 학문적 탐구를 근본적인 교육의 목적으로 갖고 있었다. 반면에 동양의 태학의 경우를 보면 학문적 탐구를 강조하면서도 그에 대한 실천적 활용을 더욱 중요하게 여겼다. 즉, 학문을 통하여 깨우친 도(道)와 덕(德)을 나라를 경영하는 일에 올바르게 적용하는 것이 태학의 근본적인 교육목적이었다.

2) 고대 서양의 교육내용

지식의 탐구와 인격의 함양을 학문하는 근본 목적으로 삼았던 고대의 교육에서 중요하게 여긴 것은 개인의 이성적인 사고능력과 판단능력 그리고 의사소통능력이었다. 그래서 중점적으로 가르치고 배웠던 교육내용은 모두가 올바르고 명확하게 사고하고 판단하고 의사소통하는 방법에 관련된 것들이었다. 고대 그리스·로마의 교육은 특히, 이 부분을 매우 강조하였다. 고대 그리스나 고대 로마에서는 귀족과 자유시민 계층이 선거에 나가서 자신의 정견(政見)을 펴고 선출된 후에 공직에 나가는 것이 일반적이었다. 또한 공직에 나가서는 정치적 견해를 달리하는 사람들과 논쟁을 벌이는 일도 잦았다. 따라서 자신의 식견을 논리적으로 표현하고 다른 사람의 견해를 비판하는 언어능력이 매우 중요하였다.

사고와 판단과 의사소통을 올바르게 행하는 능력을 고대 그리스·로마인들은 '이성(理性, nous, logos)'이라고 불렀다. 이성을 단련하기 위하여 고대 그리스·로마의 청년들이 배웠던 교육내용은 대체로 문법(文法), 수사학(修辭學), 논리학(論理學), 산술(算術), 기하학(幾何學), 천문학(天文學), 음악(音樂)의 7가지 과목이었다. 문법·수사학·논리학의 세 과목을 '트리비움(Trivium)' 즉, '3학(三學)'이라고 하고, 산술·기하학·천문학·음악의 네 과목을 '쿼드리비움(Quadrivium)' 즉, '4과(四科)'라고 한다. 그리고 이 7가지 과목을 합쳐서 '7자유교과(七自由教科, Seven Liberal Arts)'라고 부른다. 3학4과를 7자유교과라고 부른 까닭은 이들 7가지 과목이 귀족이나 시민 계층의 자유인들이 배우는 과목이었고, 이들 7가지 과목을 배우면 이성의 능력이 단련되어 자율적인 사고와 판단을 할 수 있게 된다고 생각했기 때문이었다. 이러한 7자유교과 위에 철학이 고등교육의 최고의 내용으로서 다루어졌다.

문법, 수사학, 논리학의 3학은 올바른 사고와 판단과 의사소통능력을 익히는 과목들이었다. 옛사람들은 이성적인 사람이 갖는 가장 큰 특징으로서 말을 올바로 하고 글을 올바로 쓰는 것을 꼽았다. 문법은 말과 글을 올바로 하고 쓰는 데에 가장 필요한 지식이다. 또한 문법 지식은 글을 정확하게 읽는 데에도 필요하다. 따라서 문법 과목은 모든 언어교육 및 지식교육에서 가장 기본적으로 가르쳤다. 수사학은 말이나 글을 아름답게 꾸미는 언어적 표현 기술을 익히는 과목이다. 특히, 은유법은 시를 쓰거나 연설을 할 때 자신의 감정과 자신이 말하려는 바를 효과적으로 전달하는 방법이어서 수사학에서 매우 강조하였다. 논리학은 올바른 사고의 형식과 법칙을 연구하고 익히는 과목이다. 논리학은 자신의 생각을 올바르게 표현하는 능력 뿐만 아니라 다른 사람의 생각을 비판하는 능력도 길러주는 과목이어서 매우 중요하게 취급되었다. 특히, 아리스토텔레스의 논리학은 중세 시대에도 중등 및 고등교육에서 반드시 다루는 내용이었다. 이들 문법, 수사학, 논리학은 언어와 사회생활 분야에서 이성을 단련시켜 주는 과목이었다.

고대 그리스·로마인들이 이성을 중요하게 여긴 것은 이성이 학문적(철학적·종교적) 진리를 인식하는 수단이자 능력이라고 생각했기 때문이다. 이 점에서 언어생활과 사회생활에서의 이성의 단련은 사물과 자연에 구현되어 있는 진리를 발견하고 이해하는 데 큰 도움이 되었다. 산술, 기하학, 천문학, 음악의 4과는 추상(抽象)과 사물과 자연의 세계에 표현되어 있는 이성적 질서와 진리를 익히는 과목들이었다. 산술은 흔히 산수라고도 하는데, 사칙연산을 학습하는 과목이다. 산술은 주로 초·중등교육에서 가르쳤고, 고등교육 수준에서는 수의 논리적 연산을 다루는 대수학(代數學)을 가르쳤다. 기하학은 추상적 도형의 수학적 특성을 다루는 과목으로, 조각이나 건축 등의 인공물과 자연세계에 나타나는 수학적 질서를 이해하는 것을 중심 내용으로 삼고 있다. 천문학은 우주의 운행 과정에 나타난 이성적 질서를 이해하는 것을 중심 내용으로 다루는 과목으로서, 오늘날의 물리학, 지구과학, 화학 등을 포괄하는 자연과학의 성격을 지닌다. 음악은 시가(詩歌)와 악기 연주를 가르치는 과목으로, 이성을 단련하는 과정에서 감정을 통제하고 순화하기 위하여 가르쳤다. 이성이 올바르게 사용되기 위해서는 감정을 다스리고 순화하여 평온한 마음을 유지하는 것이 필요했기 때문이다.

산술과 대수학, 기하학, 천문학, 음악을 관통하는 학문은 수학이다. 고대 그리스·로마인들은 수학이야말로 가장 이성적인 학문이라고 생각했다. 왜냐하면 고대인들은 이성적 질서를 숫자로 나타낼 수 있다고 보았기 때문이다. 그 뿐만 아니라 이성의 본질을 '수(number)' 자체로 보기도 하였는데, 이러한 관념은 고대 그리스의 수학자 피타고라스가 창시한 피타고라스학파의 중심 사상이었다. 피타고라스학파는 수학을 탐구함으로써 우주 만물의 이성적 본질을 이해하고 진리를 발견할 수 있다고 보았는데, 이러한 생각은 고대 그리스·로마인들의 보편적인 생각이었다.

3학4과는 내용적인 면에서 이성의 질서를 이해하고 활용하는 것을 배우는 과목이다. 그렇지만 고대 서양의 교육에서 3학4과가 중요하게 취급된 것은 3학4과를 통하여 이성의 능력을 단련시킬 수 있다고 보았기 때문이다. 고대 그리스·로마인들은 인간의 이성이 기억, 추리, 판단, 상상 등의 몇 가지 능력으로 나뉘어져 있다고 생각했다. 고대나 중세의 서양인들은 마치 인간의 근육을 적절한 운동도구를 써서 강하게 단련시킬 수 있는 것과 마찬가지로 적절한 정신적 운동의 도구를 써서 이들 이성의 능력을 단련시킬 수 있다고 보았다. 문법, 수사학, 논리학, 산술, 기하학, 천문학, 음악의 7자유교과는 바로 이들 이성의 능력을 단련시키는 정신적 운동의 도구였다. 이처럼 인간의 이성이 몇 가지 능력으로 나뉘어져 있으며 이들 능력은 7자유교과를 통하여 강하게 단련시킬 수 있다고 보는 생각을 '정신도야설(情神陶冶說, mental discipline theory)'이라고 한다. 고대의 교육이론으로서 정신도야설은 중세를 거쳐 근대 초기에도 널리 받아들여졌던 이론이었다. 그렇기 때문에 중세 시대에도 문법, 수사학, 논리학, 산술, 기하학, 천문학, 음악의 7자유교과는 학교교육의 중심 내용이었다.

정신의 도야(mental discipline)는 이성적 사고·판단을 하는 능력과 도덕적 행동을 하는 능력을 계발하는 과정을 가리키는 교육적 개념이다. 정신도야설의 관점에서는 이성적 사고·판단 및 도덕적 행동의 능력이 충분히 계발된 사람을 교육받은 사람으로 본다. 이성적 사고·판단 및 도덕적 행동의 능력이 충분히 계발된 사람을 한 마디로 말한다면 교양(culture)을 갖춘 사람이다. 고대의 서양인들은 이렇게 이성을 올바르게 사용하는 능력을 갖춘 사람을 교양 있는 사람으로 보았다. 그리고 이렇게 교양을 갖추는 과정을 교육의 과정으로 보았다. 이렇게 교양을 갖추기 위하여 이성을 단련하고, 이성을 단련하기 위하여 7자유교과를 학습하도록 하는 교육과정 체제를 교과중심 교육과정(discipline-centered curriculum)이라고 부른다.[4)]

3) 고대 동양의 교육내용

고대 그리스·로마인들은 이성을 단련하여서 지혜로써 학문적 지식을 탐구하고 덕(德)을 통하여 도덕적 행위를 실천하는 사람이 자유인이요 교양인이며, 이러한 자유교양인이 국가 사회를 위한 공직 활동에 나서야 한다고 생각했다. 이러한 점은 고대 동양 사회에서 더욱 두드러지게 강조되었다. 고대 중국이나 우리나라에서는 황제나 임금을 도와서 나라와 백성을 다스리는 정치관료 계층으

4) 교과중심 교육과정은 고대 그리스·로마의 교육에서 시작되어 중세를 거쳐 근대 초기까지 학교교육의 중심적인 교육과정 모델로 사용되었다. 물론 각 시대마다 교과중심 교육과정의 중심적인 교육내용은 조금씩 변모를 겪긴 했지만, 인간의 이성을 단련하고 교양을 습득한다는 기본 생각은 변하지 않고 이어져왔다. 중세와 근대를 거치는 동안 이루어진 교과중심 교육과정의 변천 과정은 다음 장에서 자세하게 다루어질 것이다. 한편, 여기서 사용되는 '교육과정(教育課程, curriculum)'이라는 용어는 뒤에 가서 경험중심 교육과정을 설명할 때 자세하게 해설할 것이다. 지금은 '교육과정'을 '학교에서 학생들에게 제공하는 교육내용의 묶음 내지 체계'라고 이해하면 되겠다.

로서 사대부(士大夫)라고 불리는 지식인 계층이 있었다. 이들은 신분으로 볼 때 귀족 및 자유인 계급이었는데 시대에 따라 태학, 국자감, 성균관 등으로 변천된 국립고등교육기관을 통하여 양성되었다. 정치관료로서 이들 사대부층에게 요구된 것은 높은 학식과 도덕성이었는데, 이들 사대부층이 갖춰야 했던 높은 학식과 도덕성은 말하자면 동양의 관점에서 본 교양이었다.

중국 문명권에 속하는 고대 동양 사회에서는 일찍이 교양을 갖추기 위하여 사대부 계층이 전념해야 할 일로서 학문의 연마와 심성의 수련을 강조하였다. 즉, 수양(修養) 또는 공부(工夫)가 사대부가 교양을 갖추기 위하여 하여야 할 일이었다. 고대 중국 문명권에서 사대부 계층이 수행한 공부는 대학(大學) 공부였다. 여기서 대학 공부란 소학(小學) 공부에 대비되는 개념으로서, 유학 즉, 유교 경전을 공부하는 것을 뜻한다.[5] 말하자면 고대 동아시아 사회에서는 지배계층이 유학을 공부함으로써 사회 지도자가 되는 수련을 쌓았던 것이다. 이 점은 고대 서양에서 지배계층이 철학을 공부함으로써 사회 지도자로서의 이성을 단련시켰던 것과 같은 것이다.

고대 동양에서 지배계층인 사대부가 공부한 유학의 주요 과목은 사서오경(四書五經)이었다. 사서(四書)는 『대학(大學)』·『논어(論語)』·『맹자(孟子)』·『중용(中庸)』을 말하고, 오경(五經)은 『시경(詩經)』·『서경(書經)』·『주역(周易)』·『예기(禮記)』·『춘추(春秋)』를 말한다. 우리나라의 조선조에서는 사서삼경(四書三經)을 유학 공부의 주요 과목으로 삼았는데, 사서는 여전히 『대학』·『논어』·『맹자』·『중용』이었고, 삼경은 『시경』·『서경』·『주역』이었다.

사서인 『대학』·『논어』·『맹자』·『중용』은 유교 사상을 다루고 있는 경전이다. 『대학』은 공자의 손자이며 제자인 자사가 지었다고 전해진다. 유교의 명덕(明

5) 소학(小學)이란 고대 중국의 전통에서 대체로 10여 세 이후의 아동, 청소년을 대상으로 사회 구성원으로서 살아가기 위하여 반드시 익혀야 하는 내용을 가르치는 교육을 말한다. 이 점에서 소학은 오늘날의 초등교육에 해당한다고 볼 수 있다. 이에 비하여 대학(大學)은 20세 가량 이상의 성인을 대상으로 유학의 경전을 익혀서 인격의 수양을 이루도록 하는 고등교육을 말한다.

德)·친민(親民)·지선(至善)의 세 강령과 격물(格物)·치지(致知)·성의(誠意)·정심(正心)·수신(修身)·제가(齊家)·치국(治國)·평천하(平天下)의 여덟 조목을 설명한, 유학 사상의 입문서이다. 『논어』는 유학의 창시자인 공자의 언행 그리고 공자와 그 제자들 사이에서의 문답들을 모아 편찬한 책으로, 유학의 근본이 되는 경전이다. 『맹자』는 맹자가 지은 것으로, 유교에서의 정치·윤리·교육 사상을 다루고 있는 경전이다. 『중용』은 공자의 손자인 자사가 중용의 길(中庸之道)에 관해 지은 책으로, 본디 『예기』의 한 편이었으나 송나라 때 주자가 단행본으로 독립시켰다.

오경인 『시경』·『서경』·『주역』·『예기』·『춘추』는 중국 고대의 문학, 정치, 철학, 역사 등을 다룬 경전이다. 『시경』은 중국 최고(最古)의 시집으로, 주나라 초부터 춘추시대 초기까지의 시 305편을 모은 유교 경전이다. 본디는 3천여 편이었으나 공자가 간추렸다고 전해진다. 『서경』은 중국 요순 때부터 주나라 때까지의 정치·사무에 관한 문서를 공자가 모아서 지은 책이다. 『주역』은 중국 상고시대에 복희씨가 그린 팔괘에 대하여, 주나라 문왕이 괘사를 짓고, 주공이 이의 육효를 풀이하고 효사라 한 것을 공자가 심오한 원리를 붙여 해설한 고대 중국의 철학책이다. 주역은 주로 나랏일의 길흉화복을 예언하는 데 사용되었는데, 후대에는 개인의 길흉화복을 예언하는 데에도 사용되었다. 『예기』는 국가와 가정에서의 행사에서 지켜야 할 예절의 이론과 실제를 풀이한 유교 경전이다. 한 무제 때 하간의 헌왕이 공자와 그 후학들이 지은 131편의 책을 모아 정리한 뒤, 선제 때 유향이 214편으로 엮었고, 대덕이 85편으로, 대성이 49편으로 간추렸다. 『춘추』는 공자가 노나라 은공으로부터 애공에 이르기까지의 242년(BC 722~481년) 동안의 역사를 기록한 역사책이다.

고대 서양의 3학4과가 철학적 바탕 위에서 이성의 단련을 추구한 지적 성격의 교과군(教科群)이었다는 점과 달리, 고대 동양의 사서오경은 유학적 전통 내에서 인격의 수양을 강조한 도덕적 성격의 교과군(教科群)이었다. 이성과 도덕성의 단련과 수양을 강조하는 3학4과와 사서오경은 대체로 고대 사회의 문화적 전통을 정련한 지식들로 이루어져 있다. 앞에서도 잠시 언급했듯이, 이처럼 과거 사회의 지적 문화 전통을 교육내용으로 정련해 놓은 교육과정 모델을 나중에 교과중심 교육과정이라고 이름 붙였다.

교과중심 교육과정은 교육과정의 내용요소를 교과로 삼은 모델을 말한다. 본디 교육과정, 좀 더 정확하게 커리큘럼(curriculum)이라는 용어는 1918년에 미국에서 처음 등장한 교육학 전문용어이다. 미국의 교육학자인 보비트(Franklin Bobbitt)가 교육내용을 조직·구성하는 방법에 관한 책을 써서 제목을 『교육과정(*The Curriculum*)』이라고 붙인 것이 그 시초였다. 교육내용과 교육방법을 연구하는 교육학 분야를 18~19세기 유럽에서는 디닥틱(didaktik)이라고 불렀다. 디닥틱(didaktik)은 우리말로 '교수법'이라고 번역되는데, 커리큘럼(curriculum)이라는 용어가 등장하기 전까지는 교육내용을 체계적으로 묶는 방법과 그것을 체계적으로 가르치는 방법을 망라하는 용어로 사용되었다. 나중에 20세기에 들어와 교육학이 점차 세분화되어 교육내용을 체계적으로 묶는 방법과 교육내용을 체계적으로 가르치는 방법을 따로 따로 연구하게 되었다. 이때 교육내용을 체계적으로 묶는 방법을 다루는 분야를 커리큘럼(curriculum)으로, 교육내용을 체계적으로 가르치는 방법을 다루는 분야를 인스트럭션(instruction)으로 구분하였다.[6)]

6) 이때 이후로 미국의 대학에서는 일반적으로 커리큘럼(curriculum)과 인스트럭션(instruction) 분야를 한 데 묶어서 '디파트먼트 오브 커리큘럼 앤드 인스트럭션(department of curriculum & instruction)' 즉, '교육과정 및 교수법 전공'을 운영하고 있다.

2. 중세의 교육

교과중심 교육과정에서 교육내용의 중심 요소를 교과로 삼은 것은 교과가 이성을 단련시키고 도덕성을 함양하는 데 매우 효과적인 수단이 된다고 보았기 때문이다. 대체로 서양이나 동양이나 고·중세에는 지식을 공부하는 것이 지성과 도덕성을 두루 익히는 좋은 방법이라는 공통된 생각을 하였다. 교과는 바로 이러한 지식의 교육적 특성을 가장 잘 나타내는 개념으로서 정립되었다. 교과를 가리키는 영어 단어 디스플린(discipline)은 우리말로 '훈육', '단련', '도야'라는 의미를 두루 가지고 있는 단어이다. 3학4과든 사서오경이든 교과를 배움으로써 심성과 품행을 단련시키고 도야시킨다는 기본적인 생각이 교과중심 교육과정 속에는 확고하게 들어 있는 것이다. 서양 고·중세의 교양인(教養人), 동양 고·중세의 독서인(讀書人) 그리고 우리 나라의 선비(士) 개념은 바로 이 교과중심 교육과정이 추구한 교육적 인간상이었다.

특히, 서양에서 교양인 개념은 중세 시대에 대학의 등장으로 더욱 확고하게 다져졌다. 중세의 대학은 고대 서양의 아카데미아, 아테네 학당, 알렉산드리아 학당 등이 도서관과 강의실을 갖추면서 확장되어 번창했던 것을 모델로 삼아 등장했다. 중세의 대학교육은 7자유교과 즉, 3학4과의 교육을 기초로 하여 신학, 법학, 의학 분야의 전문 지식인을 길러내는 목적과 일반적인 학문의 발전을 위한 학문 탐구를 목적으로 실시되었다. 고대에는 3학4과의 교육을 바탕으로 고등교육에 와서는 철학을 가르쳤다. 이러던 것이 중세에 들어와서는 3학4과의 교육을 거친 후에 신학이나 법학, 의학을 대학교육에서 가르쳤다. 물론 이 가운데 가장 중심적인 학문은 신학이었다.

그런데 이 대목에서 중요한 것은 고대 후기를 거쳐 중세에 이르면서 3학4과 즉, 7자유교과는 대학 공부의 기초 교양과정으로서의 역할을 담당하게 되었다는 점이다. 고대 후기나 중세에 이르면 중등학교가 등장하기 시작하는데, 이 중등학교는 거의가 대학을 가기 위한 준비 과정으로서 운영되었다. 대체로 이 시기의 대학에서의 학문은 그리스어와 라틴어를 중심으로 하는 고전문학과 철학이었기 때문에, 중등과정에서는 그리스어와 라틴어를 필수적으로 익혀야 했다. 그리스어, 라틴어를 익히기 위해서는 문법을 먼저 확실하게 학습해야 했다. 그래서 대부분의 중등학교에서는 3학4과 가운데 문법을 가장 중요하게 가르쳤다. 자연히 3학4과를 중심 교과로 가르친 이들 중등학교를 '문법학교(grammar school)'라고 불렀다.[7)]

12~13세기 무렵의 중세에 등장한 대학으로는 영국의 옥스퍼드 대학, 케임브리지 대학, 프랑스의 파리 대학, 이탈리아의 볼로냐 대학 등이 유명하다. 이들 중세 대학들이 등장하게 된 사회적 배경으로는 중세 시민사회의 성립이 가장 결정적인 요인이었다. 중세 시민사회는 상공업의 발달에 힘입어 성립하였는데, 대체로 교황권으로부터 독립한 세속권력의 통치권 강화와 신흥 상공업도시의 자치권 확립을 강조하였다. 이 과정에서 교황의 권위와 권력에 대하여 독립적이고 자주적인 학문 연구와 교육의 자유와 권한을 추구하던 일단의 교수들이 중세 상공업자들의 동업조직인 길드(guild)와 유사한 형태의 동직조합(同職組合)을 결성하였고, 이에 부응하여 학생들은 학생들대로 학생조합을 결성한 것이 교수·학생간의 동직조합인 우니베르시타스(universitas)였는데, 이것이 종합대학을 의미하는 유니버시티(university)가 되었다. 한편, 학생들이 머물던 기숙사를 콜레지움(collegium)이라고 했는데, 이들 학생 기숙사가 확대되어 교수단체도 소속되면서 단과대학을 의미하는 컬리지(college)가 되었다.

고대와 중세를 거치면서 이루어진 7자유교과의 교육 즉, 교과중심 교육과정의

---

7) 이들 문법학교는 나중에 근대에 이르러 유럽의 중등학교로 자리잡게 되었다. 유럽에서 대표적인 중등학교로는 영국의 퍼블릭 스쿨(public school), 프랑스의 에콜(école), 독일의 김나지움(gymnasium) 등이 있다. 여기서 특히, 독일의 중등학교인 김나지움은 라틴어로 체육관을 가리키는데, 중등학교의 교육과정이 3학4과로 대표되는 인문교양과목 외에 체육을 강조하였던 것에서 비롯되었다.

교육은 중등과정과 대학과정을 유기적으로 연관시키면서 '자유교양교육(liberal education)' 또는 '교양교육(general education)'이라는 교육의 틀을 형성하였다. 자유교양교육은 흔히 자유교육이라고 부르기도 하는데, 앞에서도 말했듯이 자유인 계층의 교육이라는 뜻과 정신의 자유를 획득하게 해 주는 교육이라는 두 가지 뜻을 갖고 있다. 고대 그리스의 전통에 따르면, 인간은 신분에 있어서 노예상태에 있는 것보다도 정신적으로 노예상태에 있는 것이 더 부끄러운 일이다. 정신적으로 노예상태에 있다는 것은 일상사에서 스스로 생각하고 판단하고 행동하는 능력이 없어서 다른 사람의 지도나 지시에 따라 생각하고 판단하고 행동하게 되는 것을 뜻한다. 즉, 한 마디로 이성이 단련되지 못하였을 때 인간은 정신적인 노예상태에 머물 수밖에 없게 된다. 자유교양교육은 바로 이 이성의 힘을 단련시킴으로써 인간이 스스로 사고하고 행동할 수 있도록 하는 교육이다.

앞에서 살펴보았듯이 교과중심 교육과정에서는 이성의 힘을 단련시키기 위해서는 지식을 가르쳐야 한다고 보고 있다. 지식이야말로 인간의 이성이 올바르게 단련되도록 하는 데 있어서 최적의 수단이 된다. 그 까닭은 지식이 바로 이성적 탐구활동의 산물이기 때문이다. 지식은 인간과 자연을 대상으로 하는 앎의 과정에서 앎의 결과로서 축적된 것이다.[8] 인간이 정신적으로 노예상태에 머물 수밖에 없는 이유는 지금 눈앞에서 벌어지고 있는 사태에 대하여 '모르는' 상태에 있기 때문이다. 즉, 무지(無知)야말로 정신적 노예상태의 근본 원인이 된다. 따라서 무지를 타파하고 앎의 상태를 이루게 될 때 인간은 정신적 노예상태에서 벗어나는 한 걸음을 내딛게 된다. 이 점에서 지식을 습득한다는 것은 무지의 상태에서 벗어나서 이성적 자유를 확립하는 가장 확실한 길이 된다고 볼 수 있다.

지식의 습득에서 가장 중요한 것은 올바른 앎의 상태 즉, 참된 앎(眞理)을 추구하는 것이다. 참된 앎을 이루기 위해서는 지적 탐구 과정과 실천 과정에 거짓됨이나 사사로움이 없어야 한다. 고대 동양에서는 특히, 이 점을 학문하는 자

8) 인간이 대상세계에 대하여 앎을 이루어 가는 과정을 철학에서는 인식작용(cognition) 이라고 하며, 인식작용의 본질을 다루는 철학 분야를 '인식론(theory of knowledge)'이라고 한다.

세로서 매우 강조하였다. 고대 동양에서는 학문하는 자세로서 '격물치지(格物致知)'와 '성의정심(誠意正心)'을 내세웠다. 여기서 '격물(格物)'이라고 하는 것은 물(物)로서 대표되는 일체의 탐구의 대상을 공고하게 탐구해 나가는 것을 말한다. 이렇게 함으로써 사물(事物)과 사상(事象)의 근본 원리에 대한 지극한 앎의 상태를 이루는 것을 '치지(致知)'라고 한다. 또한 격물치지를 이룸에 있어서는 뜻을 얻기까지 마음에 정성을 다하고(誠意)과 마음을 바르게 다져 나가는(正心) 정신 수양이 뒷받침되어야 한다. 이 점에서 지식을 공부하는 과정은 지성(mentality)과 도덕성(morality)의 확립을 내용으로 하는 '마음 공부'를 그 본질과 요체로 삼는다고 볼 수 있다. 그리고 이러한 지성과 도덕성이 확립된 마음의 상태 혹은 이성의 상태가 바로 다름 아닌 '교양(culture)'이다.

앞에서 살펴보았듯이 서양교육사에서는 교양의 습득을 강조한 교육을 자유교양교육이라고 말한다. 자유교양교육에서는 인문학 고전에 관한 학습을 중요하게 여겼다. 자유교양교육에서 인문학 고전을 강조한 것은 그 뿌리가 중세의 르네상스 시대로 거슬러 올라간다. 르네상스는 흔히 '문예부흥'이라고 부르듯이 14~16세기의 장기간에 걸쳐서 유럽에 불어 닥친 고대 그리스·로마 문화의 복원과 재창조 운동을 말한다. 잘 알려져 있다시피 중세 시대는 기독교 문화 중심의 종교 사회였다. 중세를 일명 '암흑기(dark age)'라고 부르는 것은 고대 그리스·로마 문화가 꽃피워냈던 인간중심의 문화를 부정하고 신(神) 본위의 종교 문화를 강조한 데서 비롯한다. 즉, 인간중심의 세계관에서 보았을 때 중세는 인간성을 부정한 '어두운 시기'였다는 것이다. 이러한 중세의 문화관·세계관이 다시금 인간중심의 문화·세계관으로 바뀐 것이 르네상스 시대였다.

유럽에서 르네상스가 이루어진 사회적 배경을 간략히 살펴보면 다음과 같다. 14세기 '지리상의 발견' 이후 상공업과 국제무역의 발달로 유럽 사회는 비약적인 경제 발전을 이루게 되었다. 이러한 경제적 발전은 유럽 사회에 부의 축적에 걸맞는 문화적 소비의 욕구를 발생시켰다. 그리고 이러한 문화적 욕구를 충족시키기 위하여 유럽인들은 고대 그리스·로마의 인간중심의 고전문화를 되살리고 모방하는 가운데 인간 본연의 가치와 아름다움을 추구하였다. 르네상스 즉, 고전 문화의 부흥은 이렇게 해서 일어난 시대정신이요 문화운동이었다.

이로써 르네상스 시대부터 인간다움의 근거를 고대 그리스·로마의 고전문화가 추구한 지·덕·체의 조화에 두는 교육적 전통이 확립되었는데, 이것을 서양교육사에서는 '인문주의(人文主義, humanism)'라고 부른다. 인문주의에서는 인간의 삶과 문화에 관한 폭넓은 이해를 중요하게 여긴다. 인문주의에서는 이처럼 인간의 삶과 문화에 관한 지식을 내용으로 하는 문학, 역사, 철학 등의 학문 분야를 '인문학(humanities)'이라고 불렀는데, 인문학은 이때부터 자유교양교육의 핵심적인 과목이 되었다.

3. 근대의 교육

교과중심 교육과정을 통한 자유교양교육은 근대에 들어와서는 실용주의 교육의 발달로 인하여 다소 주춤했다가, 오늘날에는 주로 서양의 인문학 고전에 관한 독서교육을 중심으로 다시 강조되고 있다. 이에 관한 대표적인 사례가 1980년대에 미국에서 등장한 '파이데이아 제안(paideia proposal)'이다. '파이데이아 제안'이란 미국의 교육철학자 아들러(Mortimer Adler)가 1982년에 고전중심의 교과교육과정을 교양교육의 내용으로 정립하여 제안한 것을 말한다. 이 파이데이아 제안은 과거 1930년대에 미국 시카고 대학의 총장 허친스(Robert Hutchins)가 서양의 인문고전을 중심으로 하는 '위대한 저서 읽기 프로그램(great books program)'을 교양교육 프로그램으로 운영했던 것을 오늘날의 미국의 실정에 맞게 되살린 것이었다. 미국의 교육학계에서 허친스나 아들러 같이 고전중심의 인문교양 교과교육을 통하여 이성을 단련하는 것을 강조하는 사람들의 교육철학적 입장을 '항존주의(perennialism)'라고 한다.

20세기 초반에 미국에서는 아동의 흥미와 필요를 중심으로 하는 진보주의(進步主義, progressivism) 교육이 이루어지고 있었다. 항존주의는 바로 이 진보주의 교육을 반대하면서 등장한 교육철학 사조이다. 항존주의에서는 교육을 시대와 장소를 초월하여 인간이라면 반드시 가져야 할 보편적인 능력을 함양하는 것으로 보았다. 인간이 가지고 있는 보편적인 능력은 바로 다름 아닌 사고능력으로서, 철학에서 누누이 이야기하는 '이성'을 말하는 것이다. 항존주의는 바로 이 이성적 사고능력을 길러주는 교육을 가장 좋은 교육으로 본다. 그런데 이성적 사고능력을 함양하려면 즉, 생각하는 힘을 기르려면 좋은 책을 많이 읽고, 그 속에서 지혜를 얻어야 한다. 항존주의에서 고전 읽기를 교육과정으로 중요시하는 까닭이 여기에 있다. 왜냐하면 고전이야말로 인류의 문화유산의 결집체(結集體)이며, 인류의 지혜가 이어져 내려오는 보고(寶庫)이기 때문이다.

인문교과중심의 자유교양교육은 교육내용에 있어서 교과중심 교육과정이라는 모델을 등장시켰다. 형태상으로는 교과중심 교육과정을 취하였던 자유교양교육은 고대와 중세에 지배계층에게 이루어진 교육이었다. 즉, 고대나 중세 시대에 교육은 기본적으로 상류계층 사람들의 전유물이었다. 교육의 혜택이 피지배층인 민중들에게 돌아가기 시작한 것은 대략 18세기에 들어와서 이루어진 일이다. 그리고 모든 계층의 모든 사람들이 교육을 받을 수 있게 된 것은 20세기에 이르러서 가능해진 일이다. 18세기에 들어 피지배층을 대상으로 공식적인 교육이 행해진 것은 교육을 받는 것이 모든 인간의 기본권이라는 생각과 교육을 통하여 수준 높은 국민들을 길러내는 것이 국가를 부강하게 하는 길이라는 생각을 하게 되었기 때문이다.

17~18세기에 유럽 사회는 전통적인 봉건사회에서 탈피하여 교황권에 대하여 세속적 왕권이 강화되는 절대왕정(絶對王政)을 이루게 된다. 또한 경제적으로는 산업혁명을 통하여 자본주의 경제체제를 이루게 되고, 정치적으로는 프랑스 대혁명이나 영국의 명예혁명 같은 자유주의 혁명을 통하여 민주주의 정치체제를 이루게 된다. 이 과정에서 유럽 각국은 민족을 국민의 단위로 하는 민족국가 내

지 국민국가를 수립하게 된다. 이를 서양사에서는 '근대 국민국가의 형성'이라고 이름 붙이고 있다.

근대 국민국가의 형성에서 가장 중요한 것은 세속적 왕권 즉, 국가권력에 충성을 다하는 신민(臣民)으로서의 국민을 길러내는 일이다. 절대왕정 체제든 민주주의 체제든 국가의 기본 목표는 부유하고 강한 나라를 만드는 소위 '부국강병(富國强兵)'이었다. 그래야만 다른 나라보다도 더 많은 식민지와 시장 개척을 이루어서 국가간의 경쟁에서 이길 수 있게 되기 때문이다. 그런데 부국강병을 이루기 위해서는 세금을 걷고 군대를 양성해야 한다. 나라와 국왕을 위해서 세금을 내고 군대에 지원하는 일은 동서고금을 막론하고 국민의 첫 번째 의무이다. '내가 이 나라의 국민'이라는 확고한 귀속의식과 충성심이 없다면 누구도 세금을 내거나 군대에 가는 일을 자발적으로 하지는 않을 것이다. 따라서 국민의식과 애국심이 투철한 국민을 길러내는 일은 부국강병의 성공을 확실하게 약속하는 길이 된다.

이에 따라 18세기에서 20세기에 이르기까지 전 세계의 거의 모든 나라들은 국민을 길러내는 일에 학교교육을 활용하게 되었다. 고·중세 시대의 교육이 통치자와 국가관료를 길러내는 데 초점을 둔 고등교육이었던 반면, 18세기부터 등장한 근대의 교육은 국민을 길러내는 데 초점을 둔 '국민교육'이었다고 말할 수 있다. 우리가 흔히 '국민학교'라고 부르는 학교체제는 바로 이때부터 시작되었다. 국민교육은 한 나라의 국민이면 누구나 반드시 받아야 하는 교육이었다. 대개 교육의 대상은 성인보다는 성장기의 아동이나 청소년층이었다. 왜냐하면 교육을 통해 국민의식으로서 애국심과 충성심을 기르는 데는 성인보다는 아동과 청소년을 대상으로 하는 것이 한층 더 쉽기 때문이었다. 따라서 국민교육 즉, 국민학교 교육은 초등교육의 수준에서 실행되었다. 그리고 당연히 의무교육이었고, 점차 국가가 모든 교육비를 부담하는 공교육이 되었다.

국민학교는 18~19세기 유럽에서 초등교육 수준에서의 국민교육을 실시하려는 목적으로 처음 등장하였다. 독일(당시는 프로이센)의 폴크 슐레(folk schule)

가 대표적이다. 폴크 슐레는 민속학교라고도 번역되는데, 자국의 아동들에게 주로 모국어와 모국의 역사, 민요 등을 가르쳐서 민족의식과 애국심을 길러주려고 했다. 이 시기의 국민학교는 고대와 중세 시대의 초등교육에서 중심적인 교육내용이었던 읽기·쓰기·셈하기(reading·writing·arithmetic / 이를 줄여서 3Rs라고 한다)와 함께, 민족의식과 국가의식을 함양하기 위하여 국어·국사·민속음악 등을 주요 교육내용으로 가르쳤다. 나중에 중·고등학교(중등교육), 대학교(고등교육)의 교육이 초등교육으로부터 출발하여 일련의 기간학제로 연결되었다. 이때 대부분의 국민학교는 초등학교(elementary school)로 명칭을 바꾸었다.[9)]

국민학교의 형성기인 18~19세기는 유럽 사회가 산업혁명을 통하여 자본주의 경제체제를 이루는 시기였다. 또한 정치적·사회적으로는 시민사회가 출현하는 시기이기도 했다. 따라서 공장에서 일하는 산업노동자를 비교적 체계적으로 양성할 필요가 있었다. 그리고 시민으로서의 의무와 권리를 착실하게 실행할 수 있는 시민을 길러내는 것도 중요한 사회적 필요였다. 그래서 국민학교의 교육내용에는 기초적인 직업 수행능력을 가르치는 실과 내지 산업 과목과 사회 과목이 포함되었다. 이와 더불어 기초적인 체력을 연마하는 체육과 도덕성을 함양하는 도덕 과목도 가르치게 되었다. 이로써 우리가 흔히 초등학교의 교과목으로 제시하는 국어·산수·사회·자연·음악·미술·체육·도덕·실과 과목이 정립되었다.

국민학교의 등장으로 과거에는 거의 사교육에 의존했던 초등교육이 이제는 공교육 제도에 의해 실행되게 되었다. 이로써 교육은 지배층이나 상류층을 위한 엘리트 교육만이 아니라 모든 계층의 모든 사람들을 위한 교육으로 확대되었다. 이것은 근대에 와서 대중교육의 시대가 열렸음을 의미하는 것이다. 특히, 20세기는 '교육의 세기'라고 불릴 만큼 교육의 대중화가 이루어진 시대이다. 20세기

---

9) 우리나라의 경우 초등교육기관을 과거 일본의 식민지 시대에는 처음에는 소학교라고 불렀다가 국민학교로 이름을 바꾸었고, 해방 뒤에도 줄곧 국민학교라는 명칭을 사용하였다. 그러다가 1996년 3월에 초등학교라는 이름을 사용하기 시작했다. 그 이유는 국민학교라는 명칭이 과거 일본 군국주의의 식민교육의 잔재이며, 민주주의 사회에서 볼 때 지나치게 국가주의를 표방하는 측면이 있었기 때문이다.

에 교육의 대중화가 실현된 것은 교육을 통하여 국가·사회의 발전을 지속적으로 달성하고자 나라마다 공교육을 강화하는 정책을 적극적으로 추진하였기 때문이다. 한 나라의 경제 발전이나 정치 발전은 얼마나 교육에 투자하여 인재를 양성하는가에 달려 있다고 보는 1960~70년대의 '발전교육론(theory of development education)'은 이의 대표적인 예이다.

이와 함께 국민들의 편에서도 교육을 출세 즉, 사회적 지위 획득의 수단으로 보고 적극적으로 교육을 받고자 애를 쓴 것도 교육의 대중화가 달성된 또 다른 이유가 되었다. 과거에는 신분이나 사회적 지위가 혈연관계에 의하여 다음 세대로 세습되었다. 즉, 고대나 중세는 기본적으로 신분제 사회였다. 이것이 근대에 들어와서는 개인의 능력에 따라 사회적 지위를 획득하는 능력주의(meritocracy) 사회로 바뀌었다. 능력주의 사회에서 개인의 능력을 나타내는 객관적인 지표는 교육받은 경력이라고 보았다. 이에 따라 중·하류층 출신의 사람들도 교육을 잘 받으면 자신의 학력(學歷)에 따라 높은 사회적 지위를 획득할 수 있게 되었다. 즉, 학교교육이 계층과 지위의 상승이동을 가능하게 하는 사회적인 수단으로 정착된 것이다.

CHAPTER
03

제3장 현대의 교육

1. 20세기 전반기의 교육
2. 20세기 후반기의 교육

1. 20세기 전반기의 교육

1) 진보주의 교육

근대와 현대에 이르면서 교육은 과거의 소수 엘리트를 대상으로 하기보다는 다수인 국민 대중을 대상으로 실행되는 국가적이고 사회적인 과업이 되었다. 특히, 산업화가 이루어지면서 다양한 산업노동에 종사하는 인력을 교육으로써 양성하게 됨으로써 교육의 목적과 내용과 방법 등 여러 면이 고대나 중세 혹은 근대 초기의 교육과 많이 달라지게 되었다. 전반적으로 커다란 변화는 우선 교육의 규모에서 나타났다. 학교교육이 공교육제도로 확장되면서 학교의 규모가 커지고 학년 조직, 학급 조직이 도입되었다. 이것은 교육을 받는 학생 수가 급격하게 늘어났기 때문에 취해진 조처였다. 교육의 대상이 되는 아동의 수가 늘어남으로써 자연히 한 학급 속에 다양한 특성을 지닌 학습자들이 들어오게 되었다. 이렇게 형성된 다인수 학급은 고대나 중세 때의 교육방법과는 다른 새로운 교육방법으로 가르쳐야만 했다. 20세기 현대의 교육은 이러한 문제를 해결하면서 발전하게 된다.

20세기에 들어와서 이루어진 교육의 변화 가운데 가장 큰 것은 교육의 대상으로서 아동을 새롭게 바라보기 시작했다는 점이다. 과거에도 아동을 교육의 대상으로서 중요하게 생각하긴 했지만 그것은 어디까지나 어른의 관점에서 규정된 아동이었다. 고대나 중세, 적어도 근대 초기에는 아동을 '축소된 성인' 혹은 '결핍된 성인'으로 간주했다. 즉, 아동은 성인이 갖추어야 할 자질을 아직 갖추지 못한 미성숙한 인간이라고 보았다. 여기서 아동에게 결핍되어 있는 성인으로서의 자질 요소는 바로 다름 아닌 이성을 말한다. 즉, 아동은 이성이 부족하고 모자란 인간이라고 규정되었던 것이다. 이에 따라 아동은 이성을 충분히 계발하고 단련시킬 때까지 어른들이 적극적으로 지도해야 할 훈육의 대상으로 여겨졌다. 그래서 대체로 교과중심 교육과정이 실행되던 시절에는 교사중심, 교재중심의 엄격한 교육이 시행되었다. 주로 교재의 내용을 교사가 학생들에게 해설해 주고, 학생들은 교재의 내용을 철저하게 암기하는 것이 주된 수업방법이었다.

교과 내용을 교사의 설명과 학생의 암기로 공부해 나가는 교습방법이 반드시 비교육적이거나 비효율적인 것은 아니다. 하지만 전반적으로 학생들의 흥미나 관심과는 동떨어진 '지루한' 학습이 될 가능성이 높은 것은 사실이다. 더욱이 교재의 내용이 학생들의 관심사나 생활과는 거리가 먼 추상적 지식으로 가득 차 있던 교과중심 교육과정의 경우 교사중심·교재중심의 주입식·암기식 교육이 한층 더 강조되었다. 이 때문에 교과중심 교육과정은 학습자인 아동의 흥미나 필요, 아동의 생활과는 무관한 형식적인 교육으로 흐른다는 비판을 받게 되었다. 게다가 가르치고 배우는 과정 즉, 교육의 과정(過程)도 학습자(아동)에 대하여 상당히 엄격하고 심지어 억압적으로 진행되었다. 왜냐하면 아동이란 어디까지나 엄하게 가르쳐야 할 지적·도덕적 훈육의 대상이었기 때문이다.

이 책의 제1장에서 살펴보았던 자연주의적 교육관은 바로 이러한 교과중심 교육과정 시대의 교육을 비판하고 반성하면서 등장한 교육관이다. 자연주의적 교육관 때문에 20세기에 들어와서는 아동에 대한 교육은 성인의 관점이 아니라 아동의 관점에서 실시되어야 한다는 생각이 널리 받아들여지게 되었다. 이것을 간단히 아동중심 교육이라고 부르기도 한다. 20세기 전반기에 미국에서 크게 유행한 진보주의(progressivism) 교육사조는 대표적인 아동중심 교육사상이었다. 진보주의의 아동중심 교육사상을 정립한 대표적인 철학자는 듀이(John Dewey)이다. 듀이의 교육사상에 동조하는 교육학자들 및 현장 교육자들은 1919년에 '진보주의 교육협회'(Progressive Education Association)를 결성하여 진보주의 교육사상을 연구하고 실천하였다.

아동중심 교육관 내지 자연주의 교육관을 본격적으로 제시한 사람은 18세기 프랑스의 계몽주의 철학자 루소였다. 루소는 '사회계약'이라든가 '인간 본성의 기원', '사회적 불평등의 기원' 등과 같은 문제를 다룬 사회철학자였지만, 『에밀(*Émile*)』이라는 책을 써서 아동교육의 문제를 다룬 교육철학자이기도 했다. 루소에 따르면, 인간은 선한 본성을 갖고 세상에 태어나지만 사회 환경에 물들어서 악한 존재가 된다. 따라서 아동을 잘 키우기 위해서는 되도록이면 사회와 떨어진 곳에서 아동의 선한 본성이 자연스럽게 잘 발현되도록 키울 필요가 있다. 이 점에서 교육은 결국 인간의 선한 본성을 잘 키워나가는 일이기 때문에 교육이 잘 이루어지려면 도시에서 벗어나서 좋은 자연 환경을 갖춘 곳에서 아동을 기르는 것이 좋다. 루소가 "자연으로 돌아가라."고 말하면서 자연주의 교육을 주장한 까닭이 여기에 있다.

루소가 자연 속의 교육을 주장한 것은 자연이 도시 환경보다 아동에게 실물에 대한 감각 경험을 훨씬 더 많이 제공해 줄 수 있기 때문이다. 아동교육에서 중요한 것은 추상적인 개념 형성의 밑바탕이 되는 감각적 실물 체험을 풍부하게 하는 것이다. 그래야만 이후의 학습에서 개념 형성을 잘 할 수 있게 되며, 원리를 이해하는 데서도 폭넓은 경험적 사례를 생각해 낼 수 있게 된다. 또한 실물에 대한 감각적 경험과 직접적인 체험은 정서를 포함한 인성의 발달에도 상당히 긍정적인 효과를 가져다준다. 루소의 자연주의 교육론은 실물 체험과 동떨어진 추상적 개념 학습을 지양하고, 실물에 대한 감각적 지각을 통해 직접적 경험을 지속적으로 쌓아나가는 것을 장려한다. 이 점에서 루소의 자연주의 교육론은 학습에서 아동의 직접 경험을 강조하는 경험주의 교육론이며, 지적인 면보다는 정서적인 면의 발달을 훨씬 더 강조하는 인성교육론이요 전인교육론이다.

이러한 루소의 자연주의 교육관은 교육에서 아동의 흥미와 관심에 기초한 자발적인 학습을 가장 좋은 학습형태로 본다. 이러한 학습형태를 오늘날 교육학에서는 '자기 주도 학습(self-directed learning)'이라고 부른다. 자기 주도 학습이 잘 이루어지려면 당연히 교육내용도 아동이 흥미 있어 하는 것, 관심을 갖고 있는 것, 필요로 하는 것으로 마련하는 것이 바람직하다. 이 점에서 오늘날 흔히 이야기하는 학습자 중심의 교육은 자연주의 교육관에 의거한 아동중심 교육에서 가장 중요한 요소가 된다. 아동중심 교육은 아동의 흥미와 관심을 학습의 출발점으로 삼을 뿐만 아니라 아동의 생활을 적극적으로 도와주고 조성해 주는 역할을 한다. 즉, 아동중심 교육은 아동이 현재 당면하고 있는 생활의 문제를 합리적으로 풀어나가는 능력을 갖출 수 있도록 현실 생활의 내용을 직접 체험하는 학습을 중요시한다. 이러한 감각적 실물 교육, 자기 주도 학습, 체험학습 등과 같은 자연주의 교육원리는 이후 19세기에 페스탈로치가 초등교육에서, 프뢰벨이 유아교육에서 실천하였다.

루소 이래의 자연주의 교육론 내지 아동중심 교육사상은 특히, 20세기에 들어와서 미국의 진보주의 교육운동에서 가장 널리 그리고 전면적으로 실천되었다. 진보주의는 미국에서 1920~40년대에 초·중등교육에서 중심적으로 실천된 교육사조이다. 유명한 미국의 교육철학자 듀이는 진보주의 교육철학을 대표하는 인물이다. 진보주의 교육철학은 미국의 주된 철학적 입장인 실용주의(pragmatism) 철학과 루소의 자연주의 교육사상이 결합되어 형성되었다. 실용주의는 일명 도구주의(instrumentalism)라고도 하는데, 지식은 생활의 문제를 해결하는 수단 혹은 도구로서 실용적 가치를 지닐 때 진리로 인정된다는 입장을 취하고 있다. 즉, 지식을 실제 생활의 문제해결에 사용할 수 있느냐 없느냐 하는 지식의 실효성 혹은 실용성을 진리 판단의 준거로 보는 것이 실용주의·도구주의 철학이다. 그러니까 진보주의 교육에서는 교육내용이 실생활의 문제해결에 유용하게 쓰이는 것이어야 하고, 아동의 흥미와 관심 및 필요 등을 충족시켜 주는 것이어야 한다고 제안하는 것이다.

2) 경험중심 교육과정

이러한 진보주의 교육의 원리를 받아들여서 1920~40년대에 미국에서는 경험중심 교육과정(experience-centered curriculum)이라는 교육과정 모델이 실행되었다. 경험중심 교육과정은 교육내용의 중심요소를 아동의 경험 특히, 생활상의 경험에서 찾아내어 새롭게 교과목을 편성한 교육과정을 말한다. 즉, 과거의 교과중심 교육과정처럼 교육내용을 전통적으로 전해 내려오는 교과목중심으로 편성하는 것이 아니라, 아동의 생활영역을 조사하고 그 속에서의 경험요소를 추출하여 학습내용으로 삼은 뒤 적절한 교과목의 형태로 편성한 교육과정이다. 경험중심 교육과정에서 가장 중요하게 여긴 것은 학교의 교육내용, 즉 학습과제가 아동의 흥미와 필요 그리고 일상적인 생활을 얼마나 잘 반영하고 있느냐 하는 점이었다. 교과내용이 아동의 흥미와 필요, 일상생활 등에 밀접하게 관련될수록 아동은 더욱 더 자발적이고 능동적으로 학습해 나가게 되기 때문이다.

이러한 능동적이고 자발적인 학습이 지속적으로 이루어질수록 아동의 경험은 더욱 더 성장하고 발전하게 된다. 듀이에 따르면, 경험의 계속적인 성장이야말로 교육의 본질적 특성이다. 인간은 교육을 받는 만큼 경험이 쌓이게 된다. 그리고 경험이 쌓이는 만큼 인간적으로 성숙하게 된다. 학습자가 환경의 변화에 맞추어 지금보다 더 나은 상태로 경험적 성장을 이루는 것, 이것이 바로 진보(progress)이다. 듀이의 교육철학을 진보주의라고 부르는 것은 바로 이 때문이다. 인간은 지성(intelligence)을 지니고 있어서 교육을 통하여 경험을 확장시키고 진보해 나갈 수 있다. 경험을 제공하면 지성이 발달한다. 지성이 발달하면 더욱 더 많은 경험을 내 것으로 만들 수 있다. 더 많은 경험을 내 것으로 삼게 될수록 지성은 더욱 더 발달한다. 다시금 더욱 발달한 지성은 좀 더 복잡한 경험을 내면화하고 확장한다. 이런 식으로 지성과 경험은 반복적으로 수준을 높이면서 발달해 간다. 이것이 듀이가 말하는 진보주의 교육 즉, 경험과 이해의 성장으로서의 교육이다.

물론 경험을 통하여 지성만 발달하는 것은 아니다. 경험은 인간의 정서 발달에도 밀접하게 관련되며, 특정한 기술·기능을 익히는 것과도 밀접하게 관련된다. 경험이란 본디 지적인 측면 뿐만 아니라 정의적인 측면과 기능적인 측면을 다 지니고 있다. 즉, 경험은 인간의 인성이 그러한 것처럼 종합적인 특성을 갖고 있다. 게다가 경험이란 추상적인 것이 아니라 현실에 붙어 있는 직접적이고 실제적인 것이다. 그러므로 진보주의 교육과 경험중심 교육과정에서 경험을 교육 내용으로 삼는다는 것은 무엇보다도 학습내용이 현실생활과 동떨어지지 않고 구체적이고 실제적인 것이 되도록 하기 위한 것이다.

학교의 교육내용 즉, 교육과정의 초점이 교과에서 경험으로 넘어가게 된 것은 20세기에 들어와서 현대 심리학이 발달하게 된 점과 중등교육이 대중화된 점 그리고 사회생활의 중요성이 부각된 점 등이 학교교육에 반영된 결과라고 할 수 있다.

첫째로, 현대 심리학 특히, 학습심리학이 발달하면서 근대 초까지 굳게 믿어 왔던 정신도야설이 부정되었다. 정신도야설은 앞장에서 살펴본 것처럼 인간의 정신이 몇 가지 능력으로 나뉘어져 있는데, 이 정신의 능력들을 제각기 단련시켜주는 교과들을 열심히 공부하면 그 능력들이 더욱 발달한다고 주장한 교육론이었다. 수학을 공부함으로써 논리적 사고력을 더욱 더 계발하게 된다고 보는 생각이 정신도야설의 좋은 예가 될 것이다. 이처럼 정신도야설에서는 각 교과의 형식이 그것을 공부한 사람에게 정신의 일반적 능력을 길러준다고 보았다. 이렇게 각 교과의 형식들이 그것을 학습한 사람에게 일반적 정신능력을 제공해 주는 것을 '일반 전이(general transfer)'라고 부른다. 학습심리학에서 전이란 한 과목에서 배운 것을 다른 과목을 배울 때 써 먹는 것을 말한다.

그런데 20세기에 들어와서 심리학자인 손다이크(Edward Thorndike)가 전이(transfer) 실험을 통해서 정신도야설의 논리적 근거인 일반 전이를 부정하였다. 손다이크에 따르면, 인간의 능력이 교과를 통해서 단련되는 것은 교과의 일반적 형식 때문이 아니고 교과 속에 담겨있는 구체적인 내용이 정신의 구체적인 능력에 부합하기 때문이다. 즉, 교과내용에 인간의 정신능력의 구체적인 요소와 동일한 내용요소가 있을 때 전이가 일어난다고 본 것이다. 손다이크의 이러한 견해를 '동일요소설' 혹은 '실질도야설'이라고 한다. 따라서 추상적인 교과의 형식보다는 실제적인 내용을 가급적 그것의 학습 성과를 써 먹는 현실 생활에 동일한 형태로 제공해야 한다. 교과보다는 그것을 통해서 학습자가 갖게 될 경험을 더욱 중요시하는 경험중심 교육과정은 이렇게 해서 등장하였다.

둘째로, 경험중심 교육과정이 1920~40년대에 크게 유행했던 것은 그 당시에 미국의 중등교육이 보편화되었던 데 크게 힘입었다. 본디 중등교육은 대학교육을 받기 위한 준비과정으로서 등장하였다. 흔히 인문계 중등과정이라고 부르는 중등교육체제는 3학4과 중심의 교과중심 교육과정을 가르치던 중세 때부터 등장한 것이 지금까지 지속되고 있다. 그런데 19~20세기에 들면서 인문계와 별도로 실업계 중등교육이 실행되기 시작하였다. 실업계 중등교육은 산업·기술이 발달함에 따라 숙련된 전문 산업인력을 길러내기 위하여 실행되었다. 이 과정에서 중등교육이 대중화되고, 중등교육을 마치고 사회에 진출하는 학생들이 증가하게 되었다. 즉, 중등교육이 이제는 반드시 대학입시를 위한 준비과정인 것만은 아니고 초등교육에서 진전된 국민생활교육으로서의 나름대로의 교육적 위상을 갖게 된 것이다.

미국의 경우 1918년에 미국교육협회(National Education Association) 산하에 중등교육개편위원회(Commission on the Reorganization of Secondary Education)가 결성되어 미국의 중등교육을 개선하고자 노력하였다. 중등교육의 개선 방향은 대학을 진학하는 학생들만을 위한 것이 아니라 사회에 진출하는 학생들을 위해서도 공통적으로 필요한 교육내용을 마련하는 것이었다. 중등교육개편위원회가 볼 때 중등학교의 교육내용은 대학의 요구를 반영하는 것이 아니라 학생들 개개인의 필요와 사회의 요구를 반영하는 것이어야 했다. 중등교육개편위원회는 중등교육에서 학생들에게 공통적으로 가르쳐야 하는 교육내용의 요소로서, ① 건강, ② 기초적인 의사소통의 수단(읽기, 쓰기, 셈하기 및 의사표현), ③ 원만한 가족관계, ④ 직업훈련, ⑤ 시민정신, ⑥ 여가시간의 적절한 활용, ⑦ 윤리적 특성의 7가지를 제시하였다. 그리고 이러한 교육내용을 효과적으로 가르치고 다양한 연령층의 청소년들의 필요와 욕구에 맞는 교육을 하기 위하여 중등교육을 중학교와 고등학교로 나누었다. 경험중심 교육과정은 이러한 노력 가운데 모든 학생들에게 풍부하고 다양한 교육과정을 제공하고 교육을 실제 생활에 직결시키기 위하여 마련되었다.

셋째로, 경험중심 교육과정에서는 지식 자체보다는 지식이 실생활에서 유용하게 사용되는 측면에 더욱 강조를 두고 있다. 즉, 지식을 생활의 문제를 해결하는 도구로 보는 것이다. 미국에서는 1930년대에 경제공황이 일어나서 실업과 빈곤, 범죄, 인종과 계층 간의 갈등 같은 굵직한 사회적 문제들이 크게 발생하였다. 미국이 겪은 이때의 경제공황은 미국이라는 나라의 체제 자체를 위협할 정도로 큰 타격을 사회 전반에 주었다. 그래서 주로 경제적·사회적 영역에서 생활의 문제와 사회의 문제를 해결하는 것은 미국의 체제 안정과 사회질서 유지에 핵심적인 관건이 되었다. 이에 대하여 미국은 민주주의 체제를 지켜나갈 수 있는 시민을 길러내는 민주시민교육의 실행으로 대응하였다. 이로써 경험중심 교육과정은 사회문제를 해결하는 능력을 지닌 책임감 있는 시민을 기르는 데에 교육목적을 두고 재구성되었다.

경험중심 교육과정 모델로부터 등장한 교육과정 형태로서 오늘날까지도 중요하게 여겨지는 것은 이른바 중핵형 교육과정(core curriculum)이다. 중핵형 교육과정은 여러 교과목들 가운데 교육목표상으로 우선순위에 있는 교과목을 중핵으로 삼고 그것을 학습하는 가운데 관련되는 교과목들을 계통학습의 형태로 동심원적으로 배치하는 교육과정 조직방식을 말한다. 경험중심 교육과정은 초기에는 개인의 필요와 흥미를 충족시키는 데 초점을 두는 개인중심 중핵형 교육과정으로 시작되었다. 듀이가 제시했던 시카고 대학 부설의 실험학교의 활동중심 교육과정이나 진보주의 교육협회에서 제시한 1920년대의 경험중심 교육과정 모델은 개인중심 중핵형 교육과정이었다. 이러던 것이 경제공황 이후 사회문제를 해결하는 데 대한 교육적 필요가 높아지자 경험중심 교육과정은 사회중심 중핵형 교육과정으로 발전된다. 사회중심 중핵형 교육과정은 주로 민주시민양성에 초점을 두는 사회교과들을 중핵으로 삼고 나머지 다른 교과들을 사회적 필요의 우선 순위에 따라 배치한 형태를 말한다. 사회중심 중핵형 교육과정은 중핵의 요소를 사회적 필요에 두느냐 사회문제의 해결에 두느냐에 따라 사회적 필요중심 중핵형과 사회문제중심 중핵형의 두 가지로 나뉜다.

20세기 전반기에 경험중심 교육과정을 통하여 학생들이 학습한 교과목은 대체로 네 가지의 교과군으로 나눌 수 있다. 첫째로, '기초교과' 또는 '도구교과'라고 부르는 국어(영어)와 수학이 있다. 이들 과목은 다른 교과를 학습하는 데 기초능력이 되고 도구가 되기 때문에 이러한 명칭이 붙었다. 둘째로, '내용교과'라고 부르는 역사, 지리, 과학이 있다. 이들 과목은 인간의 삶과 자연계에 대한 사실적 내용을 다루기 때문에 이러한 명칭이 붙었다. 셋째로, '생활교과'라고 부르는 사회, 실과(가정 및 실업), 도덕이 있다. 이들 교과는 사회생활과 일상적인 생활에서의 기술·기능을 익히고 기초적인 생활의 윤리를 습득하는 과목이다. 넷째로, '표현교과'라고 부르는 음악, 미술, 체육이 있다. 이들 교과는 몸과 마음의 표현능력과 정서를 기르는 과목이다.

교과중심 교육과정과 경험중심 교육과정의 전통 속에서 미국의 교육자들이 가장 중요한 교과목으로 간주한 것은 국어(영어), 수학, 역사, 과학의 네 과목이었다. 그러니까 도구교과와 내용교과를 학교교육에서 가장 중요하게 가르쳐야 하는 것으로 본 것이다. 물론 경험중심 교육과정의 경우에는 이에 생활교과인 사회를 더하여 강조하였다. 이러한 교과들은 무엇보다도 학습자들이 자신이 살아가는 세상에 잘 적응하고, 생활의 문제를 적절하게 해결해 나가는 능력을 기르는 데 적합하다고 여겨졌다. 자신이 앞으로 살아갈 생활을 잘 준비하는 것이 경험중심 교육과정 시대의 제일의 교육목적이었다. 그래서 이 시기의 교육을 '생활적응교육' 혹은 '생활준비교육'이라고 부르기도 한다.

지금까지 살펴 본 20세기 전반기의 학교교육은 한 마디로 교육의 양적 확대와 팽창을 특징으로 하다. 교육이 양적으로 확대되고 팽창된 것은 산업이 발달하고 사회가 복잡해진 현상을 반영한 것이라고 볼 수 있다. 18세기부터 시작된 산업

혁명은 과학기술의 발달에 힘입어서 20세기에 들면 대량생산을 특징으로 하는 산업자본주의 체제를 성립시켰다. 이로써 사회 전반은 이른 바 공장(factory)이라고 하는 생산단위의 조직을 근간으로 구조화되었다. 즉, 사회 전반과 사람들의 일상생활이 공장이라는 일터를 중심으로 혹은 회사라고 하는 기업조직을 중심으로 형성되었다. 이에 따라 자연히 학교교육은 공장에서의 직업생활을 준비시키는 과정으로 자리잡게 되었다. 또한 사회체제가 정교해지고 사회적 기능과 역할이 분화됨에 따라 시민교육 내지는 국민교육의 필요성이 증대되었다. 이것도 학교교육이 확대되고 팽창된 원인이 되었다.

경험중심 교육과정은 이처럼 학교교육이 급격하게 확대, 팽창되었던 20세기 전반부에 많은 학습자들을 좀 더 효과적으로 가르치기 위하여 고안된 모델이었다. 그리고 그 교육적 효과는 1930~40년대에 절정을 이루었다. 미국이 1, 2차 세계대전을 거치면서 세계 제1의 공업국가가 될 수 있었던 것도 따지고 보면 경험중심 교육과정을 통하여 우수한 노동인력을 대량으로 길러낼 수 있었기 때문이었다.

2. 20세기 후반기의 교육

1) 진보주의 교육의 퇴조

교육체제가 양적으로 확대·팽창되면 교육수준의 질적 저하 현상이 나타나기 쉽다. 특히, 교과중심 교육과정 시대의 엘리트주의적 입장에서 보면 교육을 받는 인원수가 늘어났다는 것은 그만큼 학습자 개개인에 대한 교육적 지도와 배려를 소홀히 할 수밖에 없게 되었다는 이야기가 된다. 사실, 진보주의 교육이나 경험중심 교육과정이 아동중심 교육, 활동중심 학습 등을 강조한 것도 알고 보면 다 이러한 점을 개선하기 위한 노력이었다고 할 수 있다. 그런데 진보주의 교육과 경험중심 교육과정이 기대만큼 학교교육의 수준을 높이지 못했다는 것이 1940년대 말부터 문제가 되었다.

대체로 교과중심 교육과정의 관점에서 본 것일 테지만 경험중심 교육과정은 실상 앞장에서 살펴본 기초교과와 내용교과에 대한 학습이 소홀해지는 결과를 가져왔다. 특히, 수학과 과학 두 과목에 대해서는 현저한 학습수준의 저하를 나타내었다. 초등교육의 수준에서는 이것이 커다란 문제가 되지는 않았다. 문제는 중등교육의 수준이었다. 사실 중등교육은 진보주의 교육 노선이 생활준비교육을 성공적으로 이루기 위하여 경험중심 교육과정의 실행에 온갖 정성을 기울인 부문이었다. 그런데 이 중등교육에서 수학과 과학 분야의 학력(學力) 저하가 두드러졌다. 경험중심 교육과정에서 이 두 과목에 대하여 체계적이고 깊이 있는 교수-학습을 제공하지 못한 것이 원인이었다. 이 점에 대하여 깊은 우려를 나타내고 진보주의 교육을 비판하면서 고전교육을 강조한 사람들이 앞에서 소개한 항존주의자들이었다. 그리고 우연의 일치인지 아니면 선견지명인지 이들 항존주의자들의 우려는 1950년대 말에 현실로 나타났다.

제2차 세계대전이 끝난 뒤 세계 제1의 공업국가가 된 미국은 자유주의 진영을 대표하는 강대국이 되었다. 그리고 역시 제2차 세계대전의 전승국인 구 소련은 공산주의 진영을 대표하는 강대국이 되었다. 미국과 구 소련은 이후 구 소련이 몰락하기까지 자유주의 진영과 공산주의 진영 사이의 체제 우월 경쟁에 돌입하게 된다. 세계사에서는 이 시기를 '냉전(cold war)의 시대'라고 이름 붙이고 있다. 미국과 구 소련 사이의 냉전은 정치·경제·군사 등 모든 면에서 이루어졌는데, 1950~60년대는 특히, 우주개발 분야에서 양국간의 경쟁이 치열하였다.

그런데 1957년에 구 소련에서 인공위성을 발사하여 성공하는 역사적인 사건이 일어났다. 스푸트니크(Sputnik) 영어로 여행의 동반자(fellow traveler)라는 이름의 인공위성을 구 소련이 발사함으로써 우주시대의 서막을 성공적으로 연 것이다. 이 사건은 인류의 역사에서 볼 때는 인간의 위대함을 지구 바깥으로 확장한 것이었지만, 미국에서 볼 때는 재앙과도 다름없는 큰 사건이었다. 그것은 첨단 군사기술 분야에서 경쟁국이요 적대국인 소련에게 뒤졌음을 알려준 사건이요, 미국의 안보가 처음으로 직접적인 위협을 받게 되었다는 신호였기 때문이다.

이 사건을 계기로 미국에서는 진보주의 교육에 대한 비판이 더욱 거세졌다. 사실 그 이전부터 제2차 세계대전을 치른 미국 사회에는 종래의 아동중심 교육 내지 진보주의 교육이 국력의 결집에 미흡했다는 반성이 있어 왔다. 그런데 스푸트니크 쇼크로 인하여 진보주의로 대표된 미국의 교육이 국가 전체의 기동력을 발휘하는 데 필요한 일반 시민의 자질을 높이 유지하지 못하였으며, 과학기술 분야에서 요구되는 우수한 고급인력을 길러내는 데에도 매우 취약했다는 반성을 깊이 한 것이다. 이에 국력을 높이기 위하여 일반 시민의 자질을 향상시키고 우수한 과학기술인력을 길러내는 데 교육의 총력을 기울여야 한다는 주장이 강하게 제기되었다.

진보주의 교육에 대한 이러한 비판은 교육의 전반적인 질적 수준을 높이는 방향으로 교육정책을 혁신하는 작업으로 이어졌다. 특히, 수학과 과학 분야의 교육수준을 높이는 것이 제일 큰 과제가 되었다. 인공위성을 쏘아 올렸다는 이야기는 현대 수학과 과학 그 가운데서도 물리학의 연구·교육수준이 첨단에 이르렀다는 증거이기 때문이었다. 사실 미국의 학문 수준은 대학 수준에서 볼 때 1950년대에도 세계 최고였다. 수학이나 물리학 등의 과학 분야도 대학교육의 수준은 세계 최고였다. 그러나 대학교육의 밑바탕이 되는 중등교육과 초등교육 수준에서는 이들 분야의 교육수준이 너무 형편없이 뒤처져 있었다.

초·중등교육의 경우 교육내용에 있어서는 현대 수학과 과학의 발전상이 제대로 반영되지 않고 18~19세기의 낡은 이론과 사실들이 수록되어 있었다. 교육방법에 있어서도 교수-학습이론의 최신 연구 성과들이 적용되지 않았고, 교수방법상의 혁신도 전혀 이루어지지 않았다. 무엇보다도 대부분의 초·중등학교가 수학, 과학 과목은 기초적인 수준을 제외하고는 학습자들이 선택하여 배우도록 함으로써 많은 아동, 청소년들이 어려운 내용은 선택하지 않게 되었다. 그 결과 이들 과목에 대한 집중적이고 체계적인 학습이 이루어지지 못하였다. 자연히 수학, 과학 분야의 기초교육이 부실해지고 그 저변도 매우 얇아지는 결과를 가져왔다.

해결책은 분명하였다. 수학과 과학 과목의 내용을 최신의 것으로 개정하고, 내용의 계열성을 좀 더 명확하게 세우고, 교수방법도 최신의 교육학 연구성과를 반영하여 혁신하는 것이다. 그리고 선택과목이었던 이들 과목을 기본과목 혹은 필수과목으로 지정하는 것이었다. 이 모든 것은 우수한 과학기술인력을 체계적으로 길러내고자 하는 새로운 시대적 교육목표를 달성하기 위해서 반드시 해결해야 하는 과제였다. 한 마디로 말해서 교육개혁을 해야 한 것이다.

1959년에 미국은 매사추세츠(Massachusetts) 주의 우즈 호울(woods hole)에서 과학교육을 개선하는 방안을 모색하는 연구회의를 열었다. 경험중심 교육과정을 폐기하고 후에 학문중심 교육과정(science-centered curriculum)이라고 부른 새로운 교육과정 모델을 정립하는 첫 발걸음이었다. 나중에 우즈 호울 회의라고 이름 붙인 이때의 연구회의에서 의장을 맡았던 교육학자 브루너(Jerome Bruner)는 회의의 발표내용과 보고서를 정리해서 이듬해에 『교육의 과정(*The Process of Education*)』이라는 책을 펴내었다. 우즈 호울 회의는 미국의 교육개혁 작업의 출발점이었다. 그리고 브루너가 쓴 『교육의 과정(*The Process of Education*)』은 20세기 후반기의 교육에서 교육내용과 교육방법에 있어서 새로운 방향을 제시하는 나침반이었다.[10)]

2) 학문중심 교육과정

학문중심 교육과정은 교육내용을 선정하고 가르치는 데 있어서 초점을 학문

10) 브루너가 쓴 『교육의 과정(*The Process of Education*)』은 우리나라에서는 서울대학교 이홍우 교수가 번역하여 책으로 출판되었다. 『브루너 교육의 과정』(이홍우 역, 서울: 배영사, 1992)가 그것이다. 교육에 관심이 있는 독자는 꼭 한 번 읽어보기를 권한다.

에 두는 교육과정 모델이다. 학문이란 인간 자신과 인간을 둘러싼 사회 및 자연 세계에 대한 과학적 탐구의 과정과 결과를 말한다. 과학적 탐구의 목적은 대상 세계에 관한 올바른 사실과 원리를 발견해내는 데 있다. 따라서 학문중심 교육과정을 실행한다는 것은 교육의 핵심내용을 인간·사회·자연에 대한 과학적 지식으로 삼는다는 것을 의미한다. 또한 교육의 방법에서는 인간·사회·자연에 대한 과학적 탐구활동을 사용한다는 것을 의미한다. 그러니까 초·중등학교의 교과교육의 모든 면에서 개별교과에 상응하는 학문 분야의 대학교수들이 학문적 탐구활동을 하는 방식과 과정 그대로 학생들을 가르치겠다는 것이 학문중심 교육과정의 기본적인 생각이었다.

『교육의 과정(*The Process of Education*)』에서 브루너는 '학문의 기본 성격에 맞게 지식을 가르치기 위해서는 지식의 구조(structure of knowledge)를 가르쳐야 한다'고 말하였다. 여기서 지식의 구조라는 것은 개별 학문의 밑바탕에 깔려 있는 기본적인 개념과 원리를 가리킨다. 그러니까 각 교과에서는 그 교과의 해당 학문에 깔려 있는 기본 개념과 원리를 가르쳐야 한다는 것이 브루너의 주장이다. 왜냐하면 학문의 기본 성격을 가장 잘 나타내고 있는 것이 바로 지식의 구조이기 때문이다. 그러므로 학문중심 교육과정에서는 학생들에게 가르쳐야 할 교육내용으로서 지식의 구조를 제시한다.

교육내용으로서 지식을 강조한 것은 교과중심 교육과정 모델이었다. 물론 경험중심 교육과정 모델에서도 교육내용으로서 지식을 강조하였다. 다만 교과중심 교육과정이 지식의 도야적·훈육적 성격을 강조하였다면, 경험중심 교육과정은 지식의 실용적·도구적 성격을 강조하였다는 차이점이 있을 뿐이다. 그렇다면 왜 새삼스럽게 20세기 후반기에 들어와서 다시금 지식을 교육내용으로서 강조하게 된 것일까? 그것도 지식이라는 말보다는 지식의 구조라는 새로운 용어를 써 가면서 말이다.

학문중심 교육과정에서 새삼스럽게 지식의 구조를 들고 나온 것은 그 동안 교과중심 교육과정이나 경험중심 교육과정으로는 제대로 된 지식교육을 할 수 없었다는 반성 때문이었다. 브루너는 그 동안의 지식교육이 제대로 된 지식교육이 되지 못했던 것은 지식의 본질적 성격인 '지적 탐구활동'을 강조하지 않은 채로 지적 탐구의 결과로서의 지식만을 학생들에게 가르쳤기 때문이라고 보았다. 말하자면 지식을 탐구과정을 통하여 가르친 것이 아니라 주입식으로 가르친 것이 그 동안의 지식교육의 문제점이라고 본 것이다. 주입식의 지식교육이 문제가 되는 것은 주입식으로 익힌 지식은 점점 더 복잡해져 가는 현실 사회의 문제점들을 해결하는 데 그다지 쓸모가 없기 때문이다.

물론 이를 해결하기 위해서 경험중심 교육과정에서는 학습과정에서 활동을 강조하였고, 지식을 경험으로 내면화하는 것을 추구하였다. 그러나 경험중심 교육과정에서의 활동이나 문제해결을 통한 경험의 습득은 일상생활에서의 필요를 중심으로 구성된 것이었기 때문에 지적인 기반이 형편없이 모자란 것이었다. 그래서 현대 사회의 복잡한 문제를 해결하는 고도의 지적 사고능력을 적절히 길러주는 데에는 부적합했고, 학문적 성과를 발전시키는 일에도 미흡하였다. 그래서 브루너는 지식 자체의 탐구적 특성을 최대한으로 살리는 교과내용으로서 지식의 구조를 가르치는 학문중심 교육과정 모델을 제시한 것이다.

20세기 후반기의 교육과정 사조(思潮)의 핵심이 되는 학문중심 교육과정은 이전의 교과중심 교육과정과 경험중심 교육과정 혹은 중핵형 교육과정 모델이 대한 반대 내지는 대안의 성격을 띠고 있다. 중핵형 교육과정 모델의 경우 학교 교육활동의 종합화를 꾀하고 개별교과들의 통합을 시도하였으나, 학문중심 교육과정은 오히려 이들 과목들을 분리시키고 개별교과의 특수성과 논리성을 부각시키는 방향으로 교육과정을 전개할 것을 권장하고 있다. 이에 따라 교육과정은 개별 학문의 논리적 구조를 체계적으로 심화시키는 학습체제로 개념화되었다. 그리고 학습의 과정은 각 학문 분야의 지적인 핵심 개념과 원리를 탐구하는 활동을 중심으로 진행되는 탐구학습(inquiry learning) 혹은 발견학습(discovery learning)으로 구성되었다.

지식의 구조를 가르친다는 말은 지식을 그냥 가르치는 것이 아니라 해당 학문의 논리적 구조에 맞추어 가르친다는 의미이다. 지식은 언뜻 보아서는 개별적인 사실이나 법칙, 원리, 이론 등의 단순한 집합체인 것 같으나 실은 사실적·논리적으로 서로 밀접하게 관련되어 있다. 즉, 지식은 각 학문 분야 내에서나 각 학문 분야 사이에서나 고도로 구조화되어 있는 것이 특징이다. 그래서 인간의 심리나 행동에 관한 지식은 사회나 역사에 관한 탐구에 실마리가 되는 것이며, 사회나 문화 또는 역사에 관한 지식은 인간의 심리나 행동을 이해하는 데 실마리가 되는 것이다. 마찬가지로 화학 지식은 생물학 연구의 바탕지식이 되며, 생물학 지식은 의학 연구의 바탕지식이 된다.

따라서 지식의 구조를 가르친다는 것은 학생들이 학문 분야간에 지식이 상호 관련되어 구조화되어 있음을 이해하도록 가르치는 것을 의미한다. 그리고 그러한 이해도 단순한 지식의 주입을 통한 것이 아니라 학습자들의 자발적이고 지속적인 수준 높은 탐구활동을 통해서 도달하도록 하는 것을 말한다. 문제는 이러한 수준의 학습이 1~2년 사이에 쉽게 금방 이루어지는 것이 아니라는 데 있다. 지식의 구조를 교과목별로 익히고 다시 개별교과들이 서로 어떻게 관련되어 있는가를 익힌 후 복잡한 현실의 문제를 학문적으로 풀어나가는 수준에 도달하기 위해서는 상당히 장기간 동안 심혈을 기울여서 공부를 해 나가야만 한다. 여기에 더하여 이러한 학습의 과정에는 상당 정도의 지능의 뒷받침이 반드시 있어야 한다.

후에 학문중심 교육과정 모델의 문제점은 바로 이 부분에서 드러나게 되었다. 학문중심 교육과정을 통하여 사회 전반의 지적 수준이 높아지고 우수한 과학기술인력을 이전 시대보다 더 많이 길러낼 수는 있었으나 그것은 전체 사회성원들 가운데 일부분을 대상으로 이룬 성취였다. 요컨대, 경험중심 교육과정이 추구한 민주주의적 대중교육의 노선이 어느새 다시금 엘리트주의로 변모해 가기 시작한 것이다. 그리고 이와 함께 과도한 지식교육을 강조한 탓으로 통합적이고 전인적인 인성교육이 부실하게 이루어지게 된 점도 이후 1960~70년대의 급격한 사회변화에 적절하게 대응하고 시대의 어려움을 극복하지 못하는 원인이 되었다.

학문중심 교육과정 모델은 학습자들에게 고도의 지적 사고능력과 사회문제 해결의 능력을 길러주는 교육과정 체제를 정립시켰으나, 지식교육을 강조한 나머지 인성교육을 소홀히 하게 되었다는 점과 수학이나 과학 등의 분야에 치우친 교육과정 개발과 실행 때문에 적절한 인문주의적 교육이 충분히 이루어지지 못했다는 점 등을 한계로 갖는다. 더욱이 1960~70년대에 드러난 빈부의 격차, 인간성의 상실, 사회범죄와 부패, 전쟁, 인종과 계층 간의 갈등 등과 같은 커다란 사회문제를 합리적으로 풀어나가도록 교육내용을 혁신하는 사회적 적절성(social relevance)이 학문중심 교육과정에서는 부족하였다. 이 때문에 지식과 학문의 체계적인 학습을 강조하는 학문중심 교육과정 모델은 이후의 교육학자들과 교육자들에게 지나친 주지주의적·반인간주의적 교육과정 모형이라고 비판받게 된다. 그리고 이로 인하여 20세기 후반에 들어서는 좀 더 인간주의적인 교육과정 모델을 창출하려는 노력들을 낳게 되었다.

3) 교육의 인간화와 인간중심 교육과정

유럽과 미국 등의 선진산업국가에서는 1960년대에 고도산업사회가 되었지만 그 반대급부로 인간성이 상실되고 과다한 물질문명에 대하여 정신문명이 거의 황폐화되는 비인간화 시대의 폐해를 나타내었다. 자본주의의 추구에 따른 산업화가 인간과 인간 그리고 인간과 자연 사이의 조화로운 공존을 파괴해 버린 것이다. 인간은 물질과 자본의 노예가 되었고, 자연은 개발과 발전이라는 이름으로 파괴되어 인간의 생존을 위협하였다. 몇 차례의 전쟁도 있었다. 이스라엘과 아랍국들 간의 중동 전쟁, 미국과 북 베트콩 간의 베트남 전쟁은 인간의 생명을 파리 목숨보다 못한 존재로 만들어 버렸다. 게다가 미국과 구 소련간의 냉전은 핵무기의 개발로 이어져 1970년대에 이르러서는 아예 지구와 인류의 멸망을 눈앞에 두게 되었다. 1960~70년대는 이전의 그 어느 시기보다도 인간의 존엄성이 철저하게 위협을 받았던 시기이다.

인류는 다시금 화해와 평화를 추구하여 살 길을 찾아야만 했다. 그리고 그 살 길은 인간을 인간답게 키우는 교육 즉, 인간주의 교육(humanism education)으로부터 시작되어야 했다. 교육의 과정에서 인간주의적 철학과 사상을 실천하려는 노력은 1960~70년대에 대한 반성과 함께 주로 1970~1980년대에 이루어졌다. 이러한 교육적 반성과 노력은 인간중심 교육과정(humane-centered curriculum)의 정립과 실천으로 열매맺게 된다.

인간중심 교육의 노력이 시작된 것은 이미 학문중심 교육과정이 강조되던 1950년대 말, 1960년대 초로 거슬러 올라간다. 1950년대 말에 들어서 영국의 교육자인 니일(Neil)은 섬머 힐(Summer Hill)을 세워서 루소의 자연주의 교육을 실천하였다. 섬머 힐은 인간중심 교육을 실천한 초·중등학교로서, 아동에게 최대한의 자유를 제공하고 과도하고 맹목적인 지식교육을 지양하며 정서가 풍부한 아동이 되도록 인성교육에 힘썼다. 독일에서 슈타이너(Rudolf Schteiner)가 발도르프 학교(Waldorf Schule)를 세워 자유교육에 힘썼던 것도 이때의 일이다.

1970년대에 들어와서는 미국에서 실버만(Charles Silberman)이 『교실의 위기(*Crisis in the Classroom*)』를, 일리치(Ivan Ilich)가 『탈학교 사회(*Deschooling Society*)』를, 라이머(Everett Reimer)가 『학교는 죽었다(*School is Dead*)』를, 로저스(Carl Rogers)가 『학습의 자유(*Freedom to Learn*)』를 써서 비인간화되고 경쟁만을 강조하는 현대의 학교교육을 강하게 비판하였다. 이를 계기로 1970~80년대에는 본격적으로 인간중심 교육과정 모델이 정립되고 실천되었다.

미국의 교육학자 맥도날드(James Macdonald)에 따르면 인간중심 교육과정 모델은 본질적 입장, 심리학적 입장, 사회학적 입장의 세 종류로 나누어 볼 수 있다.

첫째, 본질적 입장에서의 인간중심 교육과정 모델은 교육을 인간이 지닌 잠재적 가능성을 최대한으로 실현하는 과업으로 본다. 본질적 입장에 따르면, 학교교육에서는 기초교과와 내용교과, 실용교과, 표현교과 등의 여러 교과를 균형있게 지도해야 한다. 특히, 인문교과를 학생들의 전인적 성장과 발달에 맞추어 좀 더 강조해서 지도하여야 한다. 이러한 점은 과거의 항존주의 교육철학의 입장이 일부분 긍정적으로 수용된 것이라고 볼 수 있다.

둘째, 심리학적 입장에서의 인간중심 교육과정 모델은 제3의 심리학파로 불리는 '인본주의 심리학'을 이론적 배경으로 삼고 있다. 심리학적 입장에서의 인간중심 교육과정 모델은 아동의 정의적 성장 특히, 전인적인 자아 개념의 확립과 풍부한 감수성 및 건전한 태도와 가치관의 형성에 주력함으로써 자아의 실현을 최대한으로 이루도록 하는 교육 실천에 노력하고 있다.

셋째, 사회학적 입장에서의 인간중심 교육과정 모델은 비판이론적 교육학자들의 노력을 배경으로 하여 학교가 아동의 개인적·심리적 발달에만 주력하지 말고 사회 공동체의 개선과 올바른 사회적 자아상의 실현을 적극적으로 모색하는 교육에 주력하여야 한다고 주장한다. 사회학적 입장에서의 인간중심 교육과정 모델에서는 학교교육이 비인간적인 성향을 갖는 것은 사회 구조 자체가 비인간적인 형태로 짜여져 있기 때문이라고 보고 있다. 따라서 학교의 사회적·문화적 특성을 인간주의적인 것으로 변화시키려면 교육과정의 내용과 실천에 있어서 인간주의적 철학과 사회학에 바탕한 교수법을 적극적으로 실행해 나가야 한다. 그리고 이와 함께 사회 구조 자체에 대한 인간주의적 변혁도 이루어질 필요가 있다. 왜냐하면 사회 구조의 변혁이야말로 교육의 과정을 인간주의적으로 개선해 나가는 사회적 배경이 되기 때문이다.

인간중심 교육과정은 교육받는 개인에게 의미 있는 교육경험을 제공하는 것을 일차적인 교육목적으로 삼는 교육과정 모델이다. 이 점에서 인간중심 교육과정은 과거의 경험중심 교육과정이 현대적으로 부흥한 것이라고 볼 수도 있다. 다른 점이라면 인간중심 교육과정은 교육내용의 본질적 특성을 경험이나 지식 자체에 두는 교육과정 유형들과는 달리 지식과 경험이 인간에게 갖는 의미를 강조하는 제3의 교육과정 유형이라는 점이다. 다만 교육의 내용과 경험이 학습자 개인에게 만족스럽고 의미 있는 것이어야 한다는 점에서는 경험중심 교육과정의 정신을 잇고 있는 것이기도 하다. 요컨대, 인간중심 교육과정은 교과중심 교육과정이나 학문중심 교육과정이 갖는 비교육적·비인간적 속성을 극복하고 인간화된 교육을 실천하고자 하는 교육철학이요 교육운동이다.

PART 02

교육의 심리적 이해

제4장 교육과 심리
제5장 발달심리
제6장 학습심리
제7장 학습의 심리적 요인

CHAPTER 04

제4장 교육과 심리

1. 현대 심리학의 등장
2. 행동주의 심리학
3. 정신분석학
4. 인본주의 심리학

교육은 인간을 대상으로 하는 활동이다. 그러므로 좋은 교육을 하기 위해서는 먼저 인간을 바르게 이해해야 한다. 인간이 어떤 존재냐에 대한 교사의 관점에 따라 교사의 교육방법은 달라질 것이다. 교육심리학의 주된 내용들은 교육대상에 대한 교육내용의 유형과 교육 시기에 대한 시사를 준다. 또한 교육대상이 어떤 방법으로 학습하는가에 대한 이론은 교육방법에 대한 시사를 준다. 이번 장에서는 심리학의 등장과, 교육 연구에 큰 영향을 끼친 주요 심리학 사조에 관하여 살펴본다.

1. 현대 심리학의 등장

심리학은 19세기 말 유럽에서 과학적인 학문으로 등장하였다. 심리학은 인간의 행동이나 학습 등을 과학적으로 연구하는 학문이다. 심리학을 창안해낸 사람은 분트(Wundt)로서, 그는 1879년 독일 라이프치히 대학에 최초로 심리학 실험실을 창설하고 실험과 관찰법을 통해 의식 속의 심리적 사실을 연구 대상으로 삼았다. 이후에 20세기 들어 인간의 의식을 관찰을 통해 연구하는 것은 인간의 심리 현상을 이해하는 데 한계가 있다고 생각하여 연구 대상을 의식 대신 행동으로 대체해야 한다고 주장하는 행동주의 심리학이 발달하게 되었다. 이에 따라 심리학의 연구방법은 관찰과 측정을 중심으로 하는 과학적인 방법으로 변화하게 되었다. 1960년대에는 인지심리학의 등장으로, 인간의 고차적인 정신 과정을 설명하려 한 움직임이 나타났다. 특히, 인지심리학에서 중심을 이루는 정보처리 모형은 인간의 내적 정신 과정에 대한 연구를 학습 현상에 대한 연구의 핵심적인 과제로 삼았다.

인간을 과학적으로 연구하려는 현대 심리학이라 하여도 그 속에는 인간에 대하여 각각 견해를 달리하는 여러 학파가 있다. 특히, 교육 실천과 교육 현상의 연구에 큰 영향을 끼친 현대의 심리학은 행동주의 심리학, 정신분석학, 인본주의 심리학이 대표적이다.

2. 행동주의 심리학

행동주의 심리학자들은 인간이 미리 정해진 본성을 가진 존재라고 생각하지 않는다. 그들은 경험론 철학의 영향을 받아 인성이 백지에서 시작된다고 보았다. 행동주의 심리학은 인간의 의식 속의 심리적 사실보다는 행동을 연구 대상으로 삼아야한다고 본다. 즉, 인간에 대한 과학적 접근을 통해 객관성을 충족시키는 연구 대상은 관찰 가능한 행동이지 겉으로 드러나지 않는 의식이 아니라고 본 것이다. 행동주의에서는 겉으로 드러나지 않는 의식은 객관적인 관찰을 할 수 없기 때문에 객관적인 관찰이 가능한 인간의 행동을 통해 인간을 파악할 수 있다고 본다.

행동주의 심리학자들의 인간관은 '백지설'이라고 할 수 있다. 1900년대 미국의 행동주의 심리학자 왓슨(Watson)은 "건강한 아이 10명을 내게 데려와라. 그들을 의사, 변호사, 도둑 등 원하는 그 무엇으로도 만들어 주겠다."며 인간을 환경에 수동적으로 반응하는 존재로 보는 인간관을 피력하였다. 행동주의 심리학에서는 인간의 행동이 백지에서 시작되고, 감각적 경험을 통해 변화될 수 있다고 본다. 유명한 미국의 행동주의 심리학자 스키너(Skinner)는 인간 행동이 복잡하기는 해도 원칙적으로 예측이 가능하다고 보았다. 스키너에 따르면, 인간이 보이는 현재 행동은 그의 어떤 본성에 의한 것이 아니라 선행 조건에 의해 결정된다. 이것은 인간의 본성에 대한 환경적 결정론이라 할 수 있다.

행동주의적 심리학에 의거한 교육적 실천을 살펴보면 다음과 같다. 교사는 바람직한 학생들의 태도를 행동 용어로 바꾸고, 이를 구체화시켜야 한다. 그리고 그것들을 가져오게 하는 교육내용을 알아보고 선정한다. 그 다음에 학생들의 기대되는 행동을 만들 수 있는 환경을 배열하는 일을 해야 한다. 또한, 학생이 여러 가지 목표에 도달하는 행동을 할 때 보상해 줄 수 있는 기제를 마련해야 한다. 이를 완수하게 되면 학생들은 교사가 기대한 행동 양식을 보이게 될 것이다.

3. 정신분석학

인간 행동에 관한 정신분석적 개념은 프로이드(Freud)가 체계를 세운 것이다. 프로이드는 인간의 심층적인 의식의 세계를 중요시한다. 인간의 의식이나 무의식 속에는 과거에 일어났던 여러 가지 일들에 관한 기억이나 추억이 가득 차 있는데, 그 가운데 특히, 힘들었던 마음의 상처를 가져온 일들은 무의식 속에 깊이 묻히게 된다. 이처럼 과거의 상처나 고통이 무의식 속에 파묻혀서 겉으로 드러나지 않는 것을 억압이라고 한다. 그런데 억압으로써 과거의 괴로운 일이 종결되는 것이 아니다. 오히려 이러한 억압으로 인해 인간 행동은 무의식적인 행동 동기를 가지게 된다. 즉, 인간의 행동은 무의식적인 과정에서 나온다. 인간의 부적응 행동 또한 의식의 작용에 의한 것이 아니라 무의식의 충동에 의해 발생한 것이다. 따라서 인간 행동의 이해는 인간의 심층적인 무의식의 세계를 통찰할 때 가능하게 된다.

프로이드에 따르면, 인간은 삶의 본능과 죽음의 본능 두 가지를 가지고 있다. 삶의 본능은 '리비도'이고, 죽음의 본능은 '타나토스'이다. 생(生)의 본능적인 에너지인 리비도는 주로 성(sex)과 그에 관련된 활동을 포함하고, 사(死)의 본능은 자살이나 기타의 여러 가지 파괴적인 행동으로 자신의 내부 또는 타인에게 공격의 형태로 나타난다. 리비도의 성 충동에 의거한 인간 심리의 영역이 이드(id)이다. 이드는 인간의 본능적이고 원초적인 자아이다. 이드의 반대편에 초월적 자아로서 '수퍼 에고(super ego)'가 있다. 수퍼 에고는 초자아라고도 하는데, 사회적 도덕이나 규범에 합치되는 도덕적 자아의 영역이다. 인간의 심리적 자아인 에고는 이드와 수퍼 에고 사이의 갈등과 조화를 통해 형성된다.

정신분석학에서는 인간 행동의 원인을 과거의 경험에 두고 있다. 외적 환경의 경험이 인간의 행동의 원인이라고 본다는 점에서 정신분석학은 행동주의와 같은 맥락을 지닌다. 그래서 정신분석학도 개인의 현재나 미래에 대한 부분들이나 인간의 자유의지 또는 능동성에 대해 부정적 내지 소극적 입장을 취하고 있다.

4. 인본주의 심리학

인본주의 심리학은 1960년대 초 미국에서 등장하였다. 인본주의 심리학은 현대 심리학의 대표적 이론인 정신분석학과 행동주의에 대한 반대의 입장에서 나타난 제3의 심리학이다. 정신분석학은 이상심리와 정신병에 주된 관심이 있고, 행동주의는 행동의 과학적 접근 방법을 적용하는 일에 몰두하였다. 인본주의 심리학은 이 두 분야가 인간의 내면적 심리의 문제를 등한시했다고 생각하고, 그 한계점으로 인간을 연구하는 데 새로운 접근법이 필요하다는 것을 느끼게 되어 등장하였다. 인본주의 심리학은 실존주의 철학과 현상학에 깊은 영향을 받았다. 인본주의 심리학은 인간의 개성·잠재력과 실현 가능성·창조성·성장·자아실현·감정·정신건강 등을 주된 연구 대상으로 삼는다.

인본주의 심리학의 정립에 중요한 역할을 한 사람은 미국의 마슬로우(Maslow)이다. 마슬로우는 인간의 본성은 생물학적인 것이 아니라 사회적·문화적인 것이라고 주장하는 입장을 가진다. 인본주의 심리학은 개개인의 인간과, 그들 각자의 독특한 특성에 관해 중점을 둔다. 인본주의 심리학에 따르면, 인간에게 있어서는 과거보다는 미래가 더 중요하고, 인간의 현재의 행동은 과거의 어떤 선행조건이 결정해 주기보다는 그가 지니고 있는 이성·이념·목적·가치 체계가 결정해 준다.

인본주의 심리학은 정신분석학에서처럼 인간을 무의식적인 행동 동기를 가진 존재로 보지 않는다. 또한, 행동주의 심리학에서처럼 인간을 환경에 의해 결정되는 수동적 존재로 보지도 않는다. 인본주의 심리학은 인간의 현재의 주관적인 의식 현상에 관심을 가지며, 인간 각자가 지니는 인간적인 개성과 특유한 자질 및 능력을 강조한다.

마슬로우는 인간에게는 결핍 요구(생리적 욕구, 안전의 욕구, 소속감과 사랑에 대한 욕구, 자아 존중의 욕구)와 성장 욕구(자아실현 욕구, 지식과 이해 욕구, 심미적 욕구)가 있다고 설명하였다. 따라서 인간은 결핍 욕구를 피하고 성장 욕구를 추구하려는 경향성을 가지고 있어서, 환경에 능동적으로 대처할 줄 안다는 것이다.

CHAPTER
05

제5장 발달심리

1. 발달의 개념
2. 발달의 원리
3. 발달과업
4. 발달 이론
5. 발달 이론의 교육적 시사점

1. 발달의 개념

발달이란 인간이 태어나서 죽을 때까지 겪게 되는, 연령의 증가에 따르는 인간의 신체적·심리적·사회적·행동적 변화를 말한다. 발달과 유사한 개념으로는 성장·성숙·학습이라는 개념을 동시에 사용할 수 있는데, 이들 단어들은 약간의 개념적 차이를 가지고 있다.

우리가 일상생활에서 쓰는 성장(growth)이라는 말은 신체적인 변화 중에서 양적인 변화를 주로 말하는 것이다. 즉, 성장이란 신체의 크기, 근육의 세기 등의 증가를 뜻하고 있다. 성장은 발달의 개념 중에서 상승적 변화에 해당한다. 한편, 유기체는 연령의 증가로 인해 노화하여 하강적 변화가 일어난다. 이때는 성장과 발달을 반드시 같은 의미로 사용하지 않는다.

한편, 성숙(maturation)은 유기체에 이미 프로그램화한 유전적 기제에 의해 신체적·지적·정신적 기능의 변화가 일어나서 분화와 통합이 이루어지는 과정이다. 특히, 성숙은 훈련이나 경험에 의한 것이 아니라 인체 내부의 발달 단계에 따라 성장해 나가는 것을 의미한다. 세포의 변화로 예를 든다면, 성장은 세포수의 증가를 의미하는 것이고, 성숙은 세포의 발달이라는 기능의 변화로 말할 수 있다.

학습(learning)은 의도성을 가진 연습이나 훈련, 또는 경험의 결과로 일어나는 변화를 말한다. 여기에서 변화를 이야기할 때는 주로 행동의 변화를 말하는 것이다. 이때 행동상의 변화는 의도성을 가진 노력에 기인해야 한다. 피로나 감각적 반응 등으로 인해 일시적으로 이루어진 변화는 학습의 범주에 포함하지 않는다. 학습은 적당한 성숙이 일어날 때까지는 일어나지 않기 때문에, 학습은 성숙에 의존한다. 예컨대, 추상적 개념을 배우는 능력은 추상적 사고를 위해 사용되는 대뇌피질의 성장과 성숙이 모두 준비된 상태에 있을 때에야 발생된다.

2. 발달의 원리

인간의 발달은, 개인차가 있기는 하지만, 대체로 발달의 일반적 원리를 따라 이루어진다. 발달의 일반적 원리를 살펴보면 다음과 같다.

첫째, 발달은 일정한 발생학적 순서에 따른다. 동물이나 인간의 모든 발달은 그 종 특유의 발달의 형식을 따라간다. 그렇기 때문에 신체적 발달, 지적 발달, 심리사회적 발달 등의 상황에서 인간의 발달은 일정 부분 예측할 수 있다. 발달에는 일정한 순서가 있다. 예컨대, 신체의 발달은 머리 부분에서 발달하기 시작하여 다리 부분으로 전개된다. 신경계통의 발달은 중추신경에서부터 시작하여 말초신경으로 전개된다. 근육은 대 근육부터 시작하여 소 근육으로 발달한다.

둘째, 발달은 계속적이고 점진적인 과정이다. 발달은 수정란에서부터 죽음에 이르기까지의 연속적·점진적 변화 과정이다. 발달 속도는 개인 안에서도 각각 다르며, 급성장기와 완만기가 있다. 출생 후 1년이 가장 빠르고 점차 느려지다가 12~14세경에 제2차 성징의 발현으로 발달 속도가 다시 빨라진다.

셋째, 발달은 유전과 환경의 상호 작용의 산물이다. 예를 들어, 지능은 유전적 소인에 따라 발달의 한계가 정해져 있는 것이 사실이지만, 환경의 영향에 따라 개인이 지능을 발달시킬 수 있는 범위는 각각 다르다. 즉, 지능의 발달은 유전과 환경의 상호 작용에 의해 이루어진다.

넷째, 발달은 분화(differentiation)와 통합(integration)의 과정이다. 출생 후 초기에 유아는 신체에 자극을 주면 몸 전체가 움직이는 미분화된 반응을 일으킨다. 그러다가 성장함에 따라 특수한 부분의 특수 운동으로 분화된 반응을 한다. 그리고 분화된 각 부분이 좀 더 발달된 수준에서 전체적이며 통합적인 반응으로 연결된다.

다섯째, 발달 속도에는 개인차가 있다. 이러한 차이는 소질, 경험, 환경, 성별

등에 따라 다르게 나타난다. 남녀 간에 신체적 발달 속도에서는 일반적으로 여자아이가 남자아이보다 빨리 성장한다. 이런 일반적 사실을 모르고 남자아이를 키울 경우, 아이의 발달이 늦어 조바심을 내는 경우가 있다. 지적으로 뛰어난 아이는 지적 발달 속도가 지적으로 열등한 아이에 비해 빠르다. 동일한 아이라도 다양한 영역에서 성장 속도의 차이를 가져올 수 있다. 한 개인이 다양한 영역에서 발달 속도에 변화가 심하면 많은 적응상의 문제를 일으키게 된다.

3. 발달과업

발달과업(developmental task)은 해비거스트(Havighurst)가 주장한 개념이다. 발달과업은 특정한 발달 단계에서 개인이 배워야 하는 과제를 말한다. 개인의 생애에서 일정한 시기에 발달과업을 훌륭하게 성취하면 개인은 행복하게 되고, 과제에 실패하거나 기회를 놓치면 개인은 불행해지며, 사회에서 승인을 받지 못하고, 다음 시기의 발달과업을 수행하는 데에 문제를 겪게 된다.

1) 태아기

인간의 생명은 남성의 정자와 여성의 난자가 결합하여 수정란으로부터 시작된다. 수정란이 착상하여 출생할 때까지 평균 9개월(40주, 280일)을 태아기라 한다. 수정란은 1세포로 시작하여 수정 후 2주일 내에 착상되어, 모태로부터 영양 공급을 받으며 성장한다. 수정 후 약 3주에서 8주까지를 배아기(embryo)라 한다. 이 기간 중에 세포는 배가하여 성장하며, 세포가 신체의 각 기관으로 자리를 찾아가면서 발달하게 된다. 8주에서 40주까지를 태아기(foetus)라 부르는데, 이때는 신체 구조가 더 커지고, 더 정교하게 된다.

태아기에는 어머니의 건강과 정서적 안정이 절대적으로 필요하다. 태아기는 일생 중 가장 활발하게 성장하는 단계로, 이 시기에 어떤 위험에 부딪히게 되면 그 성장 부위에 타격을 입기 쉽다. 특히, 태아기에는 뇌의 발달이 다른 기관보다 가장 활발하다. 따라서 지능의 발달과 정신 건강에 지대한 영향을 미치기 때문에, 교육의 시작으로서 태교가 매우 중요하다.

2) 신생아기

신생아기는 출생 직후부터 1개월까지이다. 신생아는 태내 발달의 계속이라 볼 수 있다. 체중에 대한 뇌의 비율은 출생 시에 가장 무겁다. 신생아의 뇌는 두내강의 97%의 용적을 차지하고 있고, 수분함량이 많아 매우 부드럽다. 따라서 신생아를 흔들어 주게 되면 뇌가 두내강 속에서 흔들리며 부딪히게 되기에 흔들지 않고 머리를 보호해 주어야 한다. 신생아기에 보이는 정상적인 반사는 모로반사(자극 시 안는 것 같은 포즈를 보임), 파악 반사(손에 잡힌 것을 놓지 않음), 바빈스키 반사(발바닥에 자극을 가하면 부채처럼 발가락을 폄), 근원 반사(입 근처를 자극하면 자극방향으로 돌림), 흡인 반사(입에 닿는 것은 무엇이든지 빨게 됨), 걷기 반사(팔을 잡고 발을 바닥에 놓으면 걷는 것처럼 교대로 발을 들어올림) 등이다.

이 시기부터 신생아는 환경 자극의 영향을 받아 발달하기 시작한다. 미지의 세계에 던져진 신생아를 편안하게 만들어 주는 환경이 중요하다. 먼저, 하루 생활의 73%를 자면서 자라고 있기 때문에 가능한 한 놀라지 않게 주위 환경을 조용하게 해 주어야 한다. 태내에 적극적으로 연결되었던 어머니와의 관계 형성은 신생아의 성격을 좌우하고, 일생을 통한 대인관계에 영향을 미치기에 신생아의 안정과 신뢰감 형성에 관심을 가져야 한다. 어머니와의 관계에서 신체적 피부 접촉은 신생아를 편안하게 해 주는 중요한 역할을 해 준다.

3) 영아기

영아기는 출생 후 1개월부터 12개월까지를 말한다. 이 시기의 영아는 점차로 운동 능력이 발달하여 자신의 신체를 조정할 수 있는 능력이 생기고, 성인의 도움으로 점차 독립하는 능력이 형성된다. 이 시기는 일생을 통해 발달 속도가 가장 빠르며, 신체적·지적·정서적·성격적 발달이 가장 왕성한 때이다. 이러한 발달은 새로운 환경에 적응해 가면서 발달하기 때문에, 영아의 감각을 자극할 수 있는 환경이 중요하다. 영아의 감각을 자극하는 환경은 시각뿐 아니라 촉각·청각·미각·후각 등 모든 감각기관을 통한 자극이 중요한 역할을 한다. 수유(feeding)와 이유(weaning) 방법도 영아의 발달에 영향을 미친다. 영아기 전반에는 주로 감각기관이 발달하고, 후반기에는 지능의 발달이 뚜렷하게 나타난다. 지능 발달에서는 감각적 자극을 통해 지력을 발달시키는 것이 무엇보다 중요하다. 영아기에는 공포·분노·애정·애착과 같은 정서가 분화되고, 어머니와의 신뢰 관계 형성을 통해 사회성이 발달하게 된다.

4) 유아기

유아기는 6세까지를 말한다. 유아기는 영아기에 이어서 신체 운동 및 행동 발달에 있어서 발달이 현저하게 나타나는 시기이다. 유아기의 신체 발육은 영양, 운동, 휴식이나 수면, 질병, 사회 환경, 계층 등에 크게 좌우된다. 두뇌 발달은 4~5세에 성인을 100으로 보았을 때 약 80%가 발달하고, 6세 때에는 약 90%가 발달한다. 유아기의 언어 발달을 보면, 3세쯤에 기초적인 문법이 습득되고, 유아기 후반에는 일상생활에 필요한 회화 능력이 크게 발달된다. 영·유아기까지의 발달과업은 걸음걸이 배우기, 고형 음식물 먹기, 말 배우기, 배설물 통제, 성차와 성적 성숙을 학습하기, 생리적 안정 유지하기, 선악의 구분과 양심을 학습하기 등이 있다.

5) 아동기

아동기는 6세부터 12세까지로, 일반적으로 초등학교 학생기에 해당된다. 아동기는 신체적 발달이 완만하게 진행되고, 신체의 체제가 전체적으로 안정되는 시기이다. 아동기에 들어서면 직관적 사고나 자기중심성 같은 유아기의 사고 특성이 가끔 나타나기는 하지만, 7~8세에 이르면 구체적 사물을 통한 논리적 사고가 가능해지게 된다. 유아기에는 불가능했던 보존 개념과 가역적 사고를 할 수 있게 된다. 아동기에 달성해야 할 발달과업은 운동경기에 필요한 신체적 기능을 학습하기, 친구 사귀기, 성적 역할을 학습하기, 읽고·쓰고·셈하기의 기초 기능을 발달시키기, 일상생활에 필요한 개념을 학습하기, 양심 등의 가치 척도를 발달시키기 등이다.

6) 청소년기

청소년기는 아동기에서 성인기로 이행하는 과도기로, 12~13세에서 18~19세까지이다. 청소년기는 아동기에도 성인기에도 속하지 않으면서, 동시에 양자에 모두 속하는 시기이다. 때로는 아동으로 때로는 성인으로 대우받고, 때로는 어느 편에도 속하지 않는 시기이므로, 청소년을 주변인(marginal man) 또는 중간인이라 부르기도 한다. 이 시기는 정신적·신체적으로 불안정과 불균형이 심하게 일어난다.

청소년기의 가장 큰 변화는 신체적인 변화로서, 제2차 성징이 발현된다. 제2차 성징은 남자는 13~14세경에 나타나고, 여자는 12~13세경에 나타난다. 청소년기의 지적 발달은 논리적 사고와 기억의 발달, 추상적 사고의 발달, 이상의 발달, 형식추리의 발달, 문제해결적 사고의 발달, 비판적 사고의 발달 등의 특징을 보인다.

청소년기의 심리적 발달은 자아를 자각하게 되고, 자기주장의 경향이 늘어나면서 부모의 보호로부터 독립하려는 태세를 갖추게 된다. 즉, 청소년기는 자아 정체성의 확립을 중점적으로 모색하는 시기이다. 자아를 자각하게 되면서 객관적 세계와 바깥의 권위에 대해 비판적·반항적·부정적 태도가 나타나게 된다. 게다가 급격한 신체적 발달로 심신의 평형이 깨어져 사소한 자극에도 강한 반응을 나타낸다. 다른 한편으로는 내면적으로 약동하는 힘에 의해 스포츠, 모험, 예술 등에 열중하게 된다. 청소년기에 달성해야 할 발달과업은 자아 정체성 확립하기, 이성 간의 성숙한 관계를 유지하기, 정서적·인격적·경제적으로 독립하기, 직업 선택과 준비하기, 결혼과 가정생활을 준비하기, 사회적으로 책임 있는 행동을 수행하고 시민으로서 자질을 함양하기, 가치관과 윤리적 체계를 확립하기 등이 있다.

7) 성인 초기

성인기인 20대는 성인으로서 개인의 자아를 확립하기 위한 시기이다. 이 시기에 해야 하는 핵심적인 일은 진실한 자아에 적합한 것을 찾고, 개인의 요구와 사회적 요구 사이에 균형을 찾는 일이다. 이 시기에 대학, 직업, 결혼과 같은 인생에 있어 중요한 일을 결정하게 되는데, 이러한 결정은 한 개인의 생활에 상당한 영향을 미친다. 성인 초기의 발달 과업은 배우자를 선정하고, 결혼 후 배우자와의 동거생활을 배우기, 육아에 대한 기본적 지식과 기능을 학습하기, 가정관리에 관한 기본적 지식과 기능을 학습하기, 직업을 가지고 마음에 맞는 사회적 집단을 모색하고 참여하기, 시민으로서 사회적 책임을 감당하기 등이다.

8) 성인 중기·후기

성인 중기는 평균수명의 중간점인 30대 중반에서 시작하여 60대 초반에 이르는 시기이다. 성인 중기의 가장 큰 신호는 신체적 변화이다. 신체적인 체제가 점진적으로 노화로 달려가고 있으며, 신체적 힘과 원기도 감퇴된다. 성인 중기에는 쉽사리 피로해지며 피로와 스트레스를 회복하는 데도 이전보다 시간이 많이 걸리게 된다. 감기나 알레르기 같은 가벼운 병에 거의 걸리지 않아 일반적인 건강은 조금 향상되었다고 볼 수 있지만, 당뇨병·심장마비·뇌일혈·암과 같은 만성적이고 심각한 성인병에는 많이 노출되어 있어 건강 유지에 많은 관심과 주의가 따르게 된다.

성인 중기에는 중추신경 체제의 기능이 저하되기 때문에 정신적인 반응이 느려지게 된다. 느려진 반응 때문에 문제 해결에 더 많은 사고와 효율적인 판단력을 가지고 일하게 된다. 융(Jung)은 중년기에는 성인 초기에 남아있었던 성장을 위한 잠재력이 개발되어, 자신과 반대되는 가지 않은 길을 깨닫게 된다고 한다. 자신이 가지 않은 길에 대한 잠재력이 개발되어 새로운 중년기는 새로운 이익과 가치를 개발시키려 하는 시기라 할 수 있다.

성인 후기에는 노화로 인한 여러 가지 신체적인 변화를 보게 된다. 우선 시각·청각·미각·후각 등의 지각이 둔화되고, 운동 능력과 근력이 저하된다. 피부가 건조해지고, 뼈가 퇴행성 변화를 일으키고, 혈관벽의 탄력성이 감소하게 된다. 이 모든 변화는 자연적인 생리적 변화로 볼 수 있다. 신경계통에서는 노화와 더불어 신경세포 수가 감소되고, 내장 기관들의 기능도 점차로 쇠퇴해진다. 성년 후기에는 용모가 달라지고, 기억력의 감퇴 등 지적 활동도 저하되며, 새로운 것을 배우는 학습 능력도 감소된다.

중년기의 발달 과업은 성인으로서 사회적 책임을 수행하기, 생계유지에 필요한 경제적인 표준을 설정하고 유지하기, 10대 자녀들이 책임감 있고 올바른 성인이 되도록 도와주기, 배우자와의 친밀한 관계를 유지하기, 다가올 노년기의 생리적 변화를 인정하고 이에 적응하기, 연로한 부모를 보살피기 등이다.

9) 노년기

노년기에는 신체적 기능이 전반적으로 감소하고 감퇴된다. 특히, 기억 능력이 현저히 떨어지게 된다. 노인들은 기억과 관련된 단서가 지나치게 많기 때문에 기억 내용을 부호화하는 데 어려움을 겪는다. 이 때문에 기억의 부호화 과정과 인출 과정에서 기능이 저하된다. 지적 사고 능력의 경우 노화에 따른 편집증이나 망상의 증세를 보이는 경우가 많다. 또한 노화에 따른 스트레스와 가족 관계의 변화, 경제력의 상실, 건강의 상실 등으로 인해 성격이 내향성으로 바뀌게 되고, 판단에 있어 수동적으로 되며, 이로 인해 우울증 경향이 증가하게 된다. 노년기의 발달 과업은 줄어드는 체력과 건강에 적응하기, 은퇴와 경제적인 수입의 감소에 적응하기, 배우자의 사망에 적응하기, 자기의 동년배와 친밀한 관계를 유지하기 등이다.

4. 발달 이론

1) 피아제(Piaget)의 인지발달(cognitive development) 이론

스위스 출신의 인지심리학자인 피아제는 인간의 지적 발달의 개념을 생물학적 관점에서 다루었다. 피아제는 생물학에서 출발하여 인간의 인지를 복잡한 유기체가 환경에 대해 적응해 가는 과정으로 보고, 인간의 지각, 학습, 경험 등의 인식의 근본 문제를 과학적으로 연구하고자 했다. 피아제에 의하면, 인간은 기본적으로 조직화(organization)와 적응(adaptation)이라는 두 가지 경향성을 가지고 태어난다. 조직화와 적응은 인간의 생리적 기능과 정신적 기능 모두를 지배한다. 조직화는 행동과 사고가 결합되어, 관련 행동이나 사고 체계로 묶이는 것을 말한다. 적응은 생물학적 과정이 균형을 유지하려 하듯이 지적 과정도 평형화의 과정을 통해 균형을 유지하려 하는 것이다.

피아제는 이를 설명하기 위해서 동화(assimilation)와 조절(accomodation)의 개념을 사용한다. 피아제는 인간의 정신도 신체와 같이 구조를 가지고 있다고 본다. 이러한 구조를 도식(schemes)이라 한다. 아동기에는 좁고 미분화된 도식들이 있고, 이 도식들은 점차로 적응의 과정을 통해 변화하는 특성을 가진다.

동화는 새로운 환경이나 자극 정보를 아동이 이미 가지고 있는 도식에 통합하는 인지 과정이다. 쉽게 말해서, 외부환경으로부터 정보를 받아들일 때 아동이 자신이 기존에 가지고 있는 인지도식으로써 외부 정보를 이해하는 것이 동화이다. 동화 과정에서 아동은 자신의 욕구를 충족시키기 위해 환경을 변화시키게 된다.

한편, 아동이 새로운 자극 정보를 접할 때 아동은 그 자극을 동화시키려 하지만 자신의 기존 도식에 통합할 수 없는 경우 인지적 불평형 상태가 일어난다. 인지적 불평형화는 인지적 균형이 깨진 상태로서, 인지적으로 불편한 상태이다. 여기서 아동은 불편한 상태를 지속시키지 않고 인지적 균형을 찾고자 하는 움직임으로서 주어진 환경에 자신을 맞추게 된다. 이때 아동은 새로운 도식을 만들거나 낡은 도식을 알맞게 고치는 일을 하게 된다. 이 과정을 조절이라고 한다. 즉, 조절은 인지도식을 새롭게 고치는 것이다. 조절에 의해 불평형화 상태는 평형화된다.

동화와 조절은 도식의 발달에 관련이 있다. 동화와 조절의 계속적인 과정을 통해 아동의 미분화된 인지구조는 감각운동기·전조작기·구체적 조작기·형식적 조작기의 단계로 발달하게 된다. 피아제가 제시한 인지발달단계를 살펴보면 다음과 같다.

(1) 감각운동기(sensory stage: 0~2세)

출생 후 영아는 외부 세계의 자극에 대해 감각적·운동적으로 즉각 반응한다. 영아는 계획을 세우거나 의도적으로 행동하지 않고, 물체에 대한 내적인 표상능력이 없다. 감각운동기는 6단계로 나눌 수 있는데, 이 시기의 주요 개념은 감각운동의 발달과 대상 영속성 개념이다. 감각운동기의 각 단계별 특징은 다음과 같다.

〈표 5-1〉 감각운동기의 감각 운동적 발달과 대상 영속성 발달

단계	감각운동 발달	대상 개념
반사기 (0~1개월경)	• 신생아의 최초의 도식은 타고난 반사(주로 빨기) • 모든 대상을 빨기 도식에 동화시켜 봄	• 시각 영역 안에 있는 것에 초점을 두나 사라지면 다른 관심 • 기대나 탐색을 보이지 않음
1차 순환 반응 (1~4개월경)	• 우연히 행한 움직임이 재미있으면 그 행동을 반복(순환 반응) • 손가락 같은 1차적인 자신의 신체에 국한된 빨기 • 빨기-잡기 도식, 보기-잡기 도식의 협응이 이루어짐	• 대상이 사라진 곳을 보며 다시 나타나기를 기다리는 것처럼 응시: 수동적 기대
단계	감각운동 발달	대상 개념
2차 순환 반응 (4~8개월경)	• 외부 세계에 있는 대상이나 사건에 대한 반복적인 행위 • 모빌 등을 건드렸을 때 소리가 나면 흥미를 느끼며 반복 행위	• 이떤 대상이 떨어지면서 그리는 포물선을 예측하여 정확한 지점에서 대상을 찾음 • 대상영속성 개념의 초기
2차 순환 반응의 조정 (8~12개월경)	• 이전에 획득한 두세 가지 도식을 결합 • 성냥갑을 장애물로 가리면 처음엔 무시하거나 돌아감, 후에는 장애물을 치움(잡기, 치우기 도식)	• 다른 사람이 감추었던 대상을 찾음 • 담요 밑의 인형을 찾아냄

3차 순환 반응 (12~18개월경)	• 영아는 새로운 것을 능동적으로 찾고자 하면서 순환 반응, 활발한 시행착오 행동을 나타냄 • 손이 닿지 않는 곳에 있는 대상물의 끈을 잡아당김, 대상이 놓여 있는 깔개를 잡아당겨 대상물을 끌어당김	• 가장 나중에 사라진 곳으로 보이는 장소에서 대상을 찾음(보이는 이동에만 대처) • 위치 변화에 대한 상상과 표상이 어려움
표상적 사고 (18~24개월경)	• 직접 해보지 않고도 사고하는 것이 가능하기에 내면적으로 사고한 후에 행동을 하게 됨 • 서랍형 성냥갑에서 사슬을 꺼내려는 여러 시도끝에 잠시 행동을 멈추고 있다가 서랍을 엶(사고 후 문제 해결)	• 성숙된 대상개념 형성 • 장난감을 담요 속에서 베개 아래에 놓으면 담요를 치운 후 베개 밑에서 찾음

(2) 전 조작기(pre-operational stage: 2~6, 7세)

전 조작기의 아동은 아직 감각 운동적 적응 형태가 남아있긴 하지만 상징적 사고를 하기 시작한다. 상징적 사고는 베개가 아기가 될 수도 있고, 막대기가 총이나 칼이 됨으로써 어떤 사물을 상징하게 된다. 그러나 개념적 조작 능력이 발달하지 않아서 전 조작기라고 한다. 전 조작적 단계에서는 연역적·귀납적 추리는 하지 못하고 비약적인 추리를 한다. 이 시기에는 언어 발달이 빠르게 이루어지고, 6~7세에 이르면 아이들은 사회적인 의사소통이 가능하게 된다. 전 조작적 단계의 주요 사고 특징은 자아중심성·중심화·보존개념·비가역성 등이고, 이런 특징들 때문에 논리성이 결여된 사고를 하게 된다.

유아들의 자아중심성이란 이기적인 이유 때문이 아니라 자신의 관점과는 다른 관점이 존재한다는 사실을 모르기 때문에 모든 사람이 유아 자신이 보는 대로 세상을 본다고 생각하는 것이다. 또한 유아들은 전체를 형성하는 부분들과 관련된 복합적인 대상이나 사상을 표상할 수 없기 때문에 모두 분화되지 않은 전체를 경험하거나(혼합), 부분들에 집중하게 된다. 이것을 중심화라 한다. 또한, 비가역성이란 유아가 일단 변형된 상태가 반대 절차를 밟으면 원래 상태로 되돌아간다는 사실을 모른다는 것이다. 동일한 양의 주스가 담긴 두 개의 컵 중에서 하나를 넓은 그릇에 쏟았다면 그 두 그릇의 주스 양을 가늠하는 데 혼란을 가져오게 된다. 이것은 보존 개념이 없다는 증거이기도 하고, 넓은 그릇의 주스를 원래의 컵에 다시 쏟으면 주스 양이 동일하다는 역조작의 원리인 가역적 사고가 불가능하다는 증거이기도 하다.

(3) 구체적 조작기(concrete operational stage: 6, 7~11, 12세)

이 시기의 아동들은 일반적으로 초등학교 시기에 해당되는데, 어느 정도 구체적인 사항에 대해서는 논리적 조작이 가능하게 된다. 이 시기의 아동들은 사고에 급격한 진전을 보이게 된다. 이 시기의 사고는 구체적 조작·보존 개념의 획득·탈중심화·유목화의 특징을 가지게 된다. 7세쯤 되면 아동은 외부 세계를 조사하고 외부 세계와 상호 작용함에 있어서 추상적이고 일반적인 규칙이나 전략을 찾아낼 수 있게 된다. 피아제는 이것을 구체적 조작이라 불렀다. 조작이란 서열화나 덧셈 뺄셈 같은 내적 처리 과정을 가리킬 때 사용하는 개념이다.

구체적 조작기에는 전 조작기에 불가능했던 보존 개념이 획득되는데, 이것은 세 가지 논리에 의해 형성된다. 첫째, 같은 양의 주스가 담긴 두 컵에서 어느 한 컵에 양을 추가하거나 덜어내지 않으면 두 컵의 주스의 양이 같다고 하는 동일성의 원리, 둘째, 이 컵은 길지만 저 컵은 더 넓으므로 물의 양은 같다고 말함으로 하나의 변화가 다른 변화로 인해 서로 상쇄된다는 상보성의 원리이다. 셋째, 이것을 전에 있던 컵에 다시 부을 수 있기 때문에 서로 같다는 것은 역조작의 논리이다. 구체적 조작기의 아동들은 상보성, 동일성, 역조작이 가능하기에 보존 개념이 획득되었다고 할 수 있고, 6~7세에는 수 보존 개념, 7~8세에는 양과 면적의 보존 개념, 11~12세에는 부피 보존 개념에 대한 문제를 해결할 수 있게 된다.

구체적 조작기의 아동은 중심화 및 자아중심성에서 벗어나 사물의 모든 특성을 고려하여 사고하게 된다. 이러한 발달은 또래와의 상호 작용의 영향으로 이루어진다. 또한 대상과 대상 간의 공통점, 차이점, 관련성을 이해하게 되어 사물의 유목화를 할 수 있게 된다.

(4) 형식적 조작기(formal operational stage: 11, 12세 이상)

형식적 조작기는 인지발달의 마지막 단계이다. 형식적 조작기에는 형식논리적 사고를 전개할 수 있을 만큼 인지도식이 발달된다. 구체적 조작기에는 구체적 사물을 보고 논리적 사고가 가능했다면, 형식적 조작기에는 좀 더 진보되어 실제의 행위뿐 아니라 잠재적 행위에까지 논리적 사고를 적용할 수 있고, 가설 검증적 상황까지 고려할 수 있어 인지발달이 최고조에 이르게 된다. 구체적 조작기에는 경험적·귀납적인 사고가 가능하고, 형식적 조작기에는 가설적·연역적 사고가 가능해진다. 예를 들어, 우는 아이를 본 구체적 조작기의 아동은 자신의 경험에 비추어 "넘어져 다쳤기 때문에 운다."고 생각했다면, 형식적 조작기의 아동은 가설적인 추리가 가능하게 된다. 즉, "화난 엄마가 옆에 있는 것으로 봐서, 엄마에게 혼나서 우는 것 같다." 등과 같이 주어진 자료 정보를 이용하여 다양한 가설을 도출하여 사고할 수 있게 된다. 또한, 형식적 조작기에는 종합적 사고가 가능해진다. 하나의 문제에 직면했을 때 여러 가능한 해결책을 논리적으로 모색해 봄으로써 바람직한 문제 해결을 하게 된다.

2) 프로이드(Freud)의 심리성적(psychosexual) 발달 이론

프로이드의 정신분석학에서는 인간을 비합리적이고 결정론적인 존재로 가정한다. 특히, 출생 직후부터 5세까지의 어린 시절에 경험한 무의식 속에 잠재해 있는 심리성적인 사건들이 인간의 본성 내지 성격을 결정하는 것으로 본다. 프로이드에 따르면, 인간은 성 에너지(libido)를 출생 시에 가지고 태어나고 이것은 심리성욕(psychosexual) 단계를 거쳐 발달한다. 즉, 인간 발달의 중요한 요소는 성적 충동으로, 이것은 여러 성적 부위를 거쳐 가며, 각 단계로 발달하면서 성격 형성에 결정적 영향을 준다. 여기서 프로이드가 말하는 성의 개념은 신체에 쾌감을 일으키는 모든 것을 포함한다. 유아나 아동은 신체에 유쾌한 긴장을 가져다줄 어떤 대상이나 활동이 양육자에 의해 방해받을 때 좌절(frustration)하게 된다. 또한, 부모가 아동에게 내적 욕구를 이겨 나가도록 하는 훈련을 시키지 않아서 아동으로 하여금 의존심과 열등감을 조장하는 것을 방임(overindulge)이라 한다. 그런데 아동기에 좌절을 갖거나 방임에 빠지면 결과적으로 성인기에 어떤 특정한 행동을 가져온다고 보는 것이 프로이드의 심리성적 발달이론이다. 이를 살펴보면 다음과 같다.

(1) 구강기(oral stage: 0~1세)

유아는 구강을 통해 생존을 유지하기 위한 생물학적인 충동과 동시에 유쾌한 감각을 해소시키게 된다. 유아는 젖을 빨면서 영양을 공급받아 배고픔의 충동을 만족시키며, 동시에 입을 움직여 기쁨을 얻는다. 이러한 이유 때문에 구강부(입술, 혀와 기타 연관된 구조들)는 아기 활동의 지침이 된다. 구강기는 젖을 뗌과 동시에 끝이 난다.

유아에게 과도하거나 불충분한 양의 자극이 주어지면 구강 수동적 형태가 된다. 구강 수동적 성격이 되면 세상일에 낙관적이며, 타인에게 지나치게 의존성을 보이게 되어 타인이 자신의 어머니가 되어 주기를 바라고 인정받기를 원한다. 즉, 과도한 의타심이 생기게 된다. 후반기에 유아가 치아가 생기기 시작하면서부터는 물어뜯거나 씹음으로써 어머니의 부재나 만족의 지연으로 생긴 불만을 표현하는데, 이때 침 뱉기와 같은 공격적 행동을 취하게 된다. 이 시기에 고착하게 되면 논쟁을 좋아하고, 신랄하게 비꼬기를 잘하고, 주위 사물에 대한 비판하는 성격이 형성된다.

(2) 항문기(anal stage: 1~3세)

2세에서 3세까지는 리비도 에너지의 초점이 구강에서 항문으로 옮겨간다. 유아는 배설물을 보유하거나 배출하는 데서 만족을 느끼며, 괄약근을 조절할 수 있을 만큼 성숙하게 되면 때로는 최후의 순간까지 배설을 참았다가 마지막 방출의 쾌감을 높이려 한다. 이 시기에 부모에 의해 시행되는 대소변 가리기 훈련은 유아의 성격 발달에 영향을 가져오게 된다. 프로이드는 자기 통제와 지배는 항문기에 시작된다고 한다. 부모의 대소변 가리기 훈련에서 유아는 부모가 거칠거나 강압적이면 대변을 참게 되어 변비가 되고, 이러한 억제 경향이 심해지면 항문적 보유 성격으로 고착된다. 항문적 보유 성격은 성인이 될 때 고집이 세고 인색하며 복종적이고, 지나치게 청결하거나 지나치게 불결한 경향이 있다. 반대로 부모가 아이를 달래서 대변을 본 후 칭찬해 주는 경우, 아이는 이런 행동에 즐거움을 느끼게 된다. 그러나 이 단계에서 고착되면 잔인하고 난폭하며 적개심을 나타내는 경우가 있다.

(3) 남근기(phallic stage: 3~6세)

4세에서 5세 사이에 리비도는 생식기로 옮겨가게 된다. 이 시기를 남근기라고 한다. 남근기 동안 남자아이는 오이디푸스 콤플렉스(Oedipus Complex)를 경험하게 되고, 여자아이의 경우는 일렉트라 콤플렉스(Electra Complex)를 경험하게 된다. 오이디푸스 콤플렉스는 그리스 신화의 오이디푸스 왕 이야기에서 따온 것이다. 오이디푸스 콤플레스는 아동이 이성의 부모를 소유하고 싶은 욕망과 동시에 동성의 부모를 적대시하려는 무의식을 표현한 것이다. 남근기에 아동은 이성의 부모에 대한 성적인 애정과 접근하려는 욕망을 느끼게 된다. 남자 아이에게 이러한 욕망은 아버지에 대한 적대감이 형성되고 아버지로 하여금 아동의 성기를 없애 버릴 것이라는 거세 불안에 시달리게 된다. 여자 아이에게는 남근이 없으므로 거세 불안이 없는 대신에 남근 선망이 나타나게 된다.

남근기에 고착된 성인 남자는 대부분 경솔하며, 과장되고, 야심적인 사람이 된다. 남근기형은 항상 진정한 남자다움임을 확신시키려고 강함과 남자다움에 대한 노력을 보이게 된다. 여자아이가 남근기에 고착되면 순진하고 결백해 보이지만 속으로는 난잡하고 유혹적이며 경박한 경향을 보인다고 한다.

(4) 잠복기(latency stage: 6~11세)

이 시기에는 성적이고 공격적인 활동들이 잠복 상태에 있게 된다. 리비도는 승화되어 지적인 관심, 운동, 그리고 우정으로 전환된다. 이 시기는 발달의 단계가 아니라 휴식기에 해당하며, 마지막 발달 단계인 성기기를 준비하는 시기이다.

(5) 성기기(genital stage: 11세 이후)

사춘기의 발달과 함께 이성에 대한 관심이 증가되어 성적, 공격적 특성이 다시 나타나기 시작한다. 또한 생식기관의 성숙으로 2차 성징이 나타나게 된다. 이 시기를 성기기라고 한다. 성기기에는 성적인 충동의 가장 완전한 만족을 추구하려는 특징을 가지고 있으며, 점차로 이성에게서 성적인 만족을 얻으려 한다. 프로이드는 이 시기의 가장 중요한 과제가 부모로부터 독립하는 것이라고 하였다.

3) 에릭슨(Erikson)의 심리사회적(psycho-social) 발달 이론

사회심리학자 에릭슨(Erikson)은 인간의 성장이 개인적 욕구 및 능력과 사회적 기대 및 요구 사이의 상호 작용으로 이루어진다고 보았다. 즉, 인간의 발달에서 사회문화적 맥락을 중요시하였다. 에릭슨은 인간이 출생에서 죽음까지 정체성을 어떻게 발달시키는지에 관심을 두고, 인성 발달을 8단계로 분류하였다. 각 단계에서 인간은 개인적 욕구 및 능력과 사회적 욕구의 통합을 필요로 하는 특정한 문제에 직면하게 되는데, 이것을 '심리적 위기'라고 한다. 여기서 발달의 과정은 각 단계의 위기를 어떻게 극복하는가에 따라서 긍정적인 요소와 부정적인 요소를 포함하게 된다. 갈등이 처음부터 만족스럽게 해결되면 긍정적 요소가 점차로 발달하게 되어 좀 더 건전한 발달이 보장될 것이다. 그러나 갈등이 계속되거나 불만스럽게 해결되면 자아 발달은 손상을 받고 부정적 요소가 자아 속에 많이 통합된다. 에릭슨의 심리사회적 발달 단계는 다음과 같다.

(1) 기본적인 신뢰감 대 불신감(출생~1세)

생후 첫 번째 위기는 신뢰감 형성에 관한 것이다. 이것은 세상에 대한 영아의 예측성과, 영아를 둘러싼 환경에 영향을 미치는 영아 자신의 능력에 대한 기본적 신뢰감의 발달 과정에서 일어난다. 기본적인 신뢰감이 길러지느냐 아니면 불신감이 길러지느냐 하는 것은 주된 양육자인 어머니의 양육 방식에 달려 있다. 아기에게 일관성과 계속성과 통일성이 있는 경험이 주어지면 아기와 어머니 사이에는 신뢰감이 형성된다. 아기는 이 신뢰감을 바탕으로 다른 대상에 대한 신뢰감도 형성한다. 반면, 양육자가 부적절하고 일관성이 없고 부정적인 보살핌을 한다면 아기에게 불신감을 불러일으킨다.

(2) 자율성 대 수치와 의심(2~3세)

이 시기에 유아는 운동성이 발달함으로써 자신의 조절력을 부모에게 인정받고자 한다. 유아는 주로 배설 훈련을 통해 자기의 행동을 통제함으로써 자율성을 성취하게 된다. 그러나 독립심과 자율성을 얻고자 하는 유아의 노력을 부모가 인정해 주지 않거나 유아가 배설 훈련 과정의 조절에서 반복적인 실패를 경험하게 되면, 유아는 지나친 수치심과 의심을 가져오게 된다.

(3) 주도성 대 죄의식(4~5세)

이 시기 아동의 주된 활동은 놀이이다. 이 놀이는 극적인 양식으로 특징지어진다. 아동이 원하는 활동에 참여하고 호기심에 찬 질문에 대한 부모들의 충실한 대답을 듣는 경험을 통하여, 어떤 목표나 계획을 세우고 그것을 주도적으로 성취하고자 하는 노력을 수행하게 되면 주도성이 길러진다. 반면, 아동의 활동을 제한하고 질문에 대하여 억압적인 태도를 취하면 아동에게는 죄의식이 형성된다.

(4) 근면성(자신감) 대 열등감(6~12세)

이 시기에 아동은 학교에 입학하여 새로운 능력들을 배우게 된다. 그리고 새로이 터득한 능력들을 인정받고 싶은 욕망을 가지게 된다. 이 시기에 아동이 새로운 것을 배우고 물건을 만들도록 허락하고, 아동이 한 일의 성취에 대해서 칭찬을 해주면 아동에게 근면성(또는 자신감)이 나타난다. 그러나 아동의 활동을 제한하고 일의 결과에 대해 비판만 하면 아동에게는 열등감이 생기게 된다. 반대로 일에 대한 성취감에 너무 관심을 기울이게 되면 아동은 일 중독자가 될 수도 있다.

(5) 정체감 대 역할 혼돈(12~18세)

이 시기는 청소년기에 해당하는 중요한 발달 단계이다. 청소년기에는 자신에 대한 분명한 정체감을 가지고, 자신이 습득해야 할 역할을 재검증해야 한다. 이 시기에 이룩해야 할 정체감은 성적 정체감과 직업적 정체감이다. 청소년이 자신의 성격의 동일성과 계속성을 주위로부터 인정을 받으면 정체감이 생긴다. 그러나 성 역할과 직업 선택에서 안정성을 확립할 수 없다면 역할 혼돈을 가져오게 된다. 역할 혼돈을 겪게 되면 청소년들은 일관성 없고 예측 불허한 행동을 보일 수 있으며 고립감과 불안감, 심지어 무기력감도 가질 수 있다.

(6) 친밀감 대 고립감(성인 초기)

초기 성인기에서는 타인과 자신의 정체성을 통합하여 친밀감을 나눌 수 있는 관계를 형성하게 된다. 반면에 정상적인 대인관계가 확립되지 않아 우정, 사랑, 성적 친밀성 등에서 실패하면 고립감 내지 고독감에 사로잡힌다.

(7) 생산성 대 침체성(성인기)

성인기는 가장 왕성하게 생산적인 일을 하는 시기이다. 이 시기에는 자기 자신에 대한 관심을 넘어 타인을 위하여 생산적인 일을 한다. 부모다움, 생산, 가르침, 치료 등의 양식을 취하며, 이상적인 가치를 청년에게 전해 주는 전달자의 역할을 한다. 이 시기에는 자손에 대한 생산성과 양육에 관한 개인의 만족감이 있다. 반면에 생식에 실패한 사람은 중년기의 위기로 인생이 무의미해지는 느낌을 받기도 한다.

(8) 자아 통합성 대 절망감(성숙기)

이 시기는 새로운 심리사회적 위기가 발생하기보다는 지금까지의 전 단계가 종합적으로 평가되는 과정에서 자아 통합 또는 절망감이 나타난다. 모든 관점에서 자신의 인생을 돌이켜 보면서 만족스럽다고 확신하는 지혜와 능력으로부터 자아 통합이 이루어진다. 만일 자아 통합의 결여나 상실이 발생하면 되돌릴 수 없는 실패, 희망했던 것에 대한 끊임없는 미련이 나타나고, 인생을 다시 살 수 없다는 후회 속에서 절망하게 된다.

5. 발달 이론의 교육적 시사점

1) 준비성(readiness)

발달 이론에 의하면, 각각의 발달 단계에는 특정의 발달 과업과 특징들이 있다. 따라서 학생들이 어떤 지식이나 기능을 습득하는 데도 최적의 시기가 있다고 본다. 그러므로 교육의 효과를 최대로 거두려면 각 발달 단계에 적합하게 과업을 제시해야 한다. 즉, 특정 학습은 그 학습을 할 수 있는 신체적·정신적 조건이 성숙될 때 교육의 효과가 극대화될 수 있다. 이러한 개념을 준비성이라고 한다. 교육에서 준비성은 학습에 관련된 특성이 갖추어지고, 해당 과제에 관련된 행동이 갖추어진 것을 말한다. 준비성 개념은 출발점 행동, 투입 행동, 선행경험, 선수학습과제 등으로 표현되기도 한다. 학교교육의 과정은 학생들의 지적 준비성 뿐 아니라 학생의 지적 능력과 발달 정도, 동기, 학습 능력에 영향을 주는 여러 가지 환경적 요인을 고려하여 구성해야 한다.

2) 결정적 시기(critical period)

결정적 시기란 인간의 발달에서 특정한 심리적 특성이 학습되는 시기가 있으며, 그 시기에 적절한 자극이 반드시 제시되어야 한다는 개념이다. 이에 대한 예는 로렌츠의 각인 실험[11)]에서 볼 수 있다. 몬테소리는 민감기(senstive period)라는 개념을 사용하여 어떤 특정한 학습에 대한 민감기가 존재하며, 민감기 이후에는 그 학습을 용이하게 하는 민감기는 다시 일어나지 않는다고 하였다. 민감기는 아동마다 다르나, 대체로 유아기는 모든 학습의 민감기이다. 일정한 시기에 특정한 행동을 학습할 수 있는 조건이 주어지지 않으면 발달에 결손이 오게 된다. 이 결손은 새로운 결손을 낳게 하여 결손이 누적된다. 결손이 누적되면 커다란 학습 장애를 형성한다. 그렇기 때문에 어릴 때의 초기 경험이 매우 중요하다.

3) 문화 실조(cultural deprivation)

문화 실조는 발달 과정의 초기에 문화적으로 취약한 환경에서 성장한 아동은 발달상으로 모종의 결손을 일으킨다는 개념이다. 예를 들어, 지능과 인성의 변화는 환경 조건과 밀접한 관계가 있는데, 지능 및 인성에 영향을 미치는 환경의 차이는 가장 빠른 변화를 가져오는 유아 시기에 가장 큰 양적 변화를 일으킨다. 즉, 환경의 영향은 초기 경험을 하게 되는 시기에 가장 크게 작용한다는 것이다.

문화 실조의 개념은 어린 시기에 문화적인 혜택을 받지 못한 문화 실조아에 대한 보완 교육의 기회를 시사해 준다. 즉, 어린 시기에 문화적인 혜택을 받지 못한 문화 실조아에 대한 보완 교육 프로그램이 가능한 한 빨리 주어져야 하고, 가능한 어릴 때 보상의 기회를 부여해야 한다.

---

11) 로렌츠는 각인 실험에서 거위가 새로 출생하였을 때 부화 후 수 시간 내에 어떤 종류의 움직이는 물체를 만나게 되면 그것을 그들의 어미로 알고 따라다니는 현상을 발견하였다. 로렌츠가 실험대상으로 삼은 새끼 거위들은 생의 초기 24시간 이내에 로렌츠를 애착의 대상으로 삼았고, 그의 행동을 각인하여 로렌츠를 따라다녔다.

CHAPTER
06

제6장 학습심리

1. 학습의 이해
2. 학습 이론

인간이 복잡한 환경 속에서 삶을 살아갈 수 있는 것은 학습 능력을 갖고 있기 때문이다. 인간은 학습을 통해서 자신이 살아가는 환경의 변화에 적응한다. 인간의 학습 능력은 적절한 유전적 소양과 환경적 자원의 상호 작용으로 신장시킬 수 있다. 어떤 면에서 교육은 학생들이 학습을 좀 더 잘 할 수 있도록 돕는 데 그 목적이 있다고 볼 수 있다. 학습 이론은 인간의 학습 행동을 설명하고, 학습이 좀 더 효과적이고 효율적으로 이루어지게끔 지도하는 방안을 마련하는 지침을 제공한다.

1. 학습의 이해

1) 학습의 개념

심리학에서는 학습이란 인간과 환경과의 상호 작용으로 인간 쪽에서 일어나는 변화라고 정의한다. 즉, 학습이란 인간의 인지, 정서, 행동의 변화를 말한다. 그런데 인간에게 일어나는 변화 가운데는 인간의 반복적이고 의도적인 노력 없이 자연적으로 이루어진 것도 있다. 이것은 학습이 아니라 성숙이다. 예를 들어, 인간이 태어나서 성장을 하는 과정에서 키가 크고, 체중이 늘고, 체격이 좋아지는 선천적 또는 유전적 분야에서의 변화들은 정상적인 조건 아래에서 거의 자동적으로 일어나게 되는데, 이를 성숙이라고 한다.

또한, 인간은 몸의 상태나 외부적인 자극에 의해 일시적으로 변화를 경험하기도 한다. 예를 들어, 술에 취하면 몸의 균형 감각이나 반사 신경이 둔해지는 변화를 일시적으로 겪게 되는데, 이 변화는 시간이 지나면 사라지게 된다. 이러한 변화 역시 학습이 아니다. 여기에서 학습의 일반적인 특징을 생각해 볼 수 있다. 학습이란 생리적인 조건에 의해 자동적으로 일어나는 변화와 일시적인 변화를 제외한 개념으로, 의도적이고 반복적인 노력을 통해 일어나는 지속적인 변화를 말한다.

학습에 대한 개념 정의는 심리학의 사조에 따라 다음의 세 가지 입장으로 크게 나누어 볼 수 있다.

① 행동 변화설

학습은 의도적인 연습의 결과로 이루어지는 비교적 영속성 있는 행동 변화의 과정이나 작용이다. 킴블(Kimble, 1963) 등은 "학습은 강화된 연습의 결과이며, 행동 경향에 있어서 비교적 영속성이 있는 변화."라고 하였다. 여기서 강화된 연습은 학습의 기반이 되고, 그 기반은 학습을 낳는다.

② 자극-반응 연합설

학습은 자극(stimulus)과 반응(response)의 결합 또는 자극과 반응의 연결이다. 시행착오설을 주장한 손다이크(Thorndike)는 "학습이란 자극과 반응의 결합이며, 이것은 연습의 법칙과 효과의 법칙에 의해서 강화된다."고 정의를 내렸다.

③ 장 재체제화설

학습은 장(field)의 재체제화 또는 인지구조의 변화이다. 장(field) 이론을 주장한 레빈(Lewin)은 "학습은 어떤 것이 어떤 것에로 이끌려 가는 과정"이라고 하였다. 쾰러(Köhler)와 코프카(Koffka)는 '이미 얻어진 성숙이 일정한 방향으로 변화되는 것이 학습'이라고 하였다.

위의 세 가지 입장을 종합하면 학습은 두 가지 관점에서 정의할 수 있다. 하나는 학습을 경험에 의하여 행동이 비교적 영속적으로 변화하는 것으로 보는 것이다. 또 하나는 학습을 경험에 의하여 정신 연합이 비교적 영속적으로 변화하는 것으로 보는 것이다. 첫째 관점은 행동주의적 관점으로, 학습의 대상을 관찰 가능한 행동에 맞추고 있다. 둘째 관점은 정신 연합에 있어서의 변화 즉, 인간 의식의 관찰할 수 없는 내적 변화에 초점이 맞춰져 있다. 이 관점에서는 행동의 결과보다는 인간의 사고 과정에 관심을 가지고 있다.

2. 학습 이론

학습 이론에는 행동주의 심리학, 인지주의 심리학, 그리고 그 둘의 뒤를 이은 구성주의 학습 이론이 대표적이다. 앞의 두 가지 학습 이론을 객관주의 학습 이론에 묶을 수 있다면, 뒤의 구성주의는 주관주의 학습 이론에 속한다. 객관주의에서는 지식의 전수에 주된 관심이 있기 때문에, 학습자는 수동적인 입장에서 지식을 수용한다고 본다. 반면에, 주관주의에서는 학습자의 능동적인 문제 해결과 인지 구조를 강조하고 있다.

1) 행동주의 학습 이론

행동주의 심리학에서는 학습에 대하여 다음과 같은 전제를 갖고 있다. 첫째, 행동주의 심리학은 인간을 외부의 환경적 자극에 단순 반응하는 수동적 존재라고 본다. 따라서 교사의 주된 임무는 학습자를 자극할 수 있는 환경을 조성하는 것이다. 이것은 수업 상황에서 교사의 가르치는(teaching) 능력이 학습자들의 학습 능력보다도 중요함을 시사한다.

둘째, 인간을 동물과 마찬가지로 유기체라고 본다. 따라서 쥐나 비둘기 같은 동물을 대상으로 연구된 학습 이론을 인간의 학습 상황에도 적용할 수 있다고 보았다.

셋째, 학습에 대한 연구를 과학적으로 실시하기 위하여 관찰 가능하고 측정될 수 있는 행동에 연구의 초점을 두었다. 이에 따라 환경 자극과 그에 대한 유기체의 반응이 학습 이론의 관심이 되었다. 여기서 유기체의 내적 과정은 관찰할 수 없기 때문에 학습의 과학적인 연구에서는 제외되었다. 행동주의 심리학이 유기체 내부의 변화를 포착하지 않는다는 비판을 받게 되자, 신(新)행동주의자들은 자극과 반응의 연결(S-R)보다는 유기체 내부 요소들(S-O-R)의 역할에 주목하게 되었다.

넷째, 행동주의자들은 학습이라는 말보다는 조건화라는 용어를 선호한다. 조건화란 특정의 자극에 대하여 특정의 반응이 고착적으로 형성되는 것을 말한다. 즉, 조건화는 자극과 반응의 관계에 기초하고 있다.

다섯째, 행동주의에서는 행동상의 변화가 관찰될 때만이 학습이 발생된 것으로 간주한다. 극단적인 행동주의자는 행동 변화가 일어나지 않으면 학습은 발생하지 않은 것으로 본다.

(1) 고전적 조건형성 이론

소련의 생리학자인 파블로프(Pavlov, 1849~1936)는 개의 소화선의 분비를 객관적으로 관찰 측정하는 방법을 고안하여 실험하던 중에 우연히 조건 반사가 일어나는 것을 발견하였다. 파블로프는 개 입안의 타액 분비선에 고무파이프를 연결시켜 놓아 침이 나오는 것을 외부에서 알 수 있도록 장치하였다. 실험 대상인 굶주린 개의 앞에 음식물을 제시했더니 개의 입에서 침이 흘렀다(본래 개가 가지고 있는 자극에 대한 반응 즉, 무조건 반응). 그 다음 음식물을 주기 몇 초 전이나 혹은 음식물과 동시에 벨을 울리는 식으로 음식물을 제시하였다. 이것을 여러 번 반복했더니 벨만 울려도 개의 타액선에서 침이 흐르는 것이 발견되었다(조건화된 반응). 이 실험을 단계별로 살펴보면 〈표 6-1〉과 같다.

〈표 6-1〉 파블로프의 실험 단계

단계	내용
1단계 발견 개의 자연스러운 자극과 반응	고깃덩어리(무조건 자극)→침(무조건 반응)
2단계 실험 인위적인 자극과 결합	벨소리(조건 자극)+고깃덩어리(무조건 자극) →침(무조건 반응)
3단계 실험 인위적인 자극과 반응	벨소리(조건 자극)→침(조건 반응)

조건형성 이론에서는 인간의 학습도 이와 같은 자극과 반응의 원리로 설명한다. 이는 인간의 행동도 자극에 의한 조건화에 의해 의도한 대로 지도할 수 있다는 입장이다. 즉, 환경을 어떻게 조작하는가에 따라 인간성을 결정할 수 있다고 보는 것이다. 예를 들어, 인간의 우는 행동은 슬픈 마음 때문에 우는 것이 아니라 슬픈 장면의 자극에 의하여 운다는 것이다(기쁜 마음으로 영화관에 갔다가 슬픈 영화 장면을 보고 울고 나오는 경우에는 이 이론이 맞다). 공부하기 싫은 학생도 공부하기 싫은 마음을 가지고 태어난 것이 아니라, 그 학생의 주변 환경이 그로 하여금 공부를 싫어하도록 주어졌기 때문이라고 설명된다. 따라서 공부를 할 수 있는 자극을 준다면, 그 학생은 공부하고 싶은 생각이 드는 반응을 보일 것이다.

(2) 자극 반응 연합 학습

손다이크(Thorndike)는 자극과 반응에 대한 결합을 시행착오 실험을 통해서 증명하고자 하였다. 손다이크는 문제 상자에서 고양이가 탈출하는 과정을 관찰했다. 고양이를 굶겨서 문제 상자 속에 넣고, 고양이가 잘 볼 수 있는 곳에 생선을 놓았다. 문제 상자 속에 갇혀 있는 고양이는 처음에는 헛된 동작과 많은 시간을 소비하다가 우연히 페달을 밟게 되고(시행착오), 그 결과 문이 열리게 되어,

고양이는 생선을 먹을 수 있게 되었다(강화). 그 다음 다시 고양이를 문제 상자 속에 넣었다. 고양이는 많은 시행착오에 의해 문을 여는 행동을 학습하게 되어 페달을 밟고 나오게 되는 행동을 배우게 되었다. 고양이가 문제 상자에서 탈출하는 시간은 처음에는 160초 이상 걸렸던 것이 후에는 10초에도 가능하게 되어 점차로 짧아졌으며, 불규칙하던 시간 소요도 실험 횟수가 많아짐에 따라 규칙적인 시간으로 바뀌어 쉽게 페달을 밟고 문제 상자를 탈출하게 되었다. 손다이크는 이러한 과정을 시행착오(trial and error)라 명명하였다. 그는 위와 같은 실험을 통해 학습에 관한 다음의 세 가지 주요 법칙을 제시하였다.

① 효과의 법칙

효과의 법칙은 자극과 반응의 결합이 유쾌하고 만족한 상태를 수반할 때는 그 행동의 수나 강도가 증가하고, 불쾌하고 불만족스러운 상태를 수반할 때에는 행동의 수나 강도가 감소한다는 법칙이다. 예를 들어, 학생이 어떤 행동을 한 후 교사로부터 잘했다는 칭찬을 받게 되면, 자극과 반응이 강하게 결합되어 그러한 행동을 계속하게 될 것이다. 반대로 불쾌한 상태와 연결이 되면, 자극과 반응의 연합은 약해지고 그 행동이 일어날 가능성은 적어진다.

② 연습의 법칙

연습의 법칙은 자극 장면과 반응의 결합이 연습의 횟수가 많으면 많을수록 강해지고, 연습 횟수가 적으면 적을수록 자극과 반응의 결합이 약해진다는 법칙이다.

③ 준비성의 법칙

자극과 반응의 결합은 준비가 되어 있을 때 만족스럽게 되고, 준비가 되어 있지 않을 때 만족스럽지 못하다. 이것을 준비성의 법칙이라고 한다. 손다이크의 실험에서 만약 고양이가 피곤하여 움직이기 싫어한다거나 배부른 상태라면, 페달을 밟는 행동이 나타나지 않을 수 있다. 이것은 고양이가 행동을 할 준비를 갖추지 않았기 때문에 나타난 결과이다.

(3) 조작적 조건화 형성 이론

조작적 조건화 형성 이론은 스키너(Skinner)가 제시한 이론이다. 스키너는 자신이 고안한 박스에 배고픈 쥐를 넣어 놓고 실험을 하였다. 상자 안에는 먹이를 제공하는 스위치 역할을 하는 파란색 지렛대와 전기 자극을 제공하는 스위치 역할을 하는 빨간색 지렛대가 장치되어 있었다. 상자 속의 쥐가 우연히 파란색 지렛대를 누르는 행동을 하게 되면(반응) 먹이가 떨어지도록 하는 자극이 주어졌는데, 이러한 먹이 자극은 쥐가 파란색 지렛대를 누르는 행동을 증가시켰다(강화). 반대로 빨간색 지렛대를 누르는 행동(반응)은 전기 자극이 주어지게 되어 점차로 감소하였다. 스키너는 이로써 쥐가 우연히 시도해 보는 행동 중에서 요구하는 행동을 하는 경우에 보상을 줌으로 그 행동을 강화하고, 그렇지 않은 경우에 보상하지 않게 되면 그 행동을 할 확률이 낮아지게 된다는 것을 발견하였다. 스키너는 이러한 선행 반응과 후속 자극간의 연합을 조작적 조건화라고 명명하였다. 조작적 조건화에서 중요한 개념은 다음과 같다.

① 강화와 소거

강화(reinforcement)는 어떤 특수한 반응이 일어날 확률을 증가시키는 보상 체제를 말한다. 쥐에게 주어지는 먹이, 학생에게 하는 칭찬과 상장, 자신이 하고 싶은 일을 하게 만들어 주는 것 등이 모두 강화물에 해당한다. 반대로, 소거(extinction)는 특정한 행동을 하였을 때 강화물을 주던 것을 주지 않게 될 때, 그 특정 행동의 강도가 점차적으로 약화되는 현상을 말한다.

② 강화 스케줄

강화 스케줄(schedules of reinforcement)은 강화를 매번 주지 않으면서도 특정 행동을 계속적으로 일어나게 만드는 강화 계획이다. 크게 계속적 강화와 간헐적 강화로 나눌 수 있다. 계속적 강화는 반응이 나타날 때마다 그 반응을 강화하는 상황을 말한다. 간헐적 강화는 고정된 비율로 강화하는 경우(고정 비율 강화: 강화를 주는 횟수를 고정하는 것)나 고정된 간격으로 강화하는 경우(고정 간격 강화: 강화를 주는 시간적 간격을 고정하는 것)와, 변동된 비율로 강화하는 경우(변동 비율 강화: 강화를 주는 횟수를 불규칙하게 하는 것)나 변동된 간격으로 강화하는 경우(변동 간격 강화: 강화를 주는 시간적 간격을 불규칙하게 하는 것)로 나눌 수 있다. 연구 결과, 변동된 비율이나 간격으로 강화하는 경우가 행동의 일관성과 함께 반응이 증가한 것으로 나타났다. 즉, 계속적 강화보다는 간헐적 강화가, 간헐적 강화에서도 변동 비율 강화나 변동 간격 강화가 더 효과적이다.

③ 벌

벌(punishment)은 강화에 대한 반대 개념이다. 강화와 달리 벌은 불쾌한 자극이다. 즉, 강화가 유쾌한 자극을 제공해 주거나(정적 강화), 불쾌한 자극을 없애 주어(부적 강화) 특정 행동을 증가시키는 것이라면, 벌은 불쾌한 자극을 주거나 유쾌한 자극을 빼앗음으로써 특정 행동을 감소시키는 것이다. 스키너 박스에서 쥐에게 없애고자 하는 행동 반응이 나타난 경우, 약한 전기 쇼크 같은 벌을 줌으로써 불쾌감을 일으켜 특정 행동을 없애고자 하는 것이 이에 해당한다. 학교 현장에서나 가정에서 벌은 자주 사용된다. 벌은 올바르게 사용될 때 교육적 효과를 갖게 되어 행동을 수정할 수 있다. 행동을 통제하고 수정하는 방법으로 사용되는 벌은 타임아웃(time-out), 반응 비용, 언어 질책 등이 있다. 타임아웃은 잘못된 행동을 한 학생을 다른 학생들이나 공간으로부터 격리시킴으로 공격적인 행동들을 감소시키는 목적으로 사용된다. 그러나 타임아웃된 상황이 학생에게 즐거운 자극이 되기 전에 타임아웃을 중단해야 한다. 반응 비용은 전에 받은 강화물에 대한 몰수를 말한다. 언어 질책은 꾸지람으로써 수업 현장이나 가정에서 많이 사용되는 방법이다.

④ 도착점 행동과 조형

도착점 행동(terminal behavior)은 강화 프로그램에서 마지막에 만들고 싶은 행동을 말한다. 조형(shaping)은 복잡한 행동을 일련의 단순한 행동으로 계열화하여 단계적으로 습득시키는 것을 말한다. 즉, 한 가지 행동을 강화로 인해 만들어 놓고 이로부터 출발하여, 만들고 싶은 도착점 행동에 단계적으로(step by step) 점점 더 접근해 가도록 연속적인 강화 과정을 제공하는 것이 조형이다.

(4) 사회학습 이론

사회학습 이론을 제안한 반두라(Bandura)는 인간이 직접적인 자극 반응에 의해서만이 아니라 제공된 모델의 행동을 관찰하고 모방함으로써 행동을 학습할 수 있다고 보았다. 이를 모방학습 또는 관찰학습이라 한다. 이에 따르면, 학생은 자신의 행동이 직접적으로 강화받지 못한다하더라도 다른 학생이 보상이나 벌을 받는 것을 관찰함으로써 간접적으로 강화를 받는다(대리적 강화/대리적 벌). 이것을 모델링(modeling)이라 한다. 대리 강화에서 관찰하는 사람은 모델에 의해 강화되기도 하고, 제3자에 의해서도 강화된다. 사회적 학습 이론에서도 강화는 학습에 중요한 역할을 한다.

반두라에 따르면, 사람이 모델의 행동을 관찰하고 모방하는 과정은 주의 집중(attention)[12), 파지(retention)[13), 재생산(reproduction)[14), 동기 유발

12) 모방하려는 모델의 행동에 주의를 집중하게 되는 것을 말한다.

13) 관찰된 내용이 기억되는 단계이다.

14) 모델링했던 행동을 실제에 옮기는 단계이다.

(motivation)[15]의 네 가지 과정을 거치게 된다. 이 과정에서 학습자는 직접적으로 강화를 받지 않더라도 대리적 강화와 대리적 벌을 통해 행동에 영향을 받게 된다.

2) 인지주의 학습 이론

인지주의 심리학은 개인이 환경으로부터 받은 자극 정보를 어떻게 지각하고 해석해서 저장하는지에 관심을 둔다. 인지주의에서는 학습을 형태주의 심리학으로 설명한다.

형태 이론(gestalt theory)은 지각, 학습 및 기억 등의 인지 활동이 단편적 부분들의 기계적 연합이라고 보는 행동주의의 입장에 반대한다. 즉, 인간은 환경을 지각할 때 개별 자극체로 지각하는 것이 아니라 요소들 간의 관계를 기초로 해서 전체 상황을 지각한다는 것이다. 따라서 학습자는 백지 상태에서 교사로부터의 수업을 수동적으로 받아들이기만 하는 것이 아니라 교수-학습 과정에서 정보를 입수하고 조직하고 저장하는 등의 능동적인 활동을 수행하며, 이러한 활동을 통해서 학생의 인지구조가 변화되는 것이 학습이다. 행동주의 심리학이 뇌(brain)를 수동적으로 자극을 받아들이는 수용기라고 보았다면, 인지심리학에서 뇌는 들어오는 감각적 정보를 보다 유의미하고 조직적인 것으로 만드는 작용을 한다고 본다. 이것은 인간의 뇌가 구조화되어 있어 독특한 인지구조를 가지고 있다는 것을 의미한다. 즉, 행동주의자들이 뇌의 자극을 저장하는 수동적인 것으로 보았다면, 인지심리학자들은 감각자극이나 정보를 변형시키는 적극적인 것으로 보았다.

학습에 관한 인지심리학의 이론은 원숭이를 대상으로 한 쾰러(Köhler)의 통찰학습이 대표적이다. 독일의 게쉬탈트 심리학자인 쾰러는 원숭이의 지능에 관

15) 관찰을 통해 학습된 행동은 그 행동이 강화를 받을 때 지속적으로 일어나게 된다는 개념이다.

해 연구하면서 학습 과정을 설명하고자 하였다. 그는 천장에 달려있는 바나나를 원숭이가 어떻게 따먹는가를 관찰하였다. 원숭이는 어슬렁거리다가 목적물(바나나)과 사태(자신의 키로는 딸 수가 없다는 상황), 그리고 도구(나무 상자와 막대기 이용)와의 관계를 발견하고 상자 위에 다른 또 하나의 상자를 얹음으로 바나나를 따 먹었다. 켈러는 원숭이가 이 같은 관계를 발견하는 것을 통찰이라고 명명하였다. 원숭이가 목적물을 얻는 것을 학습에 성공하는 것이라 볼 때, 학습은 학습 장면의 전체적 관계를 발견함으로써 이루어지는 것이지 반복적인 시행착오에 의해 일어나는 것이 아니라고 보는 것이 통찰학습의 요점이다.

또 다른 인지주의 학습이론의 대표적인 예는 레빈(Lewin)의 장(field) 이론이다. 레빈은 위상(topology) 심리학을 발전시켜 인지구조의 개념을 사용함으로써 장 이론을 발전시켰다. 위상 심리학은 어떤 순간에 처해 있는 생활공간의 구조에서 어떤 행동이 일어날 수 있으며 어떤 행동이 일어날 수 없는가를 연구하는 심리학이다. 위상 심리학과 밀접하게 관련되는 것이 벡터(vector) 심리학인데, 벡터 심리학은 현실에서 어떤 방향으로 얼마나 강한 행동이 일어나는가를 연구하는 심리학이다. 레빈은 위상 심리학과 벡터 심리학을 통해서 인간의 행동을 연구하였다. 이에 따르면, 인간의 행동은 단지 기술적·현상적으로만 이해할 수 없고 한 인간이 처해 있는 전체적인 생활공간에 대한 본질적인 이해를 통해서만 제대로 파악할 수 있다. 이것이 장(field) 이론이다. 장은 결국 한 사람의 행동을 결정하는 모든 요인의 복합적인 상황을 말한다. 생활공간 내에서 개인과 심리적 환경은 상호 작용을 하게 된다.[16)]

정리하면, 행동주의 심리학의 입장을 취하고 있는 고전적 조건형성 이론, 시행착오설, 조작적 조건형성 이론 등이 학습을 자극-반응의 연합적 관계로 연구하려 했던 것에 반하여, 통찰설, 장 이론을 주장한 인지심리학자들은 학습을 정신적 과정으로 보고 사고와 통찰의 측면에서 접근하였다. 즉, 학습은 환경에 의

16) 이것을 공식으로 표현하면 B=f(P·E)이다(B=behavior, 행동; f=function, 함수; P=person, 개인; E=environment, 환경). 즉, 인간의 행동은 개인과 환경 간의 함수 관계이다.

하여 수동적으로 적응하는 것이 아니라, 문제를 창의적으로 해결하며 새로운 것을 발견하는 것이라는 입장을 취한다. 이 두 입장 모두 객관주의로 분류될 수 있다. 객관주의의 입장에서는 실체, 속성 및 그 관계에 의해 세계가 완전히 구조화되었다고 주장한다. 이것을 학교 학습에 적용시켜 본다면, 교수-학습 상황에서 교사는 학습자들에게 반드시 알아야 하는 실체, 관계, 속성들을 인식시키는 역할을 해야 한다. 행동주의자들보다 인지주의자들이 학습자들의 적극성을 요구할 수 있지만, 그 활동의 목적은 학습자들이 수업 상황에 좀 더 자극을 받아 지식을 습득하도록 하기 위한 것이다.

3) 구성주의 학습 이론

구성주의는 종래의 행동주의에 기초한 객관주의적 입장의 학습 이론이 많은 문제점을 내포하고 있다는 인식에서 출발한 대안적 학습 이론이다. 구성주의도 객관주의와 마찬가지로 학습자가 경험하는 실존 세계가 존재한다고 생각한다. 그러나 세계는 객관적으로 존재하는 것이 아니라 세계를 구조화하는 여러 방법이 존재한다는 것이다. 즉, 최종적인 실재나 공유된 실재가 있는 것이 아니라 실재는 구성적 과정의 산물이라는 것이 구성주의의 입장이다. 이러한 구성주의적 입장은 지식에 대한 관점에서 명백하게 드러난다. 객관주의에서는 추구해야할 객관적인 지식체가 존재한다고 주장한다. 반면에, 구성주의에서는 학습자가 주변 세계와의 상호 작용을 통해 스스로 지식을 구성한다는 것을 강조한다.

구성주의에 입각한 수업에서 교사가 수행하여야 할 활동을 제시하면 다음과 같다.

첫째, 문제 해결에 대한 아이디어를 제시하기 전에, 또 교과서나 다른 학습자원에서 아이디어를 학습하기 전에, 학생의 사고, 경험, 흥미, 관심 등을 최대한 활용한다.

둘째, 질문을 유도하고 학생의 질문과 생각을 학습에 최대한으로 활용한다.

셋째, 질문은 개방적인 질문으로 제시하고, 학생들의 질문과 대답을 정교화하여 수업시간에 질문을 구체화하고 전문화하도록 격려한다.

넷째, 다양한 정보원을 사용함으로써 학생들이 아이디어를 창안하도록 격려한다.

다섯째, 협동학습을 통해 학습자들이 자기 아이디어를 지지하는 실제적 증거를 수집하여 아이디어를 재형성하는 것을 도와준다.

CHAPTER 07

제7장 학습의 심리적 요인

1. 지능
2. 학습동기

학습이 효율적으로 이루어지는 데 영향을 주는 조건들은 크게 지적인 요인들과 비지적인 요인들로 나눌 수 있다. 지적인 요인들에는 지능·기억과 망각·전이 등이 있다. 비지적인 요인에는 학습 동기·자아 개념·학습 유형 등이 있다.

1. 지능

1) 지능의 개념

학교 학습과 가장 밀접한 관련을 맺고 있는 학습자 특성은 지적 특성이다. 특히, 학업 성취에 있어 개인차가 생길 경우 가장 먼저 지능의 개인차를 생각하게 된다.

지능이란 무엇인가에 대한 질문에 명확하게 대답하기는 어렵다. 지능에 관하여 여러 개의 서로 다른 정의가 존재하기 때문이다. 지능을 학습 능력으로 보기도 하고, 정신적 적응 능력으로 보기도 하며, 고등 정신 능력으로 보기도 한다. 고등 정신 능력이란 추상적 사고를 가능하게 해 주고, 그것을 구체적 사실과 관련시키는 수준 높은 지적 능력을 말한다.

지능을 종합적으로 정의하는 입장은 웩슬러(Wechsler)나 스토더드(Stoddard)가 있는데, 이들에 따르면 지능은 "현실적인 능력이나 학력이 아니라 잠재적인 능력이나 소질적 능력으로서, 새로운 문제의 해결과 새로운 환경에서 적응을 보다 합리적이고 목적적, 통찰적으로 할 수 있는 정신적 기초 능력"이다. 특히, 웩슬러는 "지능이란 목적적으로 행동하고, 합리적으로 생각하고, 환경에 효과적으로 대처하는 종합적이며, 전체적인 가능성이다."라고 주장했다.

2) 지능의 구조

(1) 지능의 구성 요인

스피어맨(Spearman)은 지능이 일반 요인(general factor)과 특수 요인(specific factor)의 두 종류의 요인들로 이루어졌다고 설명한다. 인간의 여러 가지 정신 능력은 서로 상관관계가 있는데, 이것을 공통 요인 또는 일반 요인으로 본다. 이 일반 요인은 누구나 태어나면서부터 갖고 있는 생득적인 것이며, 인간의 모든 정신 기능에 작용하는 고유한 개인적 특성이다. 특수 요인(specific factor)은 특정분야에 대한 능력으로서, 사람마다 독특하며, 여러 가지 다른 과제에서 각각 얼마나 높은 점수를 얻느냐로 나타낼 수 있다. 일반 요인으로써 대표되는 능력은 모든 지적 과제 수행에 영향을 미치지만, 특수 요인에 해당하는 각 능력들은 단 하나의 과제 수행에만 관여한다.

서스톤(Thurston)은 요인 분석을 통해 지능에 포함된 7개의 요인을 밝혀내고, 이를 인간의 '기본 정신 능력(Primary Mental Ability: PMA)'이라고 하였다. 그가 밝혀낸 7가지 기본 정신 능력에는 언어이해 요인(verbal comprehension: V), 수 요인(number factor: N), 공간 요인(spatial factor: S), 지각 요인(perceptual factor: P), 연합적 기억 요인(associative memory factor: A), 추리 요인(reasoning factor: R), 언어의 유창성(word fluency: W)이 포함된다.

캐텔(Cattell)은 유동적 지능과 결정적 지능으로 지능을 구별하였다. 유동적 지능이란 특정한 문화권에 구애되지 않고 유전적으로 결정되는 것으로서, 새로운 환경에 대한 과제 해결책을 의미한다. 결정적 지능은 환경적·문화적·경험적 영향으로 발달하는 지능으로서, 학업 성취에 기초가 되는 지능을 말한다.

(2) 지능의 구조

길포드(Guilford)는 서스톤(Thurston)의 PMA를 확대하여 지능구조모형(Structure of Intellect: SOI)을 발전시켰다. 길포드는 주어진 정보의 내용을 어떻게 조작하며, 어떤 수준까지 산출을 처리하느냐에 입각하여 지능을 3차원의 입방체형으로 구조화하였다. 이들 차원은 5개의 내용의 차원(시각, 청각, 상징, 의미, 행동), 6개의 조작의 차원(인지, 기억장치, 기억저장, 수렴, 확산, 평가), 6개의 결과의 차원(단위, 유목, 관계, 체계, 변화, 함축)으로 구성되어 있다. 각 차원들의 요소들은 내용(5) × 조작(6) × 결과(6)의 형태로 상호 조합되어 180개의 지능 구조 단위로 구성된다. 길포드의 지능 구조 모형은 지능을 단일 차원에서 보지 않고 다차원적으로 파악함으로써, 학습이나 문제 해결력 그리고 창의력 같은 지적 영역의 문제들을 새롭게 볼 수 있는 기초를 마련했다는 데 의의가 있다.

(3) 다중지능이론

가드너(Gardner)는 지능을 '한 문화권 혹은 여러 문화권에서 가치 있게 인정되는 문제를 해결하고 산물을 창조해 내는 능력'이라고 정의한다. 가드너는 이 정의를 바탕으로 인간의 지능은 8개의 독립적인 부분으로 구성된다는 다중 지능 이론(multiple intelligence theory)을 주장하였다. 가드너는 지능을 다양한 연령과 계층에 대하여 같은 방법으로 진단할 수 없고, 유아나 성인 그리고 문화적 배경 등에 따라 지적 능력을 분석하는 방법이 달라져야 한다고 생각했다. 특히, 평가에서 가드너가 중요시 한 것은 자발적 흥미로서, 통제되고 강제되는 상황이 아니라 학생이 하고 싶을 때 관찰이 진행되어야 한다고 보았다. 가드너는 여러 부류의 특수 집단에 대한 관찰로부터 얻은 정보를 바탕으로 우선순위를 따질 수 없는 7가지 지능을 제시하였다. 그리고 후속 연구를 통해 자연, 영성, 실존 등 3가지 지능을 새롭게 추가하였다. 그는 자연 현상에 대한 유형을 규정하고 분류하는 능력, 초자연적인 세계와 교감할 수 있는 영적 능력, 사람을 사랑하거나 예술 작품에 몰두하는 것과 같은 심오한 경험들의 실존적 양태에서 자기 자신의 위치를 파악하는 능력 등도 인간 지능을 결정하는 중요한 요소라고 주장하였다. 가드너의 다중 지능 이론이 교육에 시사하는 바는 우선 우리 모두는 동일하지 않다는 것, 그리고 우리 모두는 동일한 마음을 가지고 있지 않다는 것, 마지막으로 교육은 이를 진지하게 고려할 때 가장 효과적일 수 있다는 것이다.

〈표 7-1〉 가드너의 7가지 다중 지능

지능	직업의 예	핵심구성 요소
논리-수학적 지능	과학자, 수학자	식별할 수 있는 민감성과 재능: 긴 추리 사슬을 다루는 능력
언어적 지능	시인, 언론인	단어의 소리, 리듬, 의미에 대한 민감성: 언어의 다른 기능들에 대한 민감성
음악적 지능	작곡가, 바이올리니스트	리듬, 음높이, 음색을 만들고 감상하는 능력: 음악 표현의 형태를 감상
공간적 지능	항해사, 조각가	시공간 세계를 지각하는 능력과 최초 지각을 전환하는 능력
신체-운동적 지능	무용수, 운동선수	자신의 신체 운동을 통제하고 몸을 기술적으로 다루는 능력
대인관계 지능	치료사, 세일즈맨	다른 사람의 기분, 기질, 동기, 욕구를 식별하고 적절하게 반응하는 노력
개인 이해 지능	자세하고 정확한 자기 지식을 가진 사람	자신의 감정에 접근할 수 있고 또한 감정들을 구별해서 행동의 방향을 결정하는 데 사용하는 능력: 자신의 강점과 약점, 욕구, 지능에 대한 지식

3) 지능의 발달

지능은 유전적인 것인가 아니면 환경에 의하여 결정되는가? 대부분의 심리학자들은 지능이 유전적인 특성과 환경의 영향력이 상호 작용한 결과라고 믿는다. 젠센(Jensen)의 1969년도 연구에 의하면 개인차의 80%는 유전적 특성의 차이 때문이라고 한다. 즉, IQ가 환경에 의하여 결정되는 정도는 단 20%에 불과하다는 것이다. 미국의 백인과 흑인의 평균 지능을 비교해 보면 흑인의 지능이 더 낮은데, 그것은 유전적 성질의 차이라고 보고 있다. 그러나 고츠만(Gottesman)이 개인차에 관한 많은 문헌을 연구 평가해 본 결과, 미국에서 흑인과 그 이외의 사람들 간에 IQ의 평균에서 차이가 나는 것은 전적으로 태아 시절부터 그 후의 전 생애를 통한 환경 결손 때문이지 유전적 성질의 차이가 아니라고 주장하였다. 팔머(Palmer)의 연구에서도 사회경제적 지위가 다른 가정에서 태어난 3살짜리 흑인 남아들 간에 IQ의 차이를 발견하지 못하였다. 쉐퍼(Schaeffer)의 연구에 있어서도 20개월 이전의 흑백인 아동들 사이에 IQ의 차는 거의 없다고 밝히고 있어, 이와 같은 것들은 IQ의 차가 유전보다는 환경 때문이라는 것을 말해 주고 있다.

지능에 관한 환경적인 예로 들 수 있는 것은 상당히 많다. 산모의 건강 상태가 좋지 않아 태아기나 분만기에 영향을 미칠 수 있는 경우도 있고, 영양 조건, 출생 순위, 가족 수 같은 가족 관계의 조건도 영향을 미친다. 또한 부모의 직업, 교육 수준, 수입, 가옥의 구조, 문화적 시설 같은 사회경제적인 지위(SES)와 지능지수와 상관이 높다는 연구가 있다.

교육적인 측면에서는 유전적인 요인보다는 환경적인 요인이 지능 발달에 미치는 요소로 더욱 중요하게 취급이 된다. 왜냐하면 환경은 어느 정도가 가변적으로 통제가 가능하지만 생물학적 유전적인 영향은 통제가 거의 불가능하기 때문이다. 블룸(Bloom)은 지능 발달을 촉진시키는 환경적 조건으로 다음의 네 가지를 들고 있다.

첫째, 언어의 효과적인 사용과 언어 능력의 신장을 자극하는 환경.

둘째, 환경 속의 문화적 요소에 대한 직접적 경험과 독서 등을 통한 간접적 경험의 기회가 풍부하게 주어지는 환경.

셋째, 생활 장면에서 여러 가지 문제를 정확하게 사고하도록 자극하고, 자발적으로 해결해 나가도록 격려하는 지적 환경.

넷째, 성취동기를 고취하는 언어의 시범, 탐구에 대한 자극, 흥미 있는 활동의 장려 등과 같이 지능 발달을 촉진케 하는 친자 관계.

4) 지능과 학업 성취

지능이 학교에서의 학업 성취를 예언하는 중요한 변인이라는 점은 일반적으로 인정된다. 일반적으로 지능과 학업 성취 간에 상관계수(r)는 .70 정도의 상관이 있으며, 그 변량은 49%로서 지능이 학업 성취를 약 49%를 설명할 수 있다고 말한다. 이것은 지능 검사에서 재는 요인이 학교의 교과목 학습에서 요구되는 능력과 공통된 요인이 많기 때문이라고 해석할 수 있다.

지능과 학업 성취의 상관관계는 교과목에 따라, 학년에 따라 다소 차이가 있다. 버트(Burt)의 연구에 의하면, 지능과 학습 내용 간의 상관에서 지적 교과나 추상적인 교과는 지능과의 상관이 높고, 기술적·예능적 교과와 지능과의 상관은 낮다고 한다.

또한 지능이 우수한 사람들은 기억력, 주의 집중력, 어휘력, 논리적 사고력, 비판력, 일반화 능력, 독창력, 호기심, 민첩성 등이 보통 사람보다 앞선다고 한다. 또한 천재아들은 초등학교 시기에 학업 성취 면에서 평균 점수에 비하여 약 14% 정도 높았고, 교과의 숙달도에 있어서는 44% 정도가 높았다고 한다.

그러나 높은 지능이 우수한 학업 성취를 자동으로 보장하지는 않는다. 또한 지능이 낮은 집단이 우수한 학업 성취를 보이지 못하는 것도 아니다. 요컨대, 지능은 학업 성취 및 교육의 상승 기회에 중요한 변인이긴 하지만 충분조건은 아니다.

2. 학습동기

1) 동기의 의미

동기(motive, motivation)란 어떤 행동을 계속해서 하게 만들어 주거나, 새로 시작하는 준비도에 영향을 미치는 유기체의 조건을 말한다. 동기는 다음과 같은 기능을 한다. 첫째, 어떤 특정한 행동을 시작하도록 하는 유기체 내부의 성향을 변화시킨다. 둘째, 현재 실행하고 있는 행동의 강도를 다양하게 변화시킨다. 셋째, 가능한 여러 행동 사이에서 특정 행동을 선택하도록 한다.

한편, 학습 동기는 학습 활동을 가치 있는 것으로 보고 학습 활동을 열심히 하려는 경향성을 말한다. 학생들이 학업에 많은 시간을 투입하는 것이나 학습 지구력은 학습 동기의 유발로부터 나오는 것으로서, 학생들의 학업 성취에 영향을 미치는 중요한 요인들이다. 그러므로 교사는 학생들을 과제에 적극적으로 참여시켜 학습에 대한 동기화 상태를 만드는 것이 중요하다.

2) 동기 이론

(1) 행동주의의 동기 이론

행동주의 심리학에 따르면, 인간은 자기의 동기를 유발하는 기본적인 생리적 욕구(배고픔, 갈증, 성 등)를 가지고 있다. 이들 욕구는 일차적인 강화인자(음식이나 물 등)에 의해 충족된다. 또한 인간에게는 2차적 욕구로서 사회적, 정서적, 지적 욕구가 있다. 예컨대, 학생들이 공부를 하는 목적은 음식에 의해 강화되기보다는 칭찬에 의해 인정욕, 소유욕, 자존욕, 성취욕(2차적 욕구) 등이 만족됨으로써 강화되는 경우가 많다. 따라서 1차적 욕구에 의하든 2차적 욕구에 의하든, 행동의 동기를 외적 자극으로 유발시킬 수 있다는 것이 행동주의자들의 주장이다.

스키너는 동물의 행동이 강화에 의해 촉진되고, 방향이 결정되며, 유지되는 것으로 보았다. 강화된 행동은 지속되며, 소거되거나 처벌받은 행동은 사라진다는 것이다. 어떤 행동은 다른 행동보다 더 강하고 자주 일어나는데, 이러한 경향은 강화의 차이에 의거한 것이다. 즉, 오랫동안 일관해서 강화를 받아온 반응은 더 강한 반응 경향을 가지고 잦은 빈도로 강하게 나타나며, 그렇지 못한 반응은 약하게 나타난다. 예를 들어, 어떤 학생이 주말임에도 불구하고 수 주일 동안 열심히 공부하여 성적이 올랐다면(강화 받음), 다른 매력 있는 일이 있다하더라도 그 학생은 주말에도 쉬지 않고 공부하게 될 것이다. 이처럼 행동주의자들이 보는 동기는 지식, 정서, 의지 등과 같은 내적 요인의 변화에 의한 것이 아니다. 행동주의자들의 외적 강화 이론의 실제 예로서 학습에 대한 보상으로 점수를 주고, 장학금을 주는 것은 외적 수단에 의해 학생들의 동기를 유발시키려는 노력이라 볼 수 있다.

(2) 인지주의의 동기 이론

인지주의 심리학에서는 사람의 행동은 실제적이고 일어나고 있는 객관적 사건에 의하여 영향 받는 것이라기보다 그 사건을 행위자가 어떻게 생각하느냐 하는 사고방식에 의하여 영향받는다는 것을 강조한다. 즉, 행동은 행위자의 사건 및 사물에 대한 인지 양식에 의존한다는 것이다. 인지론자들은 불평형설, 성취동기설, 귀인설에 의거하여 동기 이론에 대해 설명하고 있다.

① 불평형설(disequilibrium theory)

인지적 불평형이란 개인의 인지적 평형이 유지되지 않는 경우를 말한다. 사람의 행동은 인지적 평형이 깨졌을 때 지적 균형을 추구하려는 평형화의 움직임이 일어나기 때문에 발생하게 된다.

② 성취동기설(achievement theory)

성취동기란 도전적인 과제를 성취함으로 만족감을 얻으려 하는 의욕이다. 즉, 성취 결과와 상관없는 성취를 위한 내적 의욕을 성취 동기라 한다. 근본적으로 같은 조건하에서 개인 간에 일어나는 성취의 차이는 성취 욕구의 차이 때문이다. 성취 욕구가 다른 사람들보다 더 높은 사람들은 성취가 그들의 생활 중에서 주요한 부분을 차지하게 되며, 그들의 시간과 재능을 다른 어떤 목표보다도 성취 목표를 추구하는 데 바치게 된다.

맥클랜드(McClelland)는 주제통각검사(Thematic Apperception Test: TAT)라는 그림으로 된 투사 검사를 통해 성취 욕구를 진단하였다. 일반적으로 성취 동기가 높은 사람은 자기 행동에 대한 책임감이 높고, 사업을 스스로 계획하고, 무사안일보다는 온건한 모험을 통해 일을 성취하려는 의지가 있으며, 결과에 대해 알아보려는 의지를 가지고 있다. 호페(Hoppe)는 포부 수준을 분석함으로써 성취를 설명하였다. 그에 따르면, 사람들은 성공하면 목표를 올리고 실패하면 목표를 내리는 경향이 있다. 따라서 학생들이 학습에 임할 때는 실패에 대한 공포가 반드시 고려되어야 한다. 그렇지 않으면 성취 수준이 낮아지면서 학교생활에 대한 실패감에 젖어 있어서, 다른 분야에 있어서도 동기의 대부분이 억압될 가능성이 많다.

③ 귀인설(attribution theory)

와이너(Weiner)에 의하면, 능력, 노력, 과제 곤란도, 행운의 네 가지가 행위자 자신에게 어떻게 인지되느냐 하는 것이 성취 상황에 있어서 성공과 실패의 중요한 원인이 된다. 이 네 가지 요인을 살펴보면, 어떤 것은 비교적 안정성을 가지고 있고(능력, 과제곤란도), 어떤 것은 안정성을 가지고 있지 못하다(노력, 행운). 그리고 학습자의 능력과 노력은 학습자의 통제 내에 있는 것이지만, 과제의 곤란도와 행운은 외적인 요인으로 통제할 수 없다.

〈표 7-2〉 와이너의 인과적 귀인 모형

통제 부위	안 정 성	
	안정적	불안정적
내적	능력	노력
외적	과제 곤란도	행운

로터(Rotter)는 사람들의 성공과 실패에 대한 설명으로 외적 지향성(나는 운이 좋아 성공했다. 교사가 미워해서 실패했다.)과 내적 지향성(내가 열심히 일해서 성공했다. 내가 노력하지 않아서 실패했다.)의 두 가지 종류가 있다고 보았다. 이러한 통제 부위를 내부로 두는 사람은 자신의 행동에 스스로 책임을 지는 사람이며, 노력하여 성취하겠다는 동기가 높은 사람이다. 학교 학습에서의 성공과 실패에 대한 원인을 학생들이 무엇이라고 지각하느냐에 따라 후속되는 학업적 노력, 정의적 경험, 미래 학습에서의 학업 성취도를 예측할 수 있다. 따라서 학교에서는 학생들에게 성공은 자신의 노력과 능력에 달려 있다는 느낌과 확신을 갖도록 가르칠 필요가 있다.

(3) 인본주의의 동기 이론

인본주의 심리학은 인지론과 같이 동기가 외적 자극(행동주의적 관점)에 의하여 일어나는 것이 아니라 자기 지시적으로 이루어진다고 본다. 이 점에서 인본주의와 인지주의는 똑같이 인간중심적 입장을 취하고 있다. 인지론자들은 동기가 생활공간의 불평형에 의해 유발되며, 그 불평형은 장(field)의 역동적 힘에 의존하는 것으로 설명한다.

그러나 인본주의자들은 적절성의 욕구(need for adequacy)를 강조한다. 적절성의 욕구 때문에 사람들은 스스로 그의 생활 속에서 이전보다 더욱 적절해질 것을 계속적으로 추구하게 된다는 것이다. 적절성의 욕구는 생리적 욕구와는 다른 차원의 것이다. 사람은 다만 생리적 만족을 위해서만 행동하지는 않는다. 사람은 호기심, 탐험심, 혹은 단순한 취미 등의 이유 때문에 행동하기도 하는데, 이런 것들은 모두 적절성과 관계를 가지고 있는 것들이다. 즉, 인본주의 심리학자들은 동기와 관련지어 개인의 자유, 선택, 자기 결정, 개인적 성장을 위한 노력 등의 욕구를 들어 설명한다.

PART 03

교육의 과정적 기초

제8장 수업의 과정

제9장 교수-학습방법

CHAPTER 08

제8장 수업의 과정

1. 교수설계
2. 수업계획서와 학습지도안의 작성
3. 교수-학습과정
4. 효과적인 수업 기술

수업이란 교사가 학습자를 도와서 주어진 학습목표를 성취하도록 안내하는 과정이다. 수업은 학습자의 학습과정을 돕는 교사의 교수활동과 교사의 안내를 받아 진행되는 학습자의 학습활동으로 이루어진다. 학습자가 학습목표를 효과적으로 달성하도로 하기 위해서는 수업을 체계적으로 계획하고 실행하여야 한다. 수업을 체계적으로 계획하고 실행하기 위해서는 교수설계(instructional design)가 필요하다.

1. 교수설계

1) 교수설계의 개념

교수설계란 수업과 관련된 교육목적 및 교육목표, 교육내용, 학습자 특성, 학습목표, 학습평가, 수업방법, 교수매체 등을 사전에 검토, 계획하여 학습이 효과적으로 이루어지도록 수업을 설계하는 것이다.

이러한 교수설계의 결과물이 수업계획서와 학습지도안이다. 수업계획서란 한 과목을 한 학기 동안 가르치기 위한 설계도이다. 학습지도안이란 단위 수업시간의 교수를 위한 설계도이다. 수업을 성공적으로 하기 위해서는 담당 과목의 수업계획서와 학습지도안을 체계적으로 작성할 수 있어야 한다.

교수설계란 수업내용을 학습자들이 효과적으로 학습할 수 있도록 수업의 제반 요인과 활동을 설계하는 것이다. 교수설계를 통하여 수업계획서와 학습지도안을 만들어내게 된다. 수업계획서는 어느 한 과목을 한 학기 동안 가르치기 위해 설계한 계획이다. 학습지도안은 실제 일정 단위의 수업시간을 위해 설계한 지도계획이다. 수업계획서는 담당 교과의 수업 전체를 포괄적으로 계획한 것이고, 학습지도안은 매 수업시간마다 다루어지는 수업내용과 활동을 상세하게 계획한 것이다.

2) 교수설계의 과정

교수설계의 일반적인 과정은 다음의 〈그림 8-1〉과 같이 ① 교육목적 및 교육목표 확인 ② 교육내용 분석 ③ 학습자 특성 분석 ④ 학습목표 설정 ⑤ 평가계획 수립 ⑥ 수업방법 선택 ⑦ 교수매체 선정과 제작의 순으로 이루어진다.

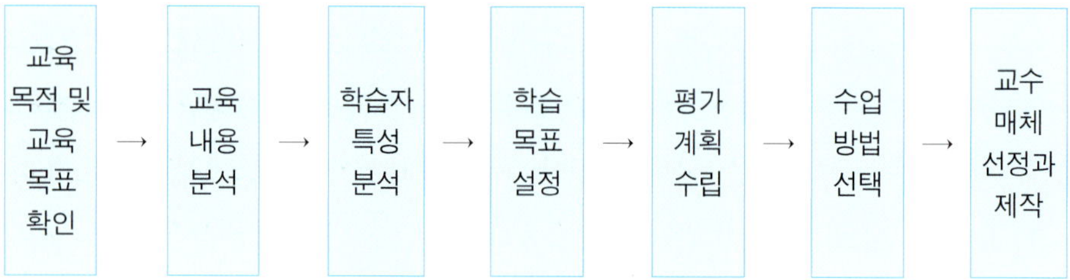

〈그림 8-1〉 교수설계의 일반적 과정

(1) 교육목적 및 교육목표 확인

교수설계에서 제일 먼저 해야 할 일은 담당 교과목의 교육목적 및 교육목표를 확인하는 일이다. 교육목적 및 교육목표란 교사가 자신이 담당하는 과목의 단위 수업을 통해 학생들에게 달성시키고자 하는 지식과 태도 및 기능을 말한다.

교육목적 및 교육목표는 일차적으로 해당 교과의 교육과정에서 제시된 '교과목 개요'를 바탕으로 설정한다. 단위 수업의 교육목표는 수업계획서의 주별 학습주제나 학습내용을 참고하여 설정한다.

(2) 교육내용 분석

교육목적 및 교육목표를 확인하였으면 다음으로는 교육목적 및 교육목표를 달성하기 위해 수업에서 다루어야 할 교육내용을 결정해야 한다. 이를 위해서는 교육내용을 분석해야 한다. 교육내용 분석이란 앞 단계에서 확인한 교육목적 및 교육목표의 달성을 위해 학습자에게 필요한 교육내용이 무엇인지 분석하는 일을 말한다.

교육내용 분석은 담당 과목과 관련한 교재분석과 직무분석을 통해 이루어진다. 이 밖에 해당 분야의 전문가나 현장 종사자의 자문을 통해서도 교육내용을 분석할 수 있다. 교육내용의 분석을 통해서 지도해야 할 교육내용과 각 교육내용의 난이도 및 계열성을 파악하도록 한다.

(3) 학습자 특성 분석

학습자의 특성을 분석하는 것은 학습자 집단이 다양하게 구성되어 있다는 점을 감안하여 좀 더 효과적인 수업을 하기 위해서이다. 즉, 학생들의 연령, 사전경험, 학습양식, 흥미, 성숙도, 사회경제적 배경, 적성, 태도 등의 개인차가 점점 심해지고 있기 때문에 학습자의 개인차를 제대로 파악하고 있어야 학생들의 다양성을 반영한 수업을 설계할 수 있다.

교사가 학습자의 특성을 수업에 반영하여 수업을 전개한다면 질적으로 좀 더 우수한 수업을 실행할 수 있을 것이다. 또한 학생 개개인의 능력이 충분히 발휘되도록 도와줄 수도 있을 것이다.

일반적으로 파악해야 할 학습자 특성에는 학생의 연령, 학습양식, 흥미, 적성 등이 있다. 이에 더하여 학생들의 선행학습 수준, 기초학력 수준, 담당 과목의 단위 수업을 통해 학습자가 습득해야 할 지식, 태도, 기능 등을 파악해야 한다.

학습자 특성을 파악하는 이유는 대체로 다음과 같다.

① 학습자의 입장에서 학습목표를 세우기 위해서이다.

② 학습 수준을 적절히 조절하기 위해서이다.

③ 적절한 수업자료를 선택하기 위해서이다.

학습자 특성을 파악하고 분석하는 방법으로는 학생 설문조사, 학생 면담, 동료 교사들로부터 정보 얻기, 각종 정보가 담긴 학생기록부(성적기록부) 열람, 표준화 검사 실시 등이 있다.

(4) 학습목표 설정

학습목표란 수업이 진행된 후에 학습자가 최종적으로 성취해야 할 '도착점 행동(terminal behavior)'을 말한다. 맨 첫 번째 단계인 교육목적 및 교육목표의 확인에서의 교육목적 및 교육목표가 포괄적이고 추상적인 데 반하여, 학습목표는 학습자가 수행해야 할 행동으로 이루어져 있으므로 매우 구체적인 것이 특징이다. 즉, 학습목표란 학습자의 입장에서 교육목적 및 교육목표, 교육내용, 학습자 특성 등을 고려하여 설정된 교육목표를 뜻한다.

학습목표는 다음의 〈그림 8-2〉와 같이 일반적으로 학습자가 학습해야 할 내용(학습내용, 학습주제)과, 학습자가 수행하야 할 행동(학습행동)으로 구성된다. 이때 학습자가 수행해야 할 행동을 도착점 행동이라고 하며, 행동을 나타내는 동사를 사용해서 표현하는 것이 원칙이다. 학습목표를 진술하기 위해서는 학습자가 성취해야 할 도착점 행동이 무엇인지 확인해야 한다.

학습내용	+	학습행동 (도착점 행동)	=	학습목표

〈그림 8-2〉 학습목표의 구성

학습목표는 일반적으로 ① 인지적 영역(지식과 관련된 행동영역) ② 정의적 영역(태도와 관련된 행동영역) ③ 심리운동적 영역(신체 기능과 관련된 행동영역)의 세 가지로 나뉜다. 다음의 〈표 8-1〉은 이상의 세 가지 영역에서의 학습목표를 단순한 순서에서 복잡하고 고차원적인 순서로 나열한 것이다.

〈표 8-1〉 인지적·정의적·심리운동적 행동영역

	인지적 영역	정의적 영역	심리운동적 영역
고차원적 능력	평가	인격화	복합 반응
	종합	조직화	기계화
	분석	가치화	유도된 반응
	적용	반응	태세
	이해	감수	지각
단순 능력	지식		

학습목표를 진술할 때 유의해야 할 사항은 다음과 같다.

① 도착점 행동을 진술할 때 가급적 불명확한 동사를 피하고 구체적이고 명확하게 관찰 가능한 동사로 나타낸다.

② 학습목표는 학습내용과 도착점 행동이 한 문장으로 들어가도록 진술한다. (학습목표 = 학습내용 + 도착점 행동)

③ 도착점 행동을 나타내는 동사는 인지적 영역, 정의적 영역, 심리운동적 영역의 세 가지 영역별 교육목표 단계를 반영해야 한다.

학습목표는 학습자가 최종적으로 도달해야 할 지점을 표현한 것이기 때문에 수업에 대한 학습자의 기대 수준과 밀접하게 연결된다. 이 점에서 학습목표는 기대하는 행동의 특성이 무엇인지, 어떠한 수준을 요구하는지 등을 고려하여 주의해서 진술해야 한다.

학습목표를 진술할 때 저지를 수 있는 오류로는 다음과 같은 것들이 있다.

① 교사의 활동을 학습목표로 진술하면 안 된다. 학습목표는 교사의 활동이 아니라 학생의 학습활동을 진술하는 것이다.

② 학습의 결과가 아니라 학습의 과정을 학습목표로 진술해서는 안 된다. 학습목표는 반드시 학습의 최종 결과를 나타내는 것이어야 한다.

③ 교과목의 내용이나 주제를 학습목표로 진술하면 안 된다.

④ 하나의 학습목표 안에 두 가지 목표를 넣으면 안 된다. 학습목표는 반드시 하나의 내용에 하나의 행동이 결부된 형태를 띠어야 한다.

(5) 평가계획 수립

학습자의 학습목표 성취도를 확인하기 위해서는 평가를 해야 한다. 이를 위해서는 학습목표를 평가준거로 삼아 평가계획을 수립해야 한다. 평가계획에서는 평가 시기(언제 평가할 것인가), 평가 방법(어떤 방법으로 평가할 것인가), 평가 회수(얼마나 자주 평가할 것인가), 평가결과의 반영비율(최종 성적에는 어떠한 요소들을 어떤 비율로 반영할 것인가)을 정해야 한다.

평가는 평가 시기에 따라 수업 전에 실시하는 진단평가, 수업 중에 실시하는 형성평가, 수업이 끝난 후 실시하는 총괄평가의 세 가지로 나뉜다. 진단평가는 학습자의 특성과 선행학습의 결손 유무를 확인하기 위한 목적으로 실행된다. 형성평가는 수업이 교사의 의도대로 진행되고 있는지, 학습자에게 적절한 학습결과가 정착되고 있는지를 확인하려는 평가이다. 총괄평가는 수업의 결과 소정의 학습목표를 학습자가 얼마나 달성했는지의 정도 즉, 학습자의 학업성취도를 확인하기 위한 평가이다.

(6) 수업방법 선택

수업방법은 여러 가지 수업 요인을 고려하여 학습자의 입장에서 가장 적절한 수업방법을 선택하여 활용해야 한다. 교수-학습 과정에서 주로 사용되는 수업방법으로는 강의식 수업, 토의식 수업, 문제해결학습, 협동학습, 실험·실습, 팀티칭 등을 들 수 있다.

수업방법을 선택할 때는 학습목표(학습목표 달성에 적합한 수업방법인가), 학습활동(학습활동에 적합한 방법인가), 학습자 특성(학습자 특성에 적합한 방법인가), 교사의 수업 진행 능력(교사가 자신 있게 지도할 수 있는 수업방법인가), 수업환경(수업환경에 적합한 수업방법인가) 등을 고려하도록 한다.

(7) 교수매체 선정과 제작

수업활동은 교육내용이 담겨져 있는 교수매체를 교사와 학생이 공유하면서 이루어진다. 교수매체로는 학습목표와 교수방법에 따라 교과서, 참고서, 실습지침서 등과 같은 인쇄물 자료가 가장 많이 사용된다. 이 밖에 그림, 텔레비전, 비디오, 컴퓨터 등과 같은 시청각 자료나 공작세트, 표본, 시뮬레이터 등과 같은 실험·실습용 자료 등이 있다. 따라서 교재와 함께 단원별, 수업시간별로 여러 가지 참고문헌과 교수 보조자료를 활용하는 것이 좋다.

교재를 선정할 때 확인해야 할 사항으로는 다음과 같은 점이 있다.

① 교재의 난이도가 학생들의 학습능력에 맞아야 한다.
② 사용하는 수업방법에 맞아야 한다.
③ 교재의 내용이 오래된 것이 아니어야 한다.
④ 학습자의 이해도를 높일 수 있도록 표와 그림이 적절히 들어 있어야 한다.
⑤ 핵심 내용이 잘 정리되어 있어야 한다.
⑥ 가격이 적당해야 한다.

2. 수업계획서와 학습지도안의 작성

1) 수업계획서의 작성

수업계획서는 강좌 과목별로 한 학기 또는 일 년간의 수업을 어떻게 진행해 나갈 것인지를 정해 놓은 교수설계 결과물이다. 수업계획서는 교사가 수업을 체계적으로 전개해 나갈 수 있도록 안내해 주는 역할을 한다. 수업계획서를 통해 학습자는 한 학기 또는 일 년간의 수업시간에 어떤 내용이 어떻게 다루어지는지, 학습결과는 어떻게 평가되는지에 관한 정보를 제공받게 된다. 이를 통해서 학생들은 수업을 통해 자신이 무엇을 해야 하는지를 예측할 수 있다.

수업계획서에는 ① 교과목 정보 ② 담당교사 정보 ③ 수강대상 학생 정보 ④ 교육목적 및 교육목표, 주요 수업내용 ⑤ 수업방법 ⑥ 교수매체 ⑦ 평가방법 ⑧ 교재와 참고서 ⑨ 주별 수업계획 등의 사항들이 포함된다.

수업계획서는 교수설계의 각 단계에 따라 ① 교육목적 및 교육목표 확인 ② 교육내용 분석 ③ 학습자 특성 파악 ④ 학습목표 설정 ⑤ 평가계획 수립 ⑥ 수업방법 선택 ⑦ 교수매체 선정 및 제작의 순서로 작성한다.

(1) 교육목적 및 교육목표 확인

교육목적 및 교육목표를 설정하기 위해서는 다음의 사항들을 고려해야 한다.

첫째, 교과 교육과정상의 교과목표를 확인한다. 교과마다 존재하는 교육과정 안내서에 제시되어 있는 해당 교과목의 교과목표를 확인한다. 또한 교과 개요, 교과의 특성 등을 참고하도록 한다.

둘째, 다른 교과목과의 연관성과 계열성을 확인한다. 해당 교과목의 교육목적 및 교육목표 설정을 위해서는 해당 교과목이 전체 교육과정에서 어떤 위치에 있는지를 확인할 필요가 있다. 또한 다른 교과목과의 연관성과 계열성도 고려해야 한다.

셋째, 사회적 요구를 확인한다. 현장에서 요구되는 능력 중에서 해당 교과목과 관련된 능력은 어떤 것이 있는지를 확인한다.

(2) 교육내용 분석

수업계획서 작성에서 교육내용 분석은 한 학기 동안 가르치려는 학습내용을 선정하는 것을 말한다. 학습내용을 선정하기 위해서는 먼저 교육목적 및 교육목표를 고려해야 한다. 즉, 교육목적 및 교육목표를 달성하는 데 적합한 내용을 교육내용으로 선정해야 한다.

교재를 선정하게 되는 경우라도 교재의 내용을 교육목적 및 교육목표에 의거하여 선별하고 순서를 재배열할 필요가 있다. 이때에는 교육내용의 난이도를 고려하여 교육내용의 계열성을 확보해야 한다.

(3) 학습자 특성 파악

수업은 학습자들을 대상으로 이루어지는 활동이다. 따라서 아무리 학습내용이 잘 구성되었다고 해도 학습자의 특성이 고려되지 않은 수업은 교육목적 및 교육목표 달성이라는 소기의 성과를 제대로 거둘 수 없을 것이다.

학습자의 특성을 파악하는 것은 학습자들의 학년, 성별, 사전 경험, 흥미, 태도, 선수학습 경험 정도, 학습자의 요구 등을 파악하고, 여기서 얻은 정보를 수업계획서 작성과 학습지도안 작성과 같은 수업준비에 적절히 활용함으로써 수업의 효과를 극대화하는 데 그 목적이 있다.

(4) 학습목표 설정

학습목표는 학생의 입장에서 학생이 최종적으로 도달해야 하는 도착점이다. 학습목표는 교육목적 및 교육목표와 비교할 때 구체적인 특성을 지닌다. 학습목표는 학생들의 학습을 평가할 때 평가의 준거가 된다.

교사는 학습자의 도착점 행동을 명시한 학습목표를 구체적으로 설정해야 하는데, 이를 위해서는 학습목표를 가능한 한 관찰할 수 있는 동사로써 진술하여야 한다.

학습목표를 설정한 후에는 다음의 사항들을 확인하는 것이 바람직하다.

① 교육목적 및 교육목표와 학습목표 간의 관련성을 고려하였는가?

② 교육내용에 의거하여 학습목표를 설정하였는가?

③ 학습자 특성을 고려했는가?

④ 도착점 행동이 관찰 가능한 동사로 진술되었는가?

⑤ 학습목표는 학습자가 달성할 수 있는 것인가?

(5) 평가계획 수립

평가는 학생들이 학습목표를 얼마나 달성했는지를 확인하고 앞으로의 학습을 촉진시키려는 목적으로 실행한다. 평가계획은 평가내용, 평가방법, 평가시기, 평가비율, 평가기준, 성적부여 등의 사항에 관하여 최대한 구체적으로 세우도록 한다. 평가계획은 학생들의 학습동기를 유발하기 위해 첫 번째 수업시간에 자세하게 안내해 주는 것이 좋다.

평가계획을 수립한 후에는 다음의 사항들을 확인하도록 한다. ① 평가내용은 학생의 학업성취도 즉, 학습목표의 달성 정도를 측정할 수 있는 내용인가? ② 평가방법과 평가시기를 구체적으로 결정했는가? ③ 평가비율 및 평가문항의 배점은 항목의 중요도를 고려하여 배정되었는가? ④ 평가기준은 구체적으로 설정되었는가? ⑤ 평가계획은 실행 가능한 것인가?

(6) 수업방법 선택

수업방법은 설정한 학습내용 및 학습주제에 가장 적합한 방법을 선택하도록 한다. 대표적인 수업방법으로는 강의식 수업, 토의식 수업, 문제해결학습, 협동학습, 실험·실습, 팀티칭 등이 있다.

수업방법을 선택한 후에는 다음의 사항들을 확인하는 것이 좋다.

① 학습주제의 목표 달성에 가장 적합한 수업방법을 선택하였는가?

② 학습활동에 적합한 수업방법을 선택하였는가?

③ 학습자 특성에 맞는 수업방법을 선택하였는가?

④ 수업환경에 적합한 수업방법을 선택하였는가?

(7) 교수매체 선정 및 제작

교수매체는 수업내용과 수업방법을 고려하여 선정해야 한다. 교수매체로 교과서와 칠판만을 활용하는 것보다는 미리 선정하고 제작한 시청각 매체를 적절하게 사용하는 것이 좋다. 그 이유는 다양한 교수매체를 사용하면 학습자들의 동기유발과 주의집중을 도울 수 있고 핵심내용을 쉽게 전달할 수 있기 때문이다. 구체적인 교수매체와 학습자료의 제작은 학습지도안 작성의 단계에서 하는 것이 보통이다. 또한 교실에 어떤 교수매체가 있는지 확인하는 일도 필요하다.

수 업 계 획 서

과목명	교수-학습지도
담당 교수 (교사)	
교육 목적 및 교육 내용	이 교과는 교육학개론에 대한 이해를 바탕으로 다양한 교수-학습방법을 습득하는 데 목적이 있다. 이 교과에서 다루는 주요 교육내용은 다음과 같다. • 교수-학습의 원리 • 다양한 교수-학습방법에 대한 이해와 적용 • 수업상황에 적절한 수업진행 기술 • 보충학습 및 심화학습 지도방법 개발 • 다양한 평가방법에 대한 이해와 적용
수업 방법	강의식, 토의식, 협동식, 사례연구, 프로젝트식, 역할극, 팀별 발표
교수 매체	노트북, 컴퓨터, 빔 프로젝터, OHP, 슬라이드
평가 방법 및 평가계획	• 출석 및 수업태도(20%) • 실습평가(20%) • 모의수업 발표(30%) • 기말고사(30%)
교재 및 참고도서	

주 별 수 업 계 획

주차	학습주제	수업방법	비고
1	오리엔테이션		
2	교수-학습원리 이해 (1)	강의식, 사례연구	
3	교수-학습원리 이해 (2)	강의식, 사례연구	
4	수업방법별 특징의 이해 (1)	강의식, 협동식	
5	수업방법별 특징의 이해 (2)	강의식, 협동식	
6	수업방법 적용의 실제	토의식, 시뮬레이션	
7	학습지도안 작성의 실제	프로젝트식	실습평가
8	수업방법 진행기술	토의식, 시뮬레이션	
9	보충학습 및 심화학습 지도법	강의식, 토의식	
10	평가방법의 이해	강의식, 토의식	
11	평가문항 개발의 실제	프로젝트식	실습평가
12	모의수업 (1)	발표식, 협동식	팀별 발표
13	모의수업 (2)	발표식, 협동식	팀별 발표
14	교육방법 개선전략	강의식, 토의식	
15	기말고사		

〈그림 8-3〉 수업계획서의 예시

2) 학습지도안의 작성

학습지도안은 단위 수업을 위한 지도계획을 작성한 문서로서, 수업의 질과 학생들의 학업 성취도에 큰 영향을 미친다. 단위 수업에 대한 교수설계의 결과물인 학습지도안의 작성을 통해서 교사는 전체적인 교육목적과 교육목표를 조망하고, 교과과정과 단위 수업간의 연계성을 확보·유지할 수 있게 된다. 즉, 학습지도안은 수업의 지침서 역할을 하는 것이다.

학습지도안에 들어가야 할 핵심 항목은 수업 관련 정보, 학습주제 및 학습목표, 교수-학습활동 계획, 평가계획 등이다.

학습지도안의 작성은 앞에서 본 수업계획서의 작성 과정과 동일하다. 차이점은 수업계획서보다 학습지도안이 단위 수업에 관한 것인 만큼 매우 상세하고 구체적이라는 점이다.

(1) 교육목표 확인

단위 수업시간을 통해 달성해야 할 교육목표를 확인한다. 단위 수업시간의 교육목표를 확인하기 위해서는 다음의 사항을 고려해야 한다.

① 수업계획서의 교육목적 및 교육목표를 확인한다.

② 앞뒤 수업시간과 본시 수업 간에 계열성을 확인한다.

③ 학습자의 필요와 사회적 요구를 확인한다.

(2) 학습내용 분석

해당 수업시간에 가르쳐야 할 학습내용을 분석한다. 학습내용은 앞 단계의 교육목표를 달성할 수 있도록 선별되어 재구성되는 것이 바람직하다. 즉, 학습내용을 분석하여 내용의 난이도를 고려하고 그에 따라 선정된 학습내용을 계열성에 따라 재배열하도록 한다.

(3) 학습자 특성 분석

수업계획서 작성에서 분석한 학습자 특성에 비추어 본시 수업의 대상인 학생들의 특성을 다시 한 번 검토, 분석한다. 이때의 학습자 분석은 단위 수업을 기준으로 매우 구체적인 형태로 이루어지도록 하는 것이 바람직하다.

(4) 학습목표 설정

단위 수업시간의 교수-학습활동을 통하여 학습자가 도달해야 할 구체적인 도착점 행동을 설정한다. 대체로 하나의 단위 수업을 통해서 3개 내지 5개 정도의 학습목표를 달성하도록 하는 것이 좋다.

(5) 평가계획 수립

단위 수업의 원활한 진행과 학습 정착을 위하여 적절한 진단평가와 형성평가의 계획을 세우도록 한다. 필요하다면 수업이 종결되는 시점에 학습내용을 총괄적으로 정리하는 총괄평가의 계획도 세울 수 있다. 그렇지만 총괄평가보다는 매 수업시간마다 이루어지는 학생들의 학업성취 정도를 파악하고 적절한 피드백을 통하여 학생들의 학습동기를 유발하고 지속시키기 위해서는 형성평가를 강조하는 것이 바람직하다.

평가계획을 수립할 때는 ① 평가내용을 확인하고 ② 평가방법을 선택하고 ③ 평가기준을 설정한다.

(6) 수업방법 선택

학습지도안상의 수업방법 선택은 수업계획서에서의 수업방법 계획에 근거하여 해당 단위 수업에 가장 적절한 수업방법을 선택하는 것을 말한다. 수업방법을 선택할 때는 학습목표, 학습내용, 학습자 특성 등을 종합적으로 고려하여 선택하도록 한다.

(7) 교수매체 선정

해당 단위 수업에 가장 적합한 교수매체를 선정한다. 여기에서는 수업방법과 학습내용이 고려되어야 한다.

학습주제	다양한 수업방법의 특징 이해	담당교수(교사)	
학습목표	1. 다양한 수업방법(강의식 수업, 토의식 수업, 문제해결학습, 협동학습, 실험실습, 팀티칭 등)의 개념을 설명할 수 있다. 2. 다양한 수업방법별 장단점을 설명할 수 있다. 3. 다양한 수업방법별 수업단계와 교사의 역할을 설명할 수 있다.		
학습시간	150분	학습장소	
학습대상		수업방법	협동식, 강의식
수업자료	프레젠테이션 자료, 빔 프로젝터, OHP, 팀별 TP용지, 네임펜		

<table>
<tr><th colspan="2">수업단계</th><th rowspan="2">수 업 활 동</th><th rowspan="2">시간</th><th rowspan="2">자료 및
유의점</th></tr>
<tr><th>과정</th><th>단계</th></tr>
<tr><td>도입</td><td>수업
시작</td><td>*출석 확인
*전시 학습내용 확인(진단평가)
• 교사에게 필요한 교수능력에는 어떤 것이 있는가?
• 효과적인 학습을 위한 교수-학습원리에는 어떤 것이 있는가?
*학습동기 유발
• 그동안 여러분들이 받아본 수업방법 중 가장 마음에 들었던 수업방법은 무엇인가?
*학습목표 확인
• 각 수업방법별 특징(개념, 장단점, 수업단계 및 교사의 역할)을 조사·발표하도록 한다.
*수업방법에 대한 안내
• 협동학습이 어떤 방식으로 진행되는지를 간략히 소개한다.</td><td>20</td><td>허용적 분위기 조성을 통하여 되도록 학생들이 답을 할 수 있도록 유도한다.</td></tr>
<tr><td rowspan="3">전개</td><td>협동
학습
안내</td><td>*과제 안내 및 팀 편성
• 강의식 수업, 토의식 수업, 실험실습, 문제해결학습, 협동학습의 개념, 장단점, 수업단계와 주요 활동, 교사의 역할 등에 관한 내용을 정리하도록 한다.
• 출석번호 순으로 6명씩 한팀이 되어, 제시된 수업방법을 차례대로 하나씩 맡도록 한다.
*평가기준 및 발표요령 안내
• 평가기준을 제시하고, 평가기준에 의거하여 협동학습을 수행한 후 발표준비를 하도록 한다.</td><td>10</td><td>과제 안내 및 팀 편성을 전시간에 하여, 팀별로 자료를 수집하도록 할 수도 있다.
•프레젠테이션 자료(평가기준 제시)</td></tr>
<tr><td>팀별
협동
학습</td><td>*역할 분담
• 팀별로 발표자 1명, 자료정리자 1명, 자료조사자 4명 (① 수업방법의 개념 ② 장단점 ③ 수업단계와 주요활동 ④ 교사 역할)을 선정한다.
*자료 수집
• 팀별로 수업방법에 관한 자료를 수집한다(인터넷, 참고서적 이용).
*자료 분석 및 정리
• 수집한 자료를 분석, 종합, 정리한다.
*발표자료 준비
• 발표자료를 TP에 작성한다.</td><td>50</td><td>• TP용지,
네임펜</td></tr>
<tr><td>팀별
결과
발표
및
평가</td><td>*팀별 학습결과 빌표 및 평가
• 각 팀별로 조사 정리한 수업방법별 특징에 관한 내용을 약 5분간 발표한다.
• 학생들은 팀별 발표시 의문사항을 질문하고, 발표자와 해당 팀에서 대답한다(팀별 질의응답시간은 3분 내외로 한다.).
• 교수(교사)는 팀별 발표 시 평가기준에 따라 평가를 하고, 추가설명이 필요한 사항을 체크한다.</td><td>40</td><td>•OHP, TP
교수(교사)용
팀별
평가자료</td></tr>
</table>

정리	요약 정리 및 차시 예고	*수업내용 요약정리 • 별도로 준비한, 수업방법에 관한 내용을 정리한 인쇄물을 학생들에게 나눠준다. • 발표결과에 대한 코멘트와 함께 본시 수업시간에 배운 내용의 핵심을 요약 정리해 준다. • 학생 발표에서 빠졌거나 잘못된 부분이 있으면 보충, 교정해 준다. *차시 예고 • 다음 시간에는 이번 시간에 배운 각 수업방법을 실제 교육현장에 적용했을 때 발생할 수 있는 문제점과 그에 대한 대처방안에 대해서 공부하도록 한다. • 교재에서 관련된 부분을 미리 읽고, 각자 수업시간에 발생할 수 있는 문제점과 그 대처 방안을 한 가지 이상 생각해 오도록 한다.	30	•수업방법별 개념, 장단점, 수업단계, 교사활동에 관한 정리 인쇄자료

〈그림 8-4〉 학습지도안의 예시

3. 교수-학습과정

1) 일반적인 수업의 과정

교수-학습방법 즉, 수업은 사전에 얼마나 체계적으로 또 계획적으로 설계하고 준비하였느냐에 따라 그 질이 좌우된다. 수업의 과정에서 가장 중요한 것은 교사의 교수활동과 학생의 학습활동이다.

수업의 과정은 어떤 수업방법을 사용하는가에 따라 달라진다. 하지만 일반적인 수업의 과정은 학습의 진행 과정에 따라 도입 단계, 전개 단계, 정리 단계로 나눌 수 있다. 그리고 각 세부 수업단계에서는 수업내용의 특성에 따라 여러 가지 교수전략을 사용할 수 있다.

일반적인 수업의 과정을 단계별로 정리하면 다음의 〈표 8-2〉와 같다.

〈표 8-2〉 수업 과정의 단계별 특징

수업 단계	학습 조건	교수전략
도입	주의집중	학습과제 및 자극에 주의를 기울이게 한다.
	기대	학습목표나 학습에 대한 기대감을 갖게 한다.
	관련지식의 재생	기억하고 있는 관련지식을 회상하게 한다.
전개	선택적 지각	학습을 위한 각종 자극을 단기 기억에 저장하도록 한다.
	의미론적 부호화	새로운 자극과 정보를 이미 기억하고 있는 것과 관련시켜서 암기하도록 하여 장기 기억으로 전환시킨다.
	재생과 반응	정보를 재현시켜 반응하도록 한다.
	강화	학습자가 가졌던 기대(학습목표)의 성취를 확인시킨다.
정리	재생을 위한 암시	이후의 학습에서 적절한 재생을 하기 위하여 부가적 암시를 제공한다.
	일반화	새로운 상황에서의 적용을 촉진하고 학습 전이력을 높인다.

2) 교수-학습과정의 단계

(1) 도입 단계

수업의 도입 단계는 전체 수업의 5~10% 정도의 시간을 할애하는 것이 바람직하다. 수업의 도입 단계에서는 다음의 절차와 전략을 사용한다.

① 인사를 나누고, 수업환경 및 출석을 확인한다.

② 학생들의 주의를 집중하게 한다.
③ 학습목표를 구체적으로 제시한다.
④ 학습동기를 유발시킨다.
⑤ 본시 수업 전체에 대한 안내를 한다.
⑥ 본시 수업내용을 전시 수업내용 즉, 선행학습 내용과 관련시킨다.

(2) 전개 단계

수업의 전개 단계는 학생들이 학습목표를 성취할 수 있도록 수업내용을 제시하고 학습을 촉진하는, 수업의 본론 부분이다. 전개 단계에서 이루어지는 주요 활동과 전략은 다음과 같다.

① 학습내용을 세분하여 자세하게 제시한다.
② 학습내용과 관련된 적절한 예시를 한다.
③ 수업방법을 다양하게 적용한다.
④ 학생들의 반응을 관찰하여 반영한다.
⑤ 학생들로 하여금 학습한 것을 연습하도록 한다.
⑥ 학생들에게 적절한 피드백을 제공한다.
⑦ 최신 정보나 지식, 기술을 소개한다.

(3) 정리 단계

정리 단계에서 이루어져야 할 주요 활동은 다음과 같다.

① 수업내용을 전체적으로 요약한다.
② 학생들에게 질의를 받고 이에 응답을 한다.
③ 학습한 내용을 일반화한다.
④ 다음 시간의 수업내용을 안내한다.

⑤ 수업시간을 엄수한다.

4. 효과적인 수업 기술

일반적으로 핵심적인 수업 기술로서는 다음과 같은 것들이 있다.

① 신뢰감을 형성하는 기술

② 학습의욕을 높이는 기술

③ 수업에 대한 반응을 높이는 기술

④ 설득력 있게 설명하는 기술

⑤ 효과적으로 판서하는 기술

⑥ 학습자료를 제시하는 기술

⑦ 시범을 보이는 기술

⑧ 적절하게 질문하는 기술

⑨ 학습을 강화하는 기술

⑩ 지각·결석을 줄이는 기술

⑪ 수업시 문제행동을 다루는 기술

이 가운데 중요도가 높고 수업에서 효과적인 기술들을 정리해보면 다음과 같다.

1) 신뢰감 형성 기술

① 수강 학생들과 자기소개의 기회를 갖도록 한다.

② 학생들과 어울리려고 노력한다.

③ 수업에 열의를 보인다.

④ 공정한 교사임을 보인다.

⑤ 학생들을 다정다감하게 대한다.

⑥ 학생들을 인격체로 대한다.

⑦ 학생의 이름을 자주 호명한다.

⑧ 결과에 상관없이 학생들의 노력을 인정해 준다.

⑨ 학생들의 학습을 돕는 자세를 보인다.

⑩ 학생 면담을 실시한다.

⑪ 학생들이 수업에 적극적으로 참여하도록 유도한다.

⑫ 사소한 사항도 건의할 수 있는 창구를 마련한다.

2) 학습의욕 제고 기술

① 학습자가 학습에 흥미를 갖고 주의를 기울일 수 있도록 한다.

- 교수매체의 제시기법을 다양하게 한다.
- 구체적인 예를 활용한다.
- 특이한 상황이나 문제사태를 제시한다.
- 익숙한 경험과 생소한 경험들을 동시에 제공한다.
- 경험요소들을 비유적 방법으로 제시한다.

② 수업내용이나 수업방법을 학습자의 필요와 가치에 관련시킨다.

- 새로운 학습과제를 친숙하게 만든다.
- 학습자들의 흥미와 관심사에 기초한 실제 경험자료를 활용한다.
- 학습내용의 미래지향적 가치를 알려준다.

③ 성공에 대한 자신감과 긍정적 기대를 갖게 한다.

- 학습목표를 분명하게 알려준다.
- 학습과제의 난이도를 고려하여 적절하게 계열화한다.

• 학습자마다 적절한 학습조절 전략을 적용시킨다.

④ 학습자가 노력한 결과에 대한 피드백을 제공하고 성공감을 맛보게 한다.

• 학습자의 다양한 수행결과에 대한 피드백을 즉시, 상세하게 제공한다.

• 학습자의 노력 결과가 학습자 자신의 기대와 일치하고 그 결과에 대해 만족하도록 한다.

• 학습한 내용을 실제 상황에 일반화하여 적용해보도록 지도한다.

3) 수업반응 제고 기술

① 학습내용을 학생들의 학습수준에 맞춘다.

② 학생들이 이해하기 쉽게 설명한다.

③ 학생들에게 질문을 많이 한다.

④ 수업내용과 수업방법을 학생들의 흥미에 맞춘다.

⑤ 수업내용이 교과서에 틀린 것을 발견한 학생에게 인센티브를 준다.

⑥ 학생들에게 관심을 보인다.

⑦ 수업에 대한 소감문을 작성하게 한다.

4) 효과적인 설명 기술

① 교사의 전문성과 자신감을 보인다.

② 수업내용의 순서를 고려하여 설명한다.

③ 보충자료를 활용한다.

④ 설명 속도를 학생들의 학습속도에 맞추어 조절한다.

⑤ 목소리의 크기와 톤에 변화를 준다.

5) 효과적인 판서 기술

판서는 ▲사실, 원리, 개념 등을 설명할 때, ▲요점을 강조할 때, ▲발표할 사항, 해결해야 할 문제점 등을 설명과 함께 일목요연하게 정리할 때, ▲중요한 낱말, 규칙, 절차, 사항 등을 열거할 때 하는 것이 좋다. 효과적으로 판서를 하는 기술은 다음과 같다.

① 칠판에 자료를 효과적으로 배열하기 위해 미리 판서계획을 세운다.
② 색도 조절의 효과를 고려하여 분필을 사용한다.
③ 글자와 그림은 충분히 크게 한다.
④ 시선을 칠판이 아닌 학생들에게 주도록 한다.
⑤ 학생들의 시야를 가리지 않도록 한다.
⑥ 긴 설명문이나 복잡한 그림은 미리 준비를 해둔다.

6) 학습자료 제시 기술

파워포인트

① 전개가 체계적으로 이루어지도록 구성한다.
② 글씨 크기를 고려한다.
③ 너무 많은 내용을 담지 않도록 한다.
④ 발표 전에 자료를 확인, 검토하고 수정할 부분을 수정한다.
⑤ 기기 사용법을 충분히 숙지한다.
⑥ 충분한 시간을 두고 페이지를 넘긴다.
⑦ 레이저 포인터를 적절하게 사용한다.
⑧ 시선은 스크린만 향하지 않도록 한다.
⑨ 파워포인트를 사용하지 않는 경우에는 빔 프로젝터의 전원을 꺼둔다.

7) 시범 기술

시범 준비 단계

① 학습목표를 확인한다.

② 시범에 필요한 물품 및 수업 기자재를 준비한다.

③ 모의시범을 사전에 연습한다.

시범 단계

① 시범에 관한 설명을 한다.

② 학생들이 중요한 사항을 놓치지 않도록 단계별로 충분한 여유를 갖고 시범을 보인다.

③ 안전실습에 대한 강조와 함께 해당 분야에서 가장 일반적으로 사용되는 절차를 분명하게 시범해 보인다.

④ 시범 중에 적절한 질문을 한다.

⑤ 학생들의 시야를 고려한다.

⑥ 시범이 마무리되면 시범에 관한 간단한 요약과 질의응답 시간을 갖도록 한다.

⑦ 시범 후 학생들에게 직접 연습할 수 있는 기회를 준다.

CHAPTER
09

제9장 교수-학습방법

1. 강의식 수업방법
2. 토의식 수업방법
3. 문제해결학습
4. 협동학습

수업은 다양한 교수-학습방법으로써 진행된다. 수업의 목적과 내용에 알맞은 교수-학습방법을 선택하여야 수업이 효과적으로 이루어진다. 즉, 교수-학습방법은 수업의 효과의 측면에서 관건이 된다. 여기에서는 가장 일반적인 교수-학습방법인 강의식 수업방법과 최근의 구성주의적 교수-학습방법인 토의식 수업방법, 문제해결학습, 협동학습을 개괄적으로 살펴본다.

1. 강의식 수업방법

1) 강의식 수업의 특징

강의식 수업은 구두(口頭)로 정보, 아이디어, 사실, 개념 등을 전달하는 수업방법이다. 강의식 수업은 학습내용이 비교적 단순한 경우 전체적인 전망을 제시하거나 단원을 요약하는 경우 수업시간에 비해서 가르쳐야 할 내용의 분량이 많은 경우에 적절하게 활용될 수 있다. 그렇지만 학습목표의 달성을 위해서는 학습자의 능동적인 참여가 필수적으로 요구되는 경우나, 학습내용 및 정보가 매우 복잡하고 추상적이거나 반대로 매우 구체적이고 세부적일 경우에는 소기의 학습 성과를 기대하기 어렵다. 또한 학습사에세 개별적인 지도가 필요한 학습상황에서는 사용하기 곤란한 점이 있다.

강의식 수업의 장점으로는 다음과 같은 점들이 지적된다.

① 한 사람의 교사가 많은 학습자들을 동시에 가르칠 수 있다.

② 학습자들이 학습하게 될 지식의 범주를 교사가 완전히 통제할 수 있다.

③ 전문지식을 갖춘 교사의 교수활동에 의해 광범위한 분야의 지식들을 폭넓고 조직적으로 제공할 수 있다.

④ 내용 전달에서 적절한 융통성을 가질 수 있다.

⑤ 교사가 주도적으로 수업을 진행해 나갈 수 있다.

한편, 강의식 수업의 단점은 다음과 같다.

① 교사의 경험과 강의 속도에 맞추어 학습을 해야 한다. 즉, 학생들에게 학습 속도를 맞추지 않는다.

② 개별적인 지도와 조언 등을 제공받기 어렵다.

③ 학습자들이 능동적이고 창의적인 사고를 하지 못한다.

④ 지적 활동을 촉진시켜주는 자극이나 참여의 과정에 제한을 받는다.

⑤ 언어적인 의사소통 능력을 충분하게 길러주지 못한다.

⑥ 수업에 대한 학습자들의 이해수준을 판단하기 쉽지 않다.

2) 강의식 수업의 과정

(1) 강의식 수업의 준비

강의식 수업은 학생들의 활동이 수동적인 수업방법이기 때문에 특별히 학생들의 학습동기 유발과 학습의욕 고취에 신경을 써야 한다. 강의식 수업을 준비하는 교사는 다음과 같은 사항들을 유의해서 강의를 준비해야 한다.

① 학습자에 대한 정보를 수집한다.

② 교육목적 및 교육목표와 학습자 수준에 맞는 학습목표를 설정한다.

③ 수업시간을 고려하여 강의자료를 준비한다. 이때 너무 많은 내용을 다루려고 하지 않도록 유의한다.

④ 교수매체(비디오, 빔 프로젝터 등)를 준비한다.

한편, 강의식 수업의 성공여부는 강의 계획과 밀접한 관련이 있다. 교사가 강의 계획을 수립할 때 고려할 사항은 다음과 같다.

① 강의목표를 구체적으로 진술한다.
② 학생들의 수준을 고려하여야 한다.
③ 강의의 내용은 너무 많게 하지 않는다.
④ 중요한 내용은 반복하여 제시하도록 한다.

(2) 강의식 수업의 진행

도입 단계

① 학습자들이 수업에 몰입할 수 있도록 학습자들의 주의를 집중시킨다.
② 학생들의 호기심을 불러일으키거나 참신한 질문을 하는 것도 좋다.
③ 학습자들에게 동기를 유발시키기 위하여 학습내용과 관련된 일화를 활용한다.
④ 학습자들에게 무엇을 학습할 것인가와 무엇을 할 수 있어야 하는가를 명확히 알려준다.
⑤ 학생들이 학습목표를 분명하게 숙지할 수 있도록 한다.
⑥ 도입 부분에 전 시간에 수업한 내용을 간단하게 제시함으로써 본 수업의 내용에 자연스럽게 접근할 수 있도록 한다.

전개 단계

① 전개 단계에서는 단계적이고 논리적인 순서로 정보를 제공하도록 한다.
② 일반적인 것으로부터 출발해서 특수한 것의 순서로 수업을 전개한다.
③ 학습자들의 시선을 골고루 주시한다.
④ 학습자들의 수준에 맞는 적절한 언어를 사용한다. 학습자들이 이해하기 어려운 용어는 부연 설명하도록 한다.
⑤ 새로운 정보를 학습자의 사전 지식과 관련시킨다.

⑥ 중요한 부분들을 강조하고, 개념을 분명히 전달하기 위해 예시를 사용한다.

⑦ 학생들의 학습을 고무시키는 질문을 함으로써 학습내용에 대한 이해 정도를 확인한다.

정리 단계

① 정리 단계는 학습내용을 정리하고, 학생들의 학습행동을 강화하며, 학습결과를 일반화하는 데 목적이 있다.

② 학생들의 학습을 강화시키기 위해서는 주요 부분을 검토하고, 강의의 요점을 정리한다.

③ 학습한 내용에 대하여 학생들의 질문을 받는다.

④ 새로 학습한 것을 이전에 학습한 것과 연결시킬 수 있도록 다양한 사례와 예를 예시한다.

⑤ 학생들의 학업성취 수준을 파악하기 위해서 학습결과를 평가할 수도 있다.

3) 강의식 수업과 질문법

강의식 수업에서는 교사와 학습자 간에 질문과 대답으로 이루어지는 교수-학습방법인 질문법을 사용할 수도 있다. 이 방법은 교사가 학습자에게 어떤 문제를 질문의 형태로 제시하고 이를 학습자가 스스로의 힘으로 해결할 수 있게 하여 학생들의 구체적인 사실, 판단, 사고를 증진시킴으로써 학습자 자신의 힘으로 문제를 해결할 수 있도록 하는 교수방법이다.

질문법은 학생들에게 문제해결을 위한 탐구심을 자극하고, 학습자의 경험을 학습지도에 이용할 수 있으며, 학습자의 흥미를 유발시켜서 학습동기를 불러일으킬 수 있다는 장점이 있다.

반면에, 단점으로는 우수한 학생 위주의 수업이 되기 쉽고, 따라서 다른 학생들의 흥미를 저하시키기가 쉽다는 것이다.

질문법에서 질의응답의 효율성을 높이기 위해서는 다음과 같은 사항을 염두에 두어야 한다.

① 교사는 질문에 대한 사전에 준비를 철저히 한다.
② 학습내용과 관계있는 범위 내에서만 질문을 하도록 한다.
③ 단편적인 내용의 질문보다는 사고력을 요하는 질문을 할 수 있도록 한다.
④ 질문과 대답의 기회를 학급의 학생 모두에게 골고루 주어야 한다.
⑤ 질문의 내용은 간단하고 명료하게 한다.
⑥ 질문과 대답에 있어서 교사는 학생들에 대해 융통성 있는 자세를 취한다.

2. 토의식 수업방법

1) 토의식 수업의 특징

토의식 수업은 어떤 주제에 대하여 교사와 학습자 상호간에 또는 학습자들 상호간에 언어를 매개체로 하여 의견을 상호 교환하는 수업방법이다. 즉, 토의식 수업방법은 특정한 주제에 대해 교사와 학생, 학생과 교사 사이에 주어진 절차에 따라 서로의 의견을 교환하면서 교수-학습방법을 진행하는 것이다.

토의식 수업은 교육방법면에서는 수업에 참여하는 학습자들이 어떤 결론이나 결정을 내려야 하는 경우에 많이 사용되며, 교육목적면에서는 문제해결과 의사결정 능력을 함양하기 위한 목적을 갖는 수업에서 주로 사용된다. 토의식 교수-학습방법에서는 주로 어려운 과제를 함께 해결하고자 여러 사람이 일정한 주제를 대상으로 각자의 의견을 발표하고 그 의견에 대해 서로의 의견을 토론하면서 수업을 진행한다.

토의식 수업의 장점은 다음과 같다.

① 학생들의 문제해결능력을 향상시켜 준다.

② 전체 학습자가 적극적으로 수업에 참여할 수 있다.

③ 비판적 사고력을 배양할 수 있다.

④ 전체 학습자가 제기된 아이디어를 평가할 수 있다.

⑤ 논리적으로 사고하고, 표현하며, 의사소통하는 능력을 신장시킬 수 있다.

⑥ 다른 사람의 의견을 존중하는 민주시민의 태도를 길러준다.

반면, 토의식 수업의 단점으로는 다음과 같은 점이 지적된다.

① 수업진행 속도가 느리며, 토의의 주제를 잃기 쉽다.

② 몇몇 우수한 학습자가 토의의 주도권을 차지할 수 있다.

③ 토론의 조정과 신속한 의사진행을 위하여 적절한 안내를 할 필요가 있다.

④ 시간만 소비하고 한쪽으로 치우친 논의를 할 수도 있다.

⑤ 토의를 잘 진행시키기 위해서는 철저한 계획이 필요하다.

2) 토의식 수업의 유형

토의식 수업방법에는 여러 가지 유형이 있다. 이를 간략히 살펴보면 다음과 같다.

(1) 심포지엄(symposium)

심포지엄은 강단식 토의라고도 한다. 이 토의법은 어떤 의제에 대해 전문적 지식을 가지고 있는 2~3명의 강연자가 발표를 하고 발표한 의견을 사회자가 청중들에게 토론할 수 있도록 유도를 한다. 이때 발표자와 사회자는 모두 전문가들로 구성되며 토론을 하는 청중들도 보통 그 의제에 대해 전문적인 식견을 가지고 있는 경우가 대부분이다.

(2) 세미나(semina)

세미나는 토의 주제에 대한 전문가들로 구성된 소집단 토의를 말한다. 이 토의법은 주제발표자, 토론자 그리고 사회자가 선정되어 이들을 중심으로 토의가 진행된다. 그리고 이러한 토의가 전체적으로 끝난 다음 세미나에 참석한 사람들에게도 질문의 기회를 주기도 한다.

(3) 배심토의(panel discussion)

배심토의는 어떤 주제에 대해 서로 상반된 견해를 가진 발표자들이 사회자의 진행에 따라 일반 청중 앞에서 의견을 발표하고, 배심원들로 하여금 판단하도록 하는 토의이다. 이 토의법은 참가 대상이 많을 때 주로 활용될 수 있다. 토의의 배심원은 반드시 전문가일 필요는 없으나 되도록이면 전문적 지식을 가진 사람들로 구성하는 것이 좋다.

(4) 원탁토의(round-table discussion)

원탁토의는 참가인원이 10명 내외로서, 원탁에 둘러앉아 토의하는 방식이다. 이때 사회자는 소집단이므로 참여자들이 자유롭게 의사를 발표할 수 있도록 해야 하고 또한 발언기회가 골고루 배분되게 하여야 한다. 때문에 사회자는 경험이 풍부한 전문가가 되어야 한다.

(5) 버즈학습 토의(buzz learning)

버즈학습 토의는 대개 6명 내외의 인원을 한 주제 당 6분 정도를 할당하여 쟁점적으로 토의하는 소집단으로 구성된다. 학교에서는 버즈학습(buzz learning)이라고 하여 많이 사용된다. 버즈(buzz)는 토의가 마치 벌이 윙윙거리는 것처럼 산발적으로 이루어진다는 의미에서 붙여진 것이다. 이와 같이 버즈학습은 소집단별로 분과토의를 마친 후 일정한 장소에 모여 마지막으로 종합적으로 토의하는 것이다.

3) 토의식 수업의 과정

(1) 토의식 수업의 준비

토의식 수업은 교사의 사전 계획과 준비가 특히 중요하다. 교사가 아무 준비 없이 토의식 수업을 진행하는 경우에는 학생들 사이의 토의가 방향을 잃고 산만하게 될 가능성이 높기 때문이다. 그러므로 토의식 수업방법을 활용할 때는 다음과 같은 점을 숙지해야 한다.

① 학습목표를 달성하기 위한 토의 주제를 학습자 수준에 맞추어 선정한다.
② 학급의 집단형태와 교실의 공간 배치를 토의 학습에 맞추어 변형한다.
③ 교사가 토의를 주도적으로 진행할 것인지 아니면 토의의 중재자(사회자) 역할을 할 것인지 결정한다.
④ 필요한 경우 학생들로 하여금 토의에서 다루는 주제의 전부나 일부에 관해서 예습을 해오도록 한다.
⑤ 학생들이 편안함을 느낄 수 있도록 한다.

(2) 토의식 수업의 진행

도입 단계

① 토의가 본격적으로 시작되기 전에 학습자들이 토의의 목적과 목표를 이해하도록 지도한다.

② 학생들 자신이 토의에 참가하고 있으며, 토의 주제는 학습자 자신들의 필요와 흥미에 관련된 문제라는 것을 인식시킨다.

③ 토의의 원활한 진행을 위해 토의가 시작되기 전에 학습자들에게 토의 기법과 토의시 지켜야 할 규칙을 알려주도록 한다.

전개 단계

① 교사는 토의를 진행하는 동안 모든 학생들이 똑같이 참여의 기회를 가질 수 있고, 두려움 없이 의견을 발표할 수 있도록 자유롭고 친밀한 토론 분위기를 조성해야 한다.

② 교사는 가능한 한 안내자의 역할을 하도록 한다.

③ 발표 내용이나 토론 의견에 간섭해서는 안 되며, 강조 또는 보조 설명을 하는 일도 삼간다.

④ 학습자의 행동, 태도를 모니터하고 이해도를 파악한다.

⑤ 학생들의 활동에 관심을 보여 학생들의 적극적인 참여를 이끌어낸다.

정리 단계

① 토의가 종결되면 교사는 학생들이 토의의 결론을 내릴 수 있도록 도와준다.

② 교사는 학생들이 토론한 과정들을 요약, 정리해 주고 주요 사항들을 언급한다.

③ 토의 결과로 얻은 해결책들을 모아 학생들 다수의 의견으로 집약되도록 한다.

④ 토의에 대한 학급의 성취도를 평가하고, 다음 토의에서 개선해야 할 점들을 지적해 준다.

3. 문제해결학습

1) 문제해결학습의 특징

문제해결학습이란 학습자에게 문제를 던져주고 그것을 해결해 나가는 과정을 통해 학습이 이루어지게 하는 수업방법이다. 이 수업은 학습자의 사고과정을 중시하고, 지식이나 기능의 습득에만 그치지 않고 학습자들로 하여금 문제를 발견하는 능력, 문제를 분석하고 자료를 수입하는 능력, 자료를 비판하고 조직하는 능력 등을 종합적으로 배양하는 수업방법이다.

문제해결학습은 학습자에게 어떤 문제를 제시하고 이를 학습자 자신이 해결할 수 있도록 능력을 길러주는 교수-학습법이다. 문제해결학습에서는 문제해결에 있어서 구체적인 방법을 제시하는 것이 아니고 개인이 가지고 있는 능력을 총동원하여 문제를 해결해 나간다. 이러한 능력들에는 문제를 발견하는 능력, 자료를 수집하고 분석하는 능력, 자료를 비판하고 조직하는 능력, 대안을 작성하는 능력 등이 포함된다.

문제해결학습은 미국의 교육학자 듀이(John Dewey)가 주장한 학습방법이다. 듀이는 개인의 성장은 일상생활에서 자신의 경험을 바탕으로 하여 해결해 가면서 성장하는 것으로 보았다. 듀이는 문제의 해결방법에 있어서 단순한 사고에 의한 해결방법보다는 특히 반성적 사고(reflective thinking)에 의한 해결방법을 강조하였다. 반성적 사고는 자발적이고 창조적인 활동 속에서 스스로 비판적인 사고를 하는 것을 말한다.

또한, 문제해결학습은 학습에 대한 의욕이 부족한 학생들에게 성취욕을 느끼게 하여 수업에 대한 열의와 관심을 갖게 할 수 있다. 문제해결학습에서는 주로 학생들이 실생활에서 접할 수 있는 문제를 제시하는 경우가 많다. 따라서 다른 수업에 비해 학생들의 흥미 유발이 쉽기 때문에 학생들의 자발적인 참여도를 높일 수 있다. 그리고 문제해결을 위한 과정은 학생들의 실제적인 경험으로 이루어지기 때문에 오랫동안 학생들의 기억에 남으며, 이러한 연습을 통해 다른 문제 상황에 대해서도 문제해결에 도전하는 태도를 기를 수 있다.

그러나 수업상황에서 문제해결학습을 활용하는 데 있어서 모든 학생들의 수준에 맞는 문제를 찾기가 어렵다. 게다가 문제해결 과정상의 시간적인 제약뿐만 아니라 학생들에 대한 통제도 어렵다. 이러한 특징 때문에 문제해결학습은 다른 수업방법에 비해 철저한 사전준비가 요구된다.

문제해결학습의 대표적인 장점은 학습자가 스스로의 힘으로 문제해결을 할 수 있도록 함으로써 학생들에게 민주적인 생활태도를 갖게 할 수 있게 하고 학습자의 실제 경험을 중요하게 여기도록 하는 점이다. 그 밖에 다음과 같은 장점이 있다.

① 학습자의 자율성을 기를 수 있다.
② 실생활과 연계가 긴밀하다.
③ 학습자의 흥미에 부합된다.
④ 문제해결을 위해 적용되었던 사실이나 지식은 실제적인 경험을 하였기 때문에 오랫동안 파지, 기억된다.
⑤ 장차 직면하게 될 문제에 관하여 적극적으로 해결하는 태도를 기를 수 있다.
⑥ 문제를 자립적으로 해결하려는 기본 태도를 길러준다.

한편, 문제해결학습의 대표적인 단점은 체계적이고 일관적인 기초학력의 형성이 어렵고 노력에 비해 효과가 직접적으로 나타나지 않는 것이다. 이 밖에 다음과 같은 단점이 있다.

① 학습자의 수준에 맞는 문제를 찾기가 쉽지 않다.

② 학습시간이 많이 필요하다.

③ 학습자들의 자유로운 활동이 보장되어야 하므로 교사가 학습자들의 활동을 관리하기가 어렵다.

④ 문제해결과정에서 필요한 학습자료를 풍부하게 갖추기가 어렵다.

2) 문제해결학습의 단계

① 문제의 선택과 범위설정

문제는 학습자가 해결해야 할 가치 있는 것으로 학생들에게 흥미가 있고 수준에 맞아야 한다. 문제는 되도록이면 간단하고 명료하게 진술하여야 하고 다양한 범위 중에서 문제가 다루어야 할 구체적인 범위를 설정해야 한다.

② 문제해결 계획수립

범위를 선정하여 선택한 문제에 대해 어떤 방법으로 해결해야 할지에 대한 계획을 세운다. 계획에는 학습내용, 시간계획, 결론유도 등의 영역에서 수립을 한다. 물론 이러한 문제해결 방법은 해결해야 할 문제의 성격에 따라서 다양하게 세워져야 한다.

구체적인 방법에는 출판자료를 이용하는 문헌연구와 실증적인 방법을 이용하는 조사연구 등이 있다.

③ 자료의 수집·분석

자료의 수집은 문제해결의 방법에 따라 관련된 자료를 모아서 분석하는 것이다. 문헌적인 자료는 해당 문헌의 내용을 정리하여 분석하며, 조사자료의 수집은 조사자료를 수거하여 여러 가지 분석 도구에 의해 분석을 한다.

④ 종합 및 결론 도출

분석된 자료를 정리하여 종합하고 이를 바탕으로 문제해결에 필요한 방안을 도출한다.

3) 문제해결학습의 과정

(1) 문제해결학습의 준비

문제해결학습은 수업의 준비가 철저하게 이루어진다면 매우 효과적인 학습자 중심의 수업을 될 수 있다. 문제해결학습은 학습자의 수준을 고려한 문제를 준비하는 것이 매우 중요하다. 이를 위해 교사는 학생의 문제해결 능력이 어느 정도의 수준인지, 그리고 학생들이 문제해결학습에 대한 경험이 있는지를 파악해야 한다. 또한, 학생들에게 제시되는 문제는 학생들의 경험 및 실생활을 고려하여 학생들에게 친숙한 용어로 진술되는 것이 바람직하다. 문제해결학습을 준비할 때 유의해야 할 사항은 다음과 같다.

① 학습자 수준에 알맞은 문제를 준비한다.
② 학습자의 학습동기나 흥미를 유발할 수 있도록 문제를 재구성한다. 이것은 학생들에게 수업시간에 주어진 문제가 남의 일이 아니라 바로 나의 문제라는 생각을 가질 수 있도록 하기 위한 것이다.
③ 문제해결에 필요한 자료를 준비한다. 여기에는 문제해결을 안내하는 지침서, 문제해결에 필요한 최소한의 안내자료 등이 있다.

(2) 문제해결학습의 진행

문제해결학습은 다음과 같은 문제해결 절차에 의거하여 이루어지도록 하는 것이 바람직하다.

① **문제의 정의**: 문제를 파악하여 정의한다.

문제해결학습 진행에 있어서 첫 단계는 무엇이 문제인가를 파악하여 명료하게 정의하는 것이다. 문제를 정확하게 파악하여 정의하지 않으면 해결의 방향이 엉뚱하게 흐를 수 있기 때문에 문제의 명료한 정의가 기초되어야 한다.

② **문제의 분석**: 문제와 관련된 요인들을 분석한다.

문제를 명확하게 규정하고 정의한 다음에는 문제에 수반되거나 관계되는 요인들을 파악해야 한다. 다시 말하면, 문제해결의 전제조건, 해결방안을 찾기 위해 알아야 할 정보나 해결해야 할 조건 등을 찾아야 한다. 이러한 요인들이 분명하게 파악되어야 정보의 수집이나 문제해결이 용이하다. 이때 교사는 사전에 문제해결에 필요한 정보를 이끌어 낼 수 있는 질문들을 준비해야 한다.

③ **정보 수집**: 문제를 해결할 수 있는 해결책(정보)을 수집한다.

문제를 해결할 수 있는 해결책을 수집하기 위해서 교사는 학생들이 알고 있지만 문제해결에 관련된다고 생각하지 못하는 정보까지도 이끌어낼 수 있도록 심화된 질문과 토론을 활용해야 한다. 또한 이미 알고 있는 정보 외에 더 알아야 할 정보가 있으면, 그와 관련된 질문목록을 작성한다.

질문목록이 완성되면, 그 질문들에 답을 얻을 수 있는 정보 수집원과 수집방법들을 결정한다. 이런 과정을 거쳐 수집한 방대한 양의 정보를 조직적으로 정리한다. 정보를 수집·정리해 두면 학생들이 그 문제에 관한 해결 가능 방안을 쉽게 찾을 수 있다.

④ 정보의 선별: 수집한 해결책의 우선순위를 정하고 선택한다.

학생들이 정보를 수집·정리하고 나면 교사는 학생들에게 문제해결을 위하여 정보를 사용하는 방법을 지도한다. 이를 통해서 도출된 해결책에 대하여 그 우선순위를 부여하고, 적용 가능성을 고려해서 최적의 해결책을 선택한다.

⑤ 해결책의 실행: 선택한 해결 방안을 실행한다.

최선의 해결방안이 선택되면, 그것을 실제 상황에서 직접 실행해 보도록 한다. 만일 직접적인 실행이 여의치 않을 경우라면 해당 분야의 전문가와 상담을 하거나 집단토론을 통하여 간접적으로 실행해 볼 수도 있다.

⑥ 실행결과의 평가: 실행한 결과를 평가한다.

교사는 문제해결학습의 효과를 가장 효율적으로 평가할 수 있도록 사전에 평가계획을 세워야 한다. 그리고 교사가 세운 평가계획을 학생들에게 알려줌으로써 어떤 기준으로 평가가 이루어지는지 학생들이 알 수 있도록 해 주어야 한다. 또한, 평가계획에 따라 실행결과를 평가하고, 피드백을 통해서 해결책을 수정·보완한다.

4. 협동학습

1) 협동학습의 특징

협동학습은 학습집단을 소집단으로 구성하고, 소집단의 학습목표 및 학습과제를 구성원 간의 상호작용을 통해 모든 구성원들이 달성하도록 하는 수업방법이다. 협동학습은 팀워크 기술을 형성하게 하고, 학생들이 학습에 적극적으로 참여할 기회를 제공한다. 또한, 학생의 전반적인 성취와 비판적 사고기술, 의사소통 능력, 협동정신 함양에 긍정적인 효과가 있다.

일반적으로 협동학습에서는 학생들 간의 정보교환을 통해 조원 전체가 학습해 나감으로써 협동심을 기를 수 있으며, 이를 통해 학생들의 성취욕구와 토론능력을 증가시킬 수 있다. 또한 학습능력이 우수한 학생이 부족한 학생을 돕는 방식 즉, 피어 티칭(peer teaching)으로 이루어지기 때문에 교사중심적인 수업보다 효율성이 높다. 또한 협동학습은 각자가 맡은 주제에 대해 학습한 내용을 팀 구성원들과 공유하도록 하기 때문에, 구성원 각자가 전체 수업내용을 분배하여 담당한다는 이점이 있다.

그러나 협동학습은 조별 학생들 간의 의사소통에 의해 이루어지기 때문에, 교사의 관리가 없을 경우 수업이 산만해지거나 일부 학생에 의해서만 학습이 이루어질 수 있다. 또한, 학습에 소극적으로 참여하는 학생이 좋은 성적을 거두는 문제가 생길 수 있고, 학습능력이 우수한 학생의 경우 자신의 학습노력이 다른 사람과 공동으로 분배되기 때문에 수업에 불만을 가질 수 있다.

협동학습의 장점은 다음과 같다.

① 학업성취가 우수한 학습자가 부족한 학습자를 돕는다.
② 학습자들 간에 정보를 주고받을 수 있다.
③ 조원 전체가 협력하여 학습하므로 협동심과 희생정신을 기를 수 있다.
④ 학습자들의 자부심을 기를 수 있다.
⑤ 학습자들의 성취욕구가 증가될 수 있다.
⑥ 토론과 논쟁을 통하여 수준 높은 사고력이 발달될 수 있다.

한편, 협동학습의 단점은 다음과 같다.

① 교사의 감독이 없을 경우 수업이 산만해질 수 있다.
② 일부 우수한 학습자에 의해서만 학습이 이루어질 수 있다.

③ 많은 시간과 노력이 요구된다.

④ 학습자들끼리 잘못 이해한 것을 정답으로 오해할 우려가 있다.

⑤ 일부의 학생들은 적극적으로 학습에 참여하지 않아도 좋은 성과를 얻을 수도 있다(무임승차 효과).

⑥ 학습능력이 우수한 학습자는 자신의 노력이 다른 학습자와 공동으로 분배되기 때문에 학습에 회의를 느낄 수 있다(봉 효과).

2) 협동학습의 과정

협동학습에서 가장 많이 사용되는 방법은 직소 모형이다. 여기서는 직소II 모형을 가지고 협동학습의 과정을 알아본다.

(1) 협동학습의 준비

협동학습의 준비 과정에서는 가장 중요한 일은 팀 구성이다. 팀 구성은 보통 학습능력뿐만 아니라 학생들의 개인적 특성이 상호 이질적인 4~6명의 학생으로 하는 것이 가장 바람직하다. 다음으로 협동학습을 통해 도달하고자 하는 명확한 학습목표와 이에 기초한 평가 기준을 사전에 정해 둔다. 또한, 학습자들이 협동학습을 처음 접하는 경우 협동학습이 어떤 식으로 진행될 것이라는 지침서를 준비하여 학생들이 사전에 협동학습을 준비할 수 있도록 하는 것이 좋다.

(2) 협동학습의 진행

직소II 협동학습은 다음의 〈그림 9-1〉과 같은 순서로 진행된다.

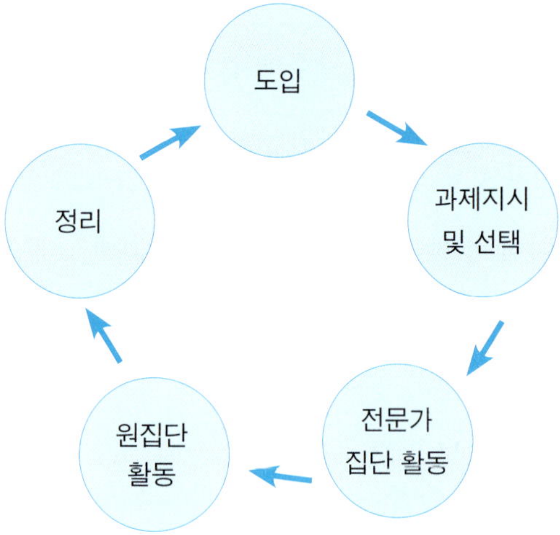

〈그림 9-1〉 Jicsaw II 협동학습의 순서

① 도입 단계

학습목표와 관련된 주요 학습내용을 학생들에게 자세히 설명한다. 학생들이 협동학습 경험이 적을수록 주제를 제시하는 것이 좋다. 그리고 학습방법에 대한 자세한 설명과 협동학습을 위한 지침을 제시한다. 또한, 평가기준을 명확하게 제시한 뒤, 구성원들끼리 발표자, 사회자, 기록자, 점검자 등의 역할을 하도록 지도한다.

② 과제 제시 및 선택 단계

개인별 전문 과제를 부여한다. 한 학습자가 학습과제의 하위주제 중 하나를 책임지도록 한다. 따라서 사전에 팀 구성원 수만큼의 하위주제를 준비하도록 한다. 이 단계에서 학생들이 하위주제에 대한 충분한 조사가 이루어질 수 있도록 시간을 주는 것이 다음 단계(전문가집단 활동)를 심도 있게 진행하는 데 도움이 된다.

③ 전문가집단 활동 단계

각 팀마다 동일한 하위주제를 선택한 학습자들끼리 전문가집단을 형성하도록 지도한다. 이렇게 모인 학생들이 과제해결을 위해 협동학습을 하도록 지도한다.

④ 원집단 활동 단계

전문가집단 활동이 끝나면 원래의 소속집단으로 돌아와서 자기가 학습해온 하위주제에 대해 집단 구성원(원집단)끼리 서로 돌아가며 가르치도록 한다. 이때 교사는 학습자들 간의 협력이 원활히 이루어지도록 도와주고 격려한다. 원집단 활동이 끝난 팀에게 학습의 결과물 또는 보고서를 제출하도록 지도한다.

⑤ 정리 단계

교사는 학생들이 학습한 내용을 요약하도록 지도한다. 그 다음 학생들에 대한 개인별 평가와 팀 평가를 실시한 뒤 이를 종합한다. 이때 구성원들이 서로를 평가하는 동료평가 방법과 스스로를 평가하는 자기평가 방법 등도 활용할 수 있다. 학습이 끝난 다음에는 되도록 빨리 조별 점수를 게시하여 학생들에게 피드백을 주는 것이 효과적이다. 이와 함께 단순히 점수를 알려주는 것뿐만 아니라, 각 조별 활동내용에서 반성할 점 등을 지적해 주도록 한다.

PART
04

교육의 사회적 이해

제10장 교육과 사회
제11장 교육의 사회학적 접근방법
제12장 교육의 사회적 쟁점

CHAPTER
10

제10장 교육과 사회

1. 교육사회학의 형성
2. 교육사회학 연구

1. 교육사회학의 형성

1) 교육사회학의 등장

교육사회학은 교육과 사회의 관계를 연구하는 학문이다. 앞서 설명하였듯이 교육은 사회화·문화화 과정의 하나이고, 교육은 사회 문화의 한 부분이다. 교육은 학교라는 울타리에서만 일어난 현상이 아니며 사회에 영향을 받고 영향을 주는 복합적 사회현상이다. 그러나 교육과 사회의 관계를 이론적으로 반성하고 체계적으로 고찰하게 된 것은 사회학이 독립된 학문으로 성립된 19세기가 되어서였다. 그러나 사회학의 창시자라 할 수 있는 콩트(Comte)를 비롯한 여러 사회학자들, 그리고 사회와 교육의 밀접한 관계를 갈파한 나토르프(Natorp)나 듀이(Dewey)와 같은 교육학자들의 선구적 통찰을 기반으로 20세기가 되어서야 교육사회학은 태동하게 되었다.

교육사회학은 1910년을 전후하여 가치·규범 지향적 성격의 교육사회학으로 출발하여 1950년대까지 사회학적 이론과 방법을 교육실천에 응용하려는 실천 지향적 성격이 강하였으며, 1960년대부터는 교육문제나 현상에 관한 경험적, 과학적 분석을 강조하는 학문 지향적 성격을 보였다. 이를 바탕으로 교육사회학에 대한 입장을 교육적 사회학(educational sociology)과 교육의 사회학(sociology of education)으로 구분할 수 있다.

2) 교육사회학의 특성

교육은 가르치는 사람과 배우는 사람의 상호 작용 속에서 이루어지는 행위이므로 그들 각각의 사회적, 문화적, 정치적 경험을 전제로 한다. 교육은 선천적으로 또는 진공 상태에서 이루어지는 과정과 활동이 아니라 특정한 사회적 배경 위에서 이루어지는 과정이며 활동이다. 교육이 이렇듯 사회적 맥락 속에서 이루어진다는 인식하에 교육과 사회화의 관계에 대해 탐색하는 학문이 바로 교육사회학이다.

교육사회학에 대하여 설명하기 전에 먼저 사회학에 대하여 간략히 알아보자. 사회학은 인간의 사회적 공동생활을 연구하는 사회과학이다. 역사적으로 사회학의 탄생에 대한 물음은 영국의 청교도 혁명[17)], 프랑스 혁명[18)], 미국의 독립전쟁[19)]에 있다. 우리는 다른 무엇보다 몽테스키외의 『법의 정신(1748)』에서 사회학의 기원을 찾을 수 있으며, 19세기 전반 콩트(Comte)와 스펜서(Spencer) 등에 의해 학문적으로 확립되었다. 사회학은 사회 전체에 대한 종합적 인식을 목적으로 하느냐, 또는 특정 부분의 분석적 인식을 목적으로 하느냐에 따라, 종합 사회학과 특수과학적 사회학의 두 전형으로 구분된다.

종합사회학을 연구 분야에 따라 세분해 보면 보편화된 인식을 목적으로 하는

---

17) 영국의 청교도 혁명은 1640년~1660년 청교도가 중심이 되어 일으킨 최초의 시민 혁명이다. 청교도 혁명은 정치적으로 입헌적 자유와 신앙의 자유를 확대했으며 시민 계급의 주체성을 확립하였다. 영국은 청교도 혁명을 통하여 잠시나마 군주제가 폐지되고 공화제를 경험하였다. 그 후 청교도 혁명은 명예혁명으로 이어진다.

18) 1789년 7월 14일부터 1794년 7월 28일에 걸쳐 일어난 프랑스의 시민혁명을 프랑스 혁명이라고 한다. 혁명의 이념은 계몽 사상가들인 몽테스키외, 볼테르, 루소 등에 의해 약 반세기에 걸쳐 배양되었다. 프랑스혁명은 프랑스에게 민주주의 이념을 맛보게 했지만 국가를 민주주의 체제로는 만들지 못했다. 그러나 혁명의 결과 국왕의 절대 통치가 끝나고 시민계급이 성장하였다.

19) 미국은 1773년 보스턴 차사건 이후 본국인 영국의 가혹한 지배와 중상주의 정책에 대항하여 미국의 13주 식민지가 협력하여 영국의 중상주의 정책과 가혹한 식민지 지배에서 벗어나고자 하였다. 즉, 본 혁명의 목적은 영국으로부터의 독립이며, 민주적인 정치 형태를 수립하고자 하였다. 미국 독립전쟁은 1776년에 발발하였다.

일반사회학[20], 개별화된 인식을 목적으로 하는 역사사회학[21], 실천적 응용을 목적으로 하는 응용사회학의 세 부문으로 나눌 수 있으며, 그리고 특수한 사회과학의 영역을 고찰하는 특수사회학[22]의 연구 영역에는 경제사회학, 정치사회학, 지식사회학 등이 있다.

학문적으로 교육사회학은 사회학에 뿌리를 두고 출발하여 결과적으로 교육학에 정착한 학문이다. 이상의 사회학적 분류에서 본다면 교육사회학은 많은 사회의 문제들 중 교육의 문제를 다루는 특수사회학의 영역에 속한다고 할 수 있다.

사회학과 교육학을 구분하여 설명한다면, 사회학은 다양한 현상 중에서 사회현상에 주목하는 학문으로, 사람들 간의 상호 작용을 통해 형성되고 유지되고 변화하는 관계라는 사회현상에 주목하는 것이고, 반면에 교육학은 다양한 사회현상 중에서 교육현상에 주목하는 학문이다. 즉, 교육학은 사람들 간의 상호 작용 관계 중 교육적 관계에 주목하고, 가르침과 배움을 통해 진행되는 교육현상에 주목하는 것이 교육학이다. 그러므로 사회학과 교육학은 보려고 하는 현상이 다르며 연구에 있어 시각의 차이가 나게 마련이다. 그럼에도 불구하고, 교육사회학이 성립할 수 있는 것은 앞서 설명하였듯이 교육과 사회는 쌍 방향적 관계로 설명될 수 있으며 두 분야를 서로 복합적으로 설명할 때 각각의 분야를 가장 잘 설명할 수 있기 때문이다. 현실적으로 진행되는 교육은 사회현상 자체이며

20) 일반사회학(general sociology)은 특수사회학과 구별되는 개념으로 사회학 일반에 적용될 수 있는 기본 문제와 개념을 다룬다. 특수사회학이 사회의 구체적이고 특수한 분야를 제한하여, 예를 들어 가족 문제에 대한 가족사회학, 농촌문제에 대한 농촌사회학, 도시문제에 대한 도시사회학, 의료문제에 대한 의료사회학 등의 문제를 다루는 것임에 비하여, 일반사회학은 이런 각 분야의 연구에 기초가 되는 핵심적인 개념들을 체계화시키고자 한다.

21) 역사사회학(historical sociology)은 역사적 사실을 사회학적인 면에서 고찰하는 사회학의 한 부문이다. 18세기부터 19세기에 이르는 역사철학(geschichtsphilosophie)을 뒤이은 것으로 주로 역사적 사실의 경험적 탐구를 그 특색으로 하고 있으며 역사학 연구를 기반으로 그 속에 숨어 있는 사회학적 법칙이나 이념형(理念型, idealtypus)을 구하려 한다. 대표적 학자로는 베버(Weber)를 들 수 있다.

22) 특수사회학(special sociology)은 사회의 특수한 부분과 영역을 대상으로 하는 사회학이다. 사회의 경제, 정치, 종교, 그리고 가족, 농촌, 도시 등의 집단 구체적이고 제한적이며 특수한 부분과 영역을 그 대상으로 한다. 이러한 연구 대상의 제한 때문에 분과사회학(branch sociology)이라고도 한다.

교육 속에는 수많은 사회현상이 분명히 존재한다. 또한 교육현상은 사회 속에서 이루어진다.

2. 교육사회학 연구

1) 교육사회학의 탐구 문제

교육사회학의 주요 관심은 시대와 사회를 대표하는 특정 방식의 교육은 어떤 원인과 과정을 통해 출현하였는지, 교육제도가 가지는 사회 경제적인 기능은 무엇인지, 교육을 지배하고 통제하는 다양한 기술에는 어떤 것이 있는지, 교육은 사회변화와 어떤 관련을 맺고 있는지 등에 관한 것들이다.

교육사회학의 전통적인 네 가지 질문은 다음과 같다(한준상, 1996: 17).

첫째, 교육은 어떠한 사회적 맥락에서 왜 시작되었으며 어떻게 유지되고 변화되어 왔는가?

둘째, 교육을 통한 사회적 개선이 가능한가?

셋째, 교육이 얼마나 공정하게 이루어지고 있는가?

넷째, 교육에 관련된 집단들이 어떤 사회적 관계를 맺고 있는가?

요컨대, 교육사회학은 현실적으로 진행되는 교육 속에 존재하는 사회현상뿐만 아니라 현실적으로 존재하는 사회 속에 붙박여 있는 교육현상에 주목하는 학문이다. 이러한 이중의 과제는 교육사회학이 사회학에 뿌리를 두고 있으면서도 교육학의 분과 학문으로 정착한 현실에서 비롯되는 것이다.

2) 교육사회학의 연구 분야

교육사회학 연구는 크게 이론 연구와 응용 연구로 나눌 수 있다. 먼저 이론 연구 분야로는 교육 정책의 연구, 교육 제도의 연구, 교육 관행의 연구, 교육의 과정 연구, 교육 변동의 연구로 구분된다.

첫째, 교육정책에 대한 연구는 교육정책을 결정하는 요인, 과정, 결과 등을 밝히고자 한다. 한 나라의 교육정책 결정은 각 집단에 영향을 받는다. 따라서 교육정책에 대한 연구로서 교육사회학 연구는 정당의 교육정책, 이익 단체를 비롯한 각 단체들의 교육적 견해, 학생, 학부모 등 국민의 교육의식 및 교육여론 등을 분석·파악한다.

둘째, 교육 제도의 연구 분야는 학교교육 제도 및 사회교육 제도, 그리고 각종 직업훈련 제도 등 교육행정·재정과 관련되는 분야를 대상으로 하여 그 교육제도의 형태, 구조, 기능을 분석하고 사회적 의미를 밝힌다. 주요 연구 대상은 교육인구, 교육 수준의 국제 비교, 교원 수급(教員需給), 입시제도, 학력·학벌 등이다.

셋째, 교육 관행의 연구는 일반적으로 진행되고 있는 교육의 과정과 활동들에 대한 사회적 조건과 기능, 그리고 그 효과를 밝힌다. 즉, 가족·이웃·지역사회·직업집단, 매스컴에 대한 교육활동 분석과 연구, 그리고 가정교육, 학교교육, 직업교육, 사회교육을 대상으로 한 사회적 조건·기능·효과 등을 밝히는 데 그 관심이 있다.

넷째, 교육 변동의 연구는 교육 현장과 교육의 과정에서 일어날 수 있는 변화를 다룬다. 즉, 교육정책, 제도, 관섭, 과정, 그리고 이를 포괄하는 교육 구성체의 변동을 연구 대상으로 한다.

응용 연구는 교육의 실천적 과제를 해결하기 위하여 실시하는 연구로서, 실천적 교육 연구이다. 학교에서 학급에서 학교와 학급을 어떻게 효과적으로 관리할 것인가, 청소년의 문제와 원인, 그 배경은 무엇인가, 지방 교육의 활성화 방안은 없는가, 교육에 대한 투자는 어떻게 실현시킬 수 있는가 등에 대한 연구가 응용 연구에 속한다.

교육사회학 연구는 다음과 같은 가치를 갖는다(이종각, 2002: 36-37).

첫째, 교육사회학 연구는 문화적·사회적 차이에 있어 교육적 의미에 대한 이해를 도와준다. 현대 사회는 다양화 사회이다. 이 다양성은 개인의 다양성에 기초한다. 교육 현장에서 교사들은 다양한 개성과 능력, 가정 배경, 문화적 배경을 가진 학생들과 마주하게 된다. 교육사회학적 연구는 이러한 학생들의 개성과 학급과 학급 내 존재하는 집단들의 특성을 파악하게 해 줌으로써 교육에 도움을 준다.

둘째, 교육사회학은 사회적 맥락 속에서 지식 전달의 본질이 매우 복잡하다는 것을 알려준다. 교육상황에서 지식들이 어떻게 선택되고 조직되는가에 대한 질문을 할 수 있다. 지식의 생성과 선택, 그리고 조직은 사회적, 정치적, 경제적 영향을 받는다. 사회적, 정치적, 경제적 상황은 직접적으로 교육과정의 구성과 실천의 문제와 연결된다.

셋째, 교육사회학 연구는 교직 업무의 총체적 의미를 지속적으로 반성해 볼 수 있는 이론적·방법론적 공헌을 한다. 교사들은 학교 현장에서 학교에 미치게 될 사회적 영향을 생각하지 않을 수 없다. 따라서 교육사회학 연구 결과들은 교사들로 하여금 자신이 가르치는 방법과 내용이 사회적으로 어떤 의미를 가지며 학생 개인들에게 어느 정도의 영향을 미치는지 항상 반성하고 숙고하게 한다.

넷째, 교육사회학 연구는 정책의 결과에 대한 평가를 통해서 교육에 실제적인 기여를 하게 된다. 정책 수립에 있어 교육사회학 연구는 학교와 지역사회가 성취하려는 목적과 목표를 판단하는 데 도움을 준다. 교육사회학 연구를 통해 교육에 영향을 주고 있는 사회적 압력과 교육체제에 영향을 주는 방법에 대한 지식을 습득할 수 있다. 교육심리학이 개인의 학습 행동을 판단하는 데 도움을 준다고 한다면, 교육사회학은 개인행동보다는 집단행동의 목표를 결정하는 데 도움을 제공한다.

CHAPTER 11

제11장 교육의 사회학적 접근방법

1. 구조 기능주의적 접근방법
2. 갈등 이론적 접근방법
3. 신교육사회학의 해석적 접근방법

교육사회학은 2차 세계대전 이후에 대한 관심이 고조되어 현재에 이르고 있다. 2차 세계대전 이전에는 실제적 사회관계, 사회적 세력, 그리고 사회의 교육적 영향력에 관심이 집중되었으나, 전후 교육사회학에 세련된 과학적 연구 방법을 적용하여 학문적 발전을 이룩하려는 노력들이 일어나게 되었다. 이러한 노력은 교육사회학의 주요 이론 구축에 공헌하였다. 교육사회학의 역사를 보면, 20세기 전반까지 뒤르켐(Durkheim)이나 파슨즈(Parsons)로 대표되는 구조 기능주의 이론이 주류를 이루었다. 1960년대 이후에는 사회학자뿐만 아니라 경제학자, 정치학자, 인류학자들도 교육에 관심을 보여서, 교육은 사회과학의 주요 관심 영역이 되었다. 특히 1960년대 중반 이후와 1970년대에는 기능주의에 대한 비판과 신마르크스주의의 영향으로 갈등론적 관점이 대두되었고, 교육에 대한 새로운 시각과 요구로 신교육사회학이 출현하였다.

교육사회학 이론의 분류는 다양하지만 대표적인 분류 방식은 이론적 관점에 따른 분류와 교육사회학 접근 방법에 따른 분류이다. 이론적 유형 분류에 의하면, 교육사회학의 이론은 기능 이론, 갈등 이론, 그리고 신교육사회학 이론으로 분류된다. 접근 방식에 따라 분류하면 거시적, 미시적, 통합적 접근 방식으로 구분할 수 있다. 여기서는 교육사회학의 이론적 접근 방법에 따른 분류에 따라 구조 기능주의적 교육사회학, 갈등 이론적 교육사회학, 그리고 신교육사회학의 세 가지 교육사회학 이론들을 살펴본다.

1. 구조 기능주의적 접근방법

1) 구조 기능주의적 교육사회학의 발전 과정

구조 기능주의(structural functionalism)는 프랑스의 콩트와 영국의 스펜서로부터 시작된 사회 이론이다. 사람들은 급격한 사회변화를 경험하면서 혼란한 상태가 계속되는 가운데에서도 사회가 유지되는 것을 보고, "왜, 그리고 어떻게 사회화하는 것이 가능한가, 무엇이 사회를 유지하도록 해 주는가, 무엇이 사회를 변화시키는가?"에 대한 의문을 제기하기 시작하였다. 이러한 의문을 바탕으로 기능 이론은 뒤르켐, 파레토(Pareto), 말리노프스키(Malinowski) 등을 통하여 다양하게 발전하였다. 그 후 미국의 사회학자 파슨즈에 이르러 매우 포괄적인 사회학 이론으로 정립되었다(Abraham, 1978: 19-36). 기능 이론은 학자들의 성향과 독특한 이론적 특성에 따라 합의 이론(consensus), 질서 모형(order model), 또는 균형 모형(equilibrium model)으로 불리기도 한다.

2) 구조 기능주의적 교육사회학의 기본 입장

구조 기능주의자들은 사회는 정치, 경제, 교육 등 서로 의존관계에 있는 여러 부분들이 각자 맡은 역할을 수행하면서 전체가 조화롭게 발전하는 데 공헌한다고 가정한다. 즉, 구조 기능주의자들은 사회를 생물학적 유기체에 비유한다. 사회도 사람의 심체(心體)와 같이 유기적인 구조를 갖는다. 유기체는 고유한 자신의 역할을 가지고 있는 여러 부분으로 구성되어 있다. 이들은 각기 담당하고 있는 기능이 순조롭게 수행됨으로써 유기체의 생존과 활동이 가능하게 된다.

구조 기능주의의 주요 개념을 좀 더 자세히 설명하면 다음과 같다(최정숙·박용헌, 1999: 17).

첫째, 각 요소가 상호 연관된 체계로서의 사회는 동질성과 균형성을 지향하는 경향이 있다.

둘째, 생물 유기체와 같이 자기 유기적 체계로서 생명을 연장하려면, 충족시켜야 할 기본적인 필요와 요건을 갖추고 있어야 한다.

셋째, 자기 유지적 체계에 대한 사회학적 분석은, 필요와 요건을 충족시키고 균형과 동질성을 유지하기 위해 전체를 구성하고 있는 각 요소 또는 부분의 기능에 집중되어야 한다.

넷째, 필요의 충족을 위해서 마련된 각 제도에는 일정한 형태의 구조가 생존, 균형, 동질성의 촉진을 위해서 존재해야 한다.

사회에 대한 구조 기능주의자들의 기본 입장은 구조와 기능, 통합, 안정성, 그리고 합의로 압축된다. 그 내용을 살펴보면 다음과 같다(한준상, 1982: 13).

첫째, 구조(structure)와 기능(function)이다. 사회는 많은 집단과 개인으로 구성되어 있다. 이들은 사회를 이루는 기본 구조로 사회의 한 부분으로서 작용한다. 각 부분은 사회를 유지하는 데 있어 그 역할과 기능을 부여받는다. 이러한 기능은 전체의 구조 유지를 위해 공헌한다.

둘째, 통합(integration)이다. 사회는 상호 작용한다. 사회적 상호 작용은 사회의 다양한 부분들을 통합시킨다. 사회는 통합을 통하여 질서유지, 안전을 추구하며 합의를 요구한다.

셋째, 안정성(stability)이다. 어떤 사회도 완전히 정적(static)일 수 없으며 최소한의 변화는 불가피하다는 것을 인정하지만 구조 기능론자들은 사회통합을 통하여 안정성을 추구한다고 본다.

넷째, 합의(consensus)이다. 한 개인이 사회 구성원으로 살아가기 위해서는 사회에서 합의되고 공유되는 지각, 감정, 가치 및 신념을 습득하여야 한다. 이러한 지각과 감정, 가치 및 신념들은 사회적 합의를 통해 만들어지는 것이다. 합의는 가정에서의 가정교육과 학교에서의 학교교육 등 다양한 사회화 과정을 통해 성취된다.

3) 구조 기능주의적 교육사회학의 주요 관점

(1) 사회관

구조 기능주의자들이 갖는 사회관의 특징은 사회를 유기체적 조직으로 여긴다는 것이다. 이들은 생물학적 유기체의 여러 부분들이 각기 다른 기능을 수행하지만 이러한 기능이 유기적으로 조직되면서 생존적 기능을 하고 있음에 주목하고, 이를 사회학적 영역으로 확대·응용하였다. 즉, 구조 기능주의자들은 사회를 상호의존적인 부분들로 형성되는 유기체로 보며, 사회의 각 부분과 요소들은 각각의 기능을 수행하지만 서로 상호 작용을 하면서 전체 사회를 유지·발전시키는 데 공헌한다고 본다.

사회의 각 조직, 문화, 제도, 풍습 등도 사회적 생존과 욕구 충족의 관점에서 각각의 중요성을 갖는다. 사회의 각 부분과 물적·질적 요소들은 질적으로 서열의 차이가 있는 것이 아니라 기능상의 차이가 있을 뿐이다. 따라서 역할 분화와 사회적 연대 의식(social solidarity)이 사회생활의 중요한 요건이 된다.

구조 기능주의자들의 사회에 대한 이해 방식을 정리해 보면 다음의 다섯 가지로 요약할 수 있다(이종각, 2002: 111-112).

첫째, 질서 유지적 관점이다. 기능주의자들은 사회 질서 유지의 측면을 강조한다. 질서는 합의된 가치와 관점을 공유하는 사회의 각 조직들의 상호 작용에 의해 유지된다.

둘째, 체제 적응적 관점이다. 개인은 물론 사회도 변화에 적응적이어야 한다. 사회가 고도화되고 분화되면서 사회문제가 발생하게 된다. 사회는 교육이라는 기능을 통해 이러한 문제를 해결하고 새로운 사태에 적응하는 역할을 담당해야 한다.

셋째, 기회균등과 업적주의 사회관이다. 기능주의는 현대 사회가 예전의 전통적 사회와는 달리 개인의 세습적 지위보다는 개인의 노력과 능력, 업적이 중시되는 업적주의 사회(meritocratic society)[23)]라고 전제한다. 따라서 이들은 한 사회에 속한 모든 개인에게는 중요한 사회적 지위를 차지할 수 있는 기회가 똑같이 주어져야 한다는 관점을 갖는다.

넷째, 개인주의적 관점이다. 기능주의는 앞서 설명한 기회균등과 업적주의적 관점으로 사회를 보기 때문에, 개인의 모든 선택과 성공·실패를 사회 구조적으로 설명하기보다는 개인주의적 관점에서 설명한다. 즉, 개인의 성공과 실패는 개인의 책임으로 제한하여 설명하는 견해가 지배적이다.

다섯째, 점진적 개량주의이다. 기능 이론이 지향하는 개혁 사상은 점진적 개량주의[24)]이다. 기능 이론에서도 사회악이나 사회 불평등의 요소를 인정한다. 그러나 이는 일시적이고 부분적인 체제의 부조화 현상이라고 본다. 따라서 사회 개혁도 전체적인 변화를 추구하기보다는 부분적이고 점진적으로 진행시켜 나가야 한다고 본다.

(2) 교육관

구조 기능주의자들에게 있어 역할 분담과 사회적 통합은 사회생활의 중요한 전제 조건이다. 이는 발달된 현대 사회나 미발달된 원시 사회에서나 마찬가지이

23) 업적주의는 사회경제적 보상이 개인의 능력이나 업적 유무에 따라 결정된다는 입장을 갖는다. 이는 귀속(歸屬)적인 것과는 대별되는 개념으로 개인의 능력에 따라 완전한 사회이동이 가능하다고 본다. 업적주의에 따르면 회사에서 승진을 할 때 모든 사람들은 승진할 기회가 모두 똑같이 주어져야 하며, 승진은 개인의 노력에 따른 업적으로 판단되어야 한다고 본다.

24) 개량주의(reformism)는 사회체제의 근본적 변혁을 시도하지 않고 사회의 모순과 결함을 점진적으로 개선하려 한다. 개량주의가 보는 사회관은 자본주의 체제에 입각한 진서는 본질적으로 건전하기 때문에 모순과 결함, 그리고 역기능에 대해서는 개선과 수정만이 필요하다고 주장한다.

다. 원시시대에는 이러한 역할 분담과 통합은 가족이나 부족 사회 내에서 이루어지고 행해지는 비형식적 교육에 의해서 이루어졌다. 그러나 복잡한 구조와 체제를 갖추고 있는 현대 사회에서는 비형식적 교육만으로는 사회를 통합하거나 유지할 수 없게 되었다. 따라서 형식적 교육이 필요하게 되었던 바, 이러한 목적을 수행하기 위해 학교교육으로 통칭되는 제도권 교육, 의무교육, 대중교육이 등장하게 되었다. 즉, 학교교육은 현대 산업사회에서 가족 구성원으로서의 생활을 사회 속의 성인으로서 생활로 변형시켜 주는 역할을 한다.

교육에 대한 구조 기능주의의 기본 관점은 다음과 같다(석태종, 1996: 44-45).

첫째, 교육을 사회와 연관시키는 등 거시적 관점을 취한다.

둘째, 교육과정과 사회와의 관계를 비교적, 긍정적, 낙관적으로 본다.

셋째, 학교란 한 사회를 유지·발전시키기 위하여 존재하는 합리적 기관으로 본다.

넷째, 교육과정이란 그 사회와 문화의 핵심을 뽑아 조직한 것이므로 이는 학생들에게 필수적으로 가르쳐야 한다.

다섯째, 학교는 학생을 가르치는 곳이며, 학생들은 미성숙한 존재로서 성숙한 교사로부터 가르침을 받지 않으면 안 된다.

여섯째, 사회와 또는 사회적 선발을 통한 사회질서·통합·안정·발전을 교육의 목적으로 삼는다.

일곱째, 기능 이론은 업적주의, 전문가 사회, 민주 사회를 지향한다.

(3) 주요 논제

구조 기능주의 교육사회학에서 다루는 교육에 관한 주요 논제를 사회화와 인력 양성 및 선발·배치, 그리고 교육과정으로 나누어 살펴보면 다음과 같다.

① 사회화

먼저 교육은 사회화의 기능을 수행한다. 학교교육을 사회학적인 시각에서 처음으로 논의한 뒤르켐에 따르면, 교육은 아직 사회생활의 준비를 갖추지 못한 어린 세대들에게 성인 세대들이 영향력을 행사하는 것이며, 그 본질은 사회화이다. 즉, 교육이란 전체 사회의 지배적인 가치와 행위 유형들을 다음 세대에 의도적으로 전달해 줌으로써, 한 사회의 존속에 기여하는 수단으로 이해된다. 결국 뒤르켐이 본 교육의 목적은 사회체제를 내면화시키는 일이라고 볼 수 있다.

교육의 사회화 기능에 대한 파슨즈의 견해는, 교육은 사회화를 통해 사회적 안정, 통합, 합의의 증진을 이루어 내는 기능을 한다는 것이다. 따라서 아동들은 교육을 통해 장차 성인이 되어 담당하게 될 역할을 수행하기 위한 자질과 기능을 습득하는 과정을 거쳐야 한다. 이것이 바로 사회화의 과정이다. 이는 기본적으로 뒤르켐의 사회화에 대한 견해와 다르지 않다. 뒤르켐에 비해 파슨즈가 좀 더 체계적으로 설명한 것은 사회적 선발·배치 기능이었다. 그는 학교의 사회화 기능과 더불어 사회적 선발·배치 기능을 사회체제로서의 학교의 기본 기능으로 파악한다.

② 선발과 배치

기능주의적 관점에서 교육은 인재를 양성하여 사회 유지와 점진적 발전을 위해 그들을 적재적소에 배치하는 역할을 한다. 교육선발에 대한 기능론적 관점은 우선 개인차를 인정하는 데에서 출발하며, 선발 기준은 능력 본위이어야 한다는 것을 기본 전제로 한다. 즉, 능력과 재능은 사람마다 다르며, 선발에 있어서 이러한 개인의 능력이 다른 귀속적 요인에 영향을 받지 않아야 한다는 것이다. 다음의 블라우와 던컨(Blau & Duncan)의 학교교육 효과 모형을 보자.

〈그림 11-1〉은 가정 배경, 학교교육, 사회적 성취 및 지위의 관계에 대한 기능주의적 주장을 보여준다. 가정 배경은 학교교육에 어느 정도의 영향을 줄 수 있지만 사회적 지위 획득에는 영향을 주지 못한다. 사회적 지위 획득에 가장 큰 영

향을 미치는 것은 학교교육이다.

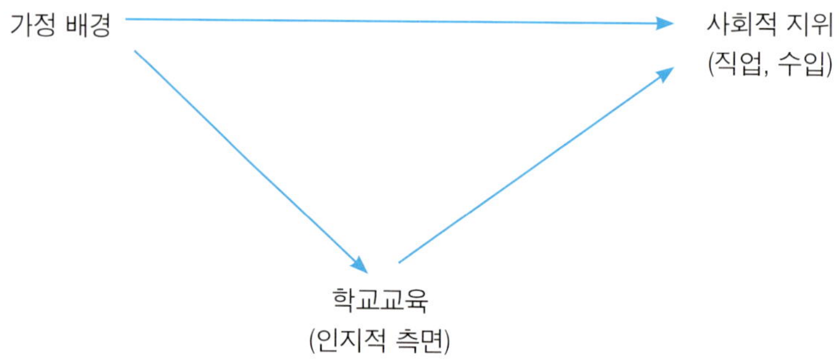

〈그림 11-1〉 블라우와 던컨(Blau & Duncan)의 학교교육 효과 모형

사회가 선발과 배치 기능을 교육에 부여하고 학교교육이 이러한 사회적 선발 기능을 수행하는 것은, 사회와 학교가 성취지향의 가치를 공유하고 있기 때문이다. 구조 기능주의자들은 교육에 대한 기회에의 접근이 공정하면, 성취 수준의 차이에 따라 학력 수준이 달라지고, 학력 수준에 따라 사회적 지위의 수준이 달라지므로, 교육선발과 배치는 공정하다고 본다(김신일, 1993: 63-64). 이처럼 구조 기능주의자들은 학교교육의 기능 및 효과에 대하여 낙관적인 견해를 갖고 있다. 그들은 교육이 인간의 모든 조건을 균등화시킴으로 전체사회의 균형을 도모하는 역할을 하고 있다고 믿는다.

③ 교육과정

기능 이론에서 교육과정은 보편적 가치를 지닌 지식과 문화 내용으로 구성된다. 뒤르켐(Durkheim), 파슨즈(Parsons), 드리븐(Dreeben) 등 기능주의자들은 사회화를 설명하면서 보편적 문화 요소, 다시 말해 합의된 문화 내용의 존재를 전제하였다. 교육내용이 이처럼 합의된 보편적 문화 요소로 구성되는 것은 규범적 내용에서뿐만 아니라 지적인 내용에 있어서도 마찬가지이다. 따라서 교육과정 지식이란 본질적으로 보편성을 띠며, 사회와 시대에 따라 변화하지 않고, 그 누구에게나 동일한 의미와 가치를 지닌 것이다. 대표적인 교육과정 이론가들인 타일러(Tyler), 블룸(Bloom), 메이거(Mager), 브루너(Bruner) 등은 교육과정의 보편성, 객관성, 과학성, 조직성을 주장하고 그 원리에 입각하여 교육과정에 대한 논의를 진행하므로, 구조 기능주의적 교육관에 입각하고 있다고 할 수 있다.

결론적으로 말하면, 기능주의적 교육과정 이론들은 교육목표와 교육내용의 보편성을 강조하였다. 그 결과 교육목표의 설정과 진술, 교육내용의 선정과 조직, 수업 계획 등에 관한 기술적이고 처방적인 측면의 개발에 주력하였으며, 교육을 통해 사회적 모순을 제거하고 개인적 측면에서는 사회화를, 사회적 측면에서는 사회적 통합을 이루려 하였다.

구조 기능주의자들은 교육에 관하여 낙관적 견해를 보여준다. 그러나 교육에 대한 이러한 낙관적 견해는 다음과 같은 이유에서 비판을 받는다.

첫째, 구조 기능주의 이론은 개인의 능력과 사회적 통합성·합리성을 위한 교육의 사회화 기능을 지나치게 강조한 나머지 학교교육의 규격화와 공식화를 부채질하였다.

둘째, 교육선발이 능력 본위로 이루어진다는 기본 전제 때문에 선발 과정의 귀속적 측면에 대한 관심을 소홀히 하였다.

셋째, 교육과정 측면에서는 교육과정의 계획과 개정을 둘러싸고 일어나는 여러 가지 이해 집단 간의 갈등, 특정 내용을 교육과정으로 지정함으로써 야기되는 사회적 갈등과 문제 등의 중요성을 무시하는 결과를 가져왔다.

요컨대, 구조 기능주의적 입장은 교육을 둘러싼 사회가 갈등하고 경쟁적이라는 점을 전혀 고려하지 못했다. 이러한 구조기능주의의 사회 통합적 관점을 비판하며 나타난 것이 바로 갈등 이론적 교육사회학이다.

2. 갈등 이론적 접근방법

1) 갈등 이론적 교육사회학의 발전 과정

갈등 이론은 마르크스(Marx)나 베버(Weber) 등의 이론과 사상에 그 지적 뿌리를 두고 있다. 갈등 이론의 이론적 발전은 기능 이론에 대한 도전과 비판적 관점에서 다렌도르프(Dahrendorf), 밀즈(Mills), 아론(Aron), 보울즈와 긴티스(Bowles & Gintis) 등에 의해 1960년대와 1970년대에 활발히 전개되었다.

갈등 이론의 이론적 바탕은 마르크스주의(Marxism)와 신마르크스주의(Neo-Marxism)이다. 이 때문에 갈등 이론은 마르크스주의와 동일시되는 경우가 많지만 반드시 일치하는 것은 아니다. 갈등 이론의 이론적 배경은 급진주의 이론(radical theory), 사회재생산 이론(social reproduction theory), 종속 이론(dependency theory), 저항 이론(resistance theory)으로까지 연결된다.

2) 갈등 이론적 교육사회학의 기본 입장

갈등 이론은 구조기능주의의 사회 통합적 관점을 전면적으로 부정한다. 사회관계의 본질은 집단간 갈등에 있다. 갈등 이론에서는 구조기능 이론과는 반대로 갈등을 결코 비정상적인 것으로도 병리적인 것으로도 보지 않는다. 오히려 갈등은 사회에 중요한 공헌을 한다고 본다. 기능 이론과 갈등 이론의 차이를 알아보기 위해 각 이론의 기본 가정을 비교해 보면 〈표 11-1〉과 같다(Dahrendorf, 1959: 161-162 ; 이종각, 2002: 123).

〈표 11-1〉 구조 기능주의 이론과 갈등 이론의 기본 가정 비교

구조 기능주의 이론	갈등 이론
모든 사회는 상대적으로 지속적이고 안정된 부분 요소들의 구조이다.	모든 사회는 시시각각 변화 과정을 겪는다.
모든 사회는 부분 요소들이 잘 통합된 구조이다.	모든 사회는 언제나 불합의와 갈등을 나타낸다.
사회의 모든 부분 요소는 어떤 기능을 수행한다 (유지기능).	사회의 부분요소는 사회의 와해와 변동에 공헌한다.
모든 기능적인 사회구조는 그 성원들 사이의 가치관의 합의에 바탕을 둔다.	모든 사회는 일부 성원들에 의한 다른 성원들의 강제에 바탕을 두고 있다.

이러한 갈등 이론의 기본 입장은 갈등, 변동, 강압으로 표현된다. 그 내용을 살펴보면 다음과 같다(박도순 외, 1994: 12).

첫째, 갈등(conflict)이다. 사회제도와 각 집단은 서로 다른 목적을 가지고 있다. 이러한 다른 목적과 그들이 추구하는 대상의 유한성 때문에 이견과 갈등이 나타난다. 특히 지배 집단과 피지배 집단의 관심은 양립될 수 없기 때문에, 사회의 모든 집단들은 지배를 위한 투쟁을 벌이게 된다. 갈등은 개인들 간 집단간 지배 권력의 획득을 위한 필연적 현상이다.

둘째, 변동(change)이다. 사회는 근본적으로 갈등의 장이다. 이러한 갈등은 사회변화를 유발한다. 특히 권력 투쟁 과정에서 사회 변동은 불가피하다.

셋째, 강압(coercion)이다. 모든 사회는 구성원의 일부에 의한 다른 일부의 강압에 그 토대를 두고 있다. 집단 간 갈등 상황에서 권력을 가진 집단이 그렇지 못한 집단을 강압함으로써 사회 질서를 유지하려 한다. 갈등과 변동의 과정에서는 언제나 어떤 특정한 집단이 권력을 잡고 다른 집단을 강압함으로써 일시적인 사회질서를 유지한다(석태종, 1996: 54).

3) 갈등 이론적 교육사회학의 주요 관점

(1) 사회관

갈등론자들은 사회는 안정, 질서, 조화, 균형을 지향하기보다는 서로 다른 이해관계를 추구하는 개인 및 집단들의 끊임없는 경쟁과 갈등의 연속이라고 가정한다. 이러한 경쟁과 갈등이 연속해서 발생하는 것은 사회의 재화는 일정한데 비해 인간의 욕망은 무한하기 때문이다. 갈등 이론은 사회의 속성을 세력다툼, 이해의 상충, 지배자의 압제와 피지배자의 저항, 그리고 사회의 끊임없는 불안정과 변동으로 파악한다.

사회는 끊임없이 갈등하고 경쟁한다는 갈등 이론의 기본적 전제를 마르크스의 이론에 기초하여 분석해 보면 다음과 같다(이규환, 1988: 26).

첫째, 어떤 체제에서 희소 자원의 분배가 불평등할수록 그 체제에서 지배 부분과 피지배 부분 사이의 이익 갈등은 더욱 커진다.

둘째, 피지배 부분이 그들의 진정한 집합적 이익을 인식할수록 그들은 희소자원의 불평등한 분배의 정당성에 대하여 더욱 의문을 제기하고, 한 체계의 지배 부분에 대항하여 공개적인 갈등을 조직하고 주도한다.

셋째, 피지배 부분이 하나의 공동신념으로 통일될수록, 그리고 그들의 정치적 통솔 구조가 더욱 발전할수록 어떤 체계의 지배 부분과 피지배 부분은 더욱 양극화한다.

넷째, 지배 부분과 피지배 부분이 양극화할수록 그에 수반되는 갈등의 폭력성은 더욱 커진다.

다섯째, 갈등의 폭력성이 클수록 그 체제의 구조적 변동과 희소자원의 재분배가 더욱 커진다.

모든 사회에는 구성원 간, 개인과 집단 간, 그리고 집단과 집단 간의 갈등이 편재하며, 사회질서는 그 구성원의 동의나 합의에 의해서가 아니라 강제와 억압에 의해 유지된다. 이 강제성(강압)과 갈등의 편재성[25]은 사회 변동의 원인이 된다. 따라서 강압과 변동에 대한 편재성은 갈등 이론가들의 분석의 초점이 되어 왔다. 이에 관한 가장 대표적인 이론 체계는 마르크스의 사회 사상이라고 할 수 있다.

마르크스는 사회 변동 내지 사회 발전을 유산계급과 무산계급의 경제적 이해관계를 둘러싼 갈등 관계로 파악한다. 마르크스 사회 이론의 핵심은 사적 유물론(historical materialism)이다. 어느 사회나 존립을 위해 물리적 생산 수단을 생산하기 위한 관계를 형성한다. 이 생산 관계는 생산 수단의 소유와 분배 방식과 관련된다. 이 생산 수단의 소유 관계에 의해 계급 관계가 형성된다(김신일, 1993: 70). 자본주의 사회에서 생산 수단을 소유한 집단은 자본가 계급(유산 계급, capitalist class), 그렇지 못한 집단은 무산 계급(proletariat)이 된다. 역사적으로 생산 수단의 소유에 대한 두 계급 간 갈등은 계속되었다. 이 계급 갈등은 필연적으로 사회변화를 야기한다. 마르크스는 이 계급투쟁 및 갈등의 양상에 따라 역사적 발전 단계를 원시공산사회, 고대노예사회, 중세봉건사회, 자본주의사회, 공산주의사회로 구분한다.

사회 변화에 대하여 마르크스는 사회가 '하부 구조'와 '상부 구조' 간의 상호 의존법칙에 따라 움직인다고 본다. 여기서 하부 구조는 경제적 구조를 말하며, 상부 구조는 가치관, 이념, 관념으로 이루어지는 정치, 종교, 문화, 교육 등이다. 그는 하부 구조가 상부 구조를 결정한다고 보았다. 하부 구조의 변화는 상부 구조의 변화를 야기한다. 즉, 토대인 물질적 경제 구조가 제도뿐만 아니라 관념과 의식까지도 결정한다는 것이다. 이를 '경제적 결정론', 또는 '결정론'이라고 부른다

25) 편재성(ubiquity): 유비쿼터스(ubiquitous)에는 '사방 어디에나 있는(ubiquity)', 그리고 '보이지 않는 곳에 숨어 있는(transparency)'이라는 두 가지의 의미가 담겨져 있다. 따라서 편재성은 눈에는 보이지 않지만 항상 어느 곳에서나 존재한다는 것이다. 즉, 사회의 변화와 변동, 변화와 변동을 야기하는 갈등과 경쟁 요소들은 사회가 존재하는 한, 눈에는 보이지 않지만 항상 상존한다.

(김신일, 1993: 71).

갈등 이론의 사회에 대한 입장을 정리하면 다음과 같다(이종각, 2002: 143).

첫째, 사회의 모든 요소는 긴장, 경쟁, 갈등을 일으키는 원인이 된다. 지배 집단은 모든 사회 가치의 중심체 역할을 하며 현 상태가 계속 유지되기를 바란다. 지배 집단과 피지배 집단은 권력 투쟁에 있어 항상 긴장 관계에 있다.

둘째, 갈등의 원인은 사회 계급 간의 권력의 차이에서 비롯된다. 권력을 가진 자는 권력을 유지하려 하고 권력을 갖지 못한 피지배자들은 권력을 쟁취하려고 한다.

셋째, 지배 집단은 피지배 집단과 언제나 불일치와 갈등을 야기하며, 사회 변화와 사회 분열로 이어진다. 이러한 지배 집단과 피지배 집단의 대립적 관계는 새로운 형태를 창출하려는 사회 변동의 원인이 된다.

넷째, 사회 질서 유지는 강제성을 바탕으로 한다. 사회 질서는 기본적으로 지배 집단에 의해, 지배 집단의 권력 유지를 위해 만들어졌다. 따라서 사회 질서 유지는 갈등하고 경쟁하는 피지배 집단들을 강압한다.

(2) 인간관

마르크스주의에 따르면, 인간은 사회적·정치적·경제적·역사적 존재이며, 인간의 활동은 계획적이고, 목적 지향적이며, 가치를 실현하고자 하는 활동이다. 따라서 인간은 자신을 자각할 수 있는 의식을 소유하여야 하며, 인간 활동은 인간 본성에 기인하여야 한다. 그러나 갈등 이론의 인간에 대한 생각은 소외(alienation)에 대한 개념화와 분석에 집중된다. 소외란 마르크스 사상의 중심 개념으로서, 인간들이 자신이 형성, 생산, 표현한 산물들과의 관계 속에서 무기력하고, 의존적이며, 객관화되는 상태를 의미하는 것으로 정의된다.

마르크스는 산업 사회에서 인간 소외의 양상을 다음 네 가지로 설명한다(김병성, 2002: 75-78).

첫째, 노동에 의한 생산물로부터의 인간 소외이다. 노동자는 땀 흘려 일하지만 열심히 일하면 일할수록 자기 자신에 대립해서 나타나는 소원한 대상적 세계가 자꾸만 강대해지고 그의 내적 세계는 빈곤하게 되어 그에게 귀속되는 것은 자꾸만 적어지게 된다.

둘째, 생산 활동 또는 노동 그 자체로부터 노동자의 소외이다. 생산 활동에 대한 노동자의 관계는 노동자에게 속하지 않은 소원한 것으로서 자신의 활동에 대한 노동자의 관계라는 것이다.

셋째, 유적 존재(species-being)로부터의 인간 소외이다. 소외된 노동은 인간으로부터 자연을 소외시키고 자기 자신, 즉, 인간 자신의 활동 기능인 생명 활동으로부터 인간을 소외시키므로 이러한 노동은 유로부터 인간을 소외시킨다.

넷째, 인간으로부터의 인간 소외이다. 인간이 자기 노동의 산물, 자기의 생명 활동, 자기의 유적 생활로부터 소외되는 데에서 초래되는 직업적인 결과는 인간으로부터 인간의 소외이다.

이처럼 인간의 소외는 인간 활동을 통해서 인간의 본성을 실현시키는 것이 아니라, 인간 활동이 인간을 비인간화시키는 단순한 노동의 차원에 머물도록 한다.

자본주의 사회에서 노동자 계급만 소외되는 것은 아니다. 자본가 계급도 자본에 예속된 존재이기 때문에 경쟁하는 시장에서 소외된 인간의 모습을 보이기 마련이다. 이와 같이 모든 인간의 소외는 인간의 물화(verdinglichung) 현상[26]에서 온다. 즉, 인간이 인간적인 방식으로 행동하지 않고, 사물 세계의 법칙에 따

26) 물화(verdinglichung)는 물상화라고도 한다. 물화는 인간이 형성하는 사회관계 및 거기에 참여하는 주체가 어느 일정한 메커니즘을 통해 마치 물질처럼 이해되는 현상이다. 물화는 다음 세 가지로 정리할 수 있다. ① 인간 그 자체의 물화이다. 이것은 인간이 노예 상품이나 기계 체계의 일부로서 구성되는 사태이다. ② 인간 행동의 물화이다. 인간은 자기가 사는 사회 속에서 자기의 행동을 자기 자신이 조정할 수 없으며, 사회적 관습과 집단적 움직임에 지배된다. 이러한 의미에서 인간 행동을 물질로 간주한다. ③ 인간 능력의 물화이다. 인간 정신을 물적으로 정재화(定在化)시킨 예술 작품이나, 노동 가치는 그가 생산한 생산품에 의해 결정된다. 즉, 개인의 능력이 물질로 전환되고 그렇게 인식된다.

라 행동하는 사물과 같은 존재로 인식되고 변형되는 것에 기인한다. 물화 현상은 인간의 인격을 무시하고 인간이 대상화된다는 것을 의미한다. 즉, 인간의 가치가 인간에 의해 결정되는 것이 아니라 인간이 생산한 상품의 가치에 의해 지배된다.

소외의 개념이 시사하는 중요한 의미는 자본주의 사회의 계급 지배 원리와 이를 통해 자본주의 경제 체제가 갖는 비인간적인 측면을 파악할 수 있다는 점이다(이건만, 1994: 10-20).

(3) 교육관

갈등 이론은 모든 사회 집단은 각각 다른 목적과 이해 관계를 가지고 있으며 사회적 관계나 제도도 그렇다고 본다. 따라서 한 집단의 목표와 프로그램은 흔히 다른 집단과 일치하지 않으며 서로 모순되기 쉽다. 때로는 그러한 갈등이 확대되어 표면화되고 폭력화되기도 한다. 이러한 경우 지배층은 설득, 교화, 선전 등의 방법으로 불만 집단으로 하여금 협동과 통합을 가능케 한다. 바로 이 모든 형태가 교육의 과정으로 작용하는 것이다.

갈등론적 교육이 대두되기 시작한 것은 1960년대 후반, 1970년대 초부터라고 할 수 있다. 미국은 1960년대 들어서면서 인종 문제와 사회 불평등 문제에 대한 심각한 고민을 하게 되었으며 사회 부조리에 대한 저항으로 뉴 레프트 운동(new left movement)과 흑인 민권 운동이 확산되었다.

교육에 대한 갈등론적 접근의 기본 가정을 요약해 보면 다음과 같다(석태종, 1996: 55-56).

첫째, 교육을 사회와 연관시키는 데 있어서 거시적 관점을 취한다.

둘째, 교육과 사회와의 관계를 비교적 부정적, 비판적으로 본다.

셋째, 경제적 사회계급(class), 정치권력(power), 사회적 지위(status)를 사회계층 결정요인으로 보고 중요시한다.

넷째, 학교는 특정 집단의 사고방식을 가르치는 곳이다.

다섯째, 학교교육이란 특정 집단의 문화와 권익을 옹호하고 정당화시켜주는 과정이다.

여섯째, 학교의 교육과정은 특정 집단의 문화를 재생산하는 데 기여한다.

일곱째, 교육체제는 사회의 구조적 불평등을 유지하는 기능을 갖고 있다.

(4) 주요 논제

갈등 이론적 교육사회학에서 다루는 교육에 관한 주요 논제를 학교, 선발과 배치, 교육과정으로 나누어 살펴보면 다음과 같다.

① 학교

갈등 이론에서는 학교가 강제적 기관으로서, 학생들에게 복종과 학습을 강요하며 그들을 억압하는 기관이라는 입장을 취한다. 학교는 제도화된 교육기관으로 사회의 이상과 목적을 달성할 수 있는 인간 자원을 교육시키는 곳이어야 하지만 자본주의 사회에서 학교는 자본주의적 생산양식으로서 기능한다. 즉, 자본가들은 공장주이며 학교는 그들이 운영하는 공장이고, 교사는 학교에서 노동을 제공하는 노동자이며 학생들은 시장에 팔려 나갈 생산물이다.

갈등론적 교육이론을 정교화시킨 보울즈와 긴티스(Bowles & Gintis)에 의하면, 학교는 파슨즈가 주장했던 것처럼 보편적인 가치를 가르치는 것도 아니고 인재를 공정하게 선별하여 사회에 배치하는 것도 아니다. 오히려 학교는 억압적 자본주의 사회의 유지에 필요한 가치관과 성격적 특성, 불평등한 계층 구조를 학생들에게 주입시킨다고 비판한다. 예를 들면, 회사의 관리자나 경영자로 일할 사람들에게는 독립적인 사고력 및 작업 능력, 판단 능력, 자기 조절 능력 등을 중점적으로 가르치며, 자본주의 노동 시장에서 단순 노동자로 일하게 될 사람들에게는 윗사람의 지시에 충실히 따르고 시간을 지키고 기계적 작업 방식에 순응하도록 가르친다는 것이다. 즉, 교육에 접근할 수 있는 기회도 학생의 계급에 따라 불공평하게 분배되며, 결과적으로 학교는 계급 불평등을 존속시키는 기능을 수행하고 있다.

또한, 학교 제도는 자본주의적 특성을 그대로 반영하고 있으므로 학교는 경제구조를 재생산한다. 학교가 자본주의 경제 구조를 재생산할 수 있는 것은 학교교육과 경제적 생산 체제가 서로 상응하기 때문이다. 이를 상응 이론(correspondence theory)이라 부른다.

상응 이론에 따라 학교의 사회적 관계와 생산 작업장의 관계를 살펴보면(김신일, 1993: 79-80), 첫째, 노동자가 노동 현장에서 자신의 작업 내용을 스스로 결정할 수 없듯이 학생들도 자기가 배워야 할 교육과정에 대하여 아무런 결정권을 가지지 못한다. 둘째, 교육은 노동과 마찬가지로 목적이 아니라 수단이다. 즉, 졸업장을 얻기 위한 교육이며 좋은 직장을 얻기 위한 교육이 된다. 셋째, 생산 현장이 분업화되어 있듯이 학교도 계열을 구분하고 지식을 과목별로 나눈다. 넷째, 생산 현장에는 직급별 단계가 있듯이 학교도 학년에 따른 단계로 나누어진다.

갈등론적 교육관에서 바라보고 있는 학교에 대한 입장을 정리해 보면 다음과 같다(이종각, 2002: 144-145).

첫째, 학교는 객관적이고 중립적인 기관이 아니며 지배 집단과 관련을 맺고 있다.

둘째, 학교는 지배 집단의 이데올로기를 전수하는 곳으로, 불평등한 사회구조를 심화시키는 역할을 한다.

셋째, 학교는 업적주의 이념으로 공정성을 위장하고 있으며, 실패의 원인을 사회구조적인 측면보다 개인의 능력과 노력 부족으로 돌리고 있다.

넷째, 학교에서 가르치는 것은 인지적 능력보다는 지배 집단이 선호하는 가치·태도·규범 등을 주입하고 있다.

다섯째, 학교는 기존의 불평등한 사회 질서에 개인을 편입시키며, 지배 집단의 이익에 기여하는 도구적 장치에 불과하다.

② 선발·배치

많은 부분 학교의 선발 기능은 기능 이론이 갖는 관점과 같이 사회의 원만한 기능을 도모하기 위한 것으로 인식되고 있다. 그러나 갈등 이론은 이러한 생각에 부정적 입장을 취한다. 갈등론자들은 학교가 정말 올바른 선발 활동을 하고 있는가, 학교는 불평등한 사회구조를 얼마나 완화시키는가 등에 주목하였다. 갈등론자들이 보는 학교의 선발·배치 기능은 불평등하다는 것이다. 즉, 학교의 선발 과정은 지배 계층에게 유리하게 작용하고 피지배 계층에게는 불리하게 작용하며, 학교교육을 통하여 상층의 사람들이 다른 사람들보다 재능이 많고 더 노력하기 때문에 유리한 위치를 차지하고 있는 것처럼 믿게 만든다는 것이다.

경제적 재생산론자인 보울즈와 긴티스는 마르크스의 경제결정론에 입각하여 학교 기능 중 선발·배치 기능에 대하여 설명하였다. 그들은 1976년 『자본주의 사회 미국에서의 학교교육(*Schooling in Capitalist America*)』에서 미국의 학교교육이 구조 기능주의에서 주장한 바와 같이 인재를 공정하게 선별하여 사회에 배치하지 않고, 오히려 자본가 층에게 이로운 태도와 가치관을 가르치고 기존의 계층 구조를 정당화하고 지속시킨다고 비판한다.

또한 문화적 재생산론자인 프랑스의 사회학자 부르디외(Bourdieu)도 학교는 지배 계급의 문화를 담고 있으므로 학교교육의 선발 과정은 지배층에게 유리할 수밖에 없으며 불평등한 사회 구조를 유지하는 데 도움을 준다고 주장한다.

이상의 갈등 이론자들의 학생 선발의 사회적 의미를 다음과 같이 파악할 수 있다(손병순, 1978: 119-120). 첫째, 학교교육의 선발 과정은 대부분 지배 계급의 문화에 익숙한 특권층의 자녀에게 유리하다. 둘째, 문화적 지위를 확보하고 있는 지배층은 그들의 지위와 억압을 정당화하기 위해 학교교육을 이용한다. 셋째, 지배층은 학교교육의 선발을 공정한 것으로 정당화한다. 이는 효과적으로 피지배 계급을 지배하고, 그들을 복종시키기 위해서이다. 넷째, 학교는 문화 재생산을 통해 계급 구조를 영속화한다.

③ 교육과정

학교에서 배운 지식과 기술은 직업 신분이나 직무 수행 능력과는 크게 관계가 없다는 증거가 제시됨으로써, 갈등 이론자들은 학교는 현대 산업 사회에서 필요한 지식과 기술을 가르치기보다는 교육 자격증을 발급해 주는 곳으로 보고 있다.

마르크스는 교육과정이 지니고 있는 이데올로기적 성격을 지적하였다. 그는 기능 이론자들이 주장하는 교과목의 가치중립성에 관한 주장을 배격하고 자본주의 사회의 교육이 자본주의적 이데올로기를 주입시키고 있다고 비판한다(김신일, 1993: 79).

교육과정에 대한 견해를 경제적 재생산론(economic reproduction theory)과 문화적 재생산론(cultural reproduction theory)의 관점으로 나누어 살펴보면 다음과 같다(이종각, 2002: 145-153). 먼저 학교교육과 경제구조의 관계를 비판적으로 바라보는 경제적 모순을 은폐하고, 불평등한 계층 및 계급 구조를 유지·심화시키는 역할을 담당한다. 즉, 학교에서 제공하는 교육과정은 경제적 불평등을 정당화하고 합법화함으로써 지배 계급의 위치를 재생산한다. 보울즈와 진티스는 학교는 '억압적' 자본주의 사회의 유지에 필요한 가치관과 성격적 특성을 학생들에게 주입시키며, 학생들을 교육시키기 위해 마련한 교육과정에 이러한 내용이 뚜렷이 반영되어 있다고 주장한다.

다음으로 학교교육의 문화적 역할을 강조하는 문화적 재생산론에 따르면 학교에서는 지배 계급이 선호하는 문화 영역을 제공함으로써 계급적 불평등을 유지·심화시킨다. 부르디외는 지배 계급은 언어나 신분·지위·위신·관습과 같은 상징을 가지고 그들의 사고방식이나, 지배 유형을 자연스러운 질서인 것처럼 보이게 한다고 주장한다. 특히 그는 교육과정을 사회질서와 개인 간의 의사 전달의 체계로 보았다.

결론적으로, 갈등 이론에서 교육 체제는 지배 계급의 세계관을 반영하는 지식, 즉, 지배 이데올로기와 문화 자본을 전수함으로써 사회 질서를 재생산하고 합법화한다. 학교는 지배 집단의 문화에 의해서 경영된다. 학교에서 교사들에 의해 사용되는 언어·가치를 통해 지배 문화를 전달한다. 따라서 피지배 계층의 학생들은 그들의 질서가 아닌 지배 집단의 질서를 배우게 된다.

지금까지 교육에 대한 갈등 이론의 기본적 관점을 살펴보았다. 갈등 이론은 현행 학교 제도의 문제점을 학교 제도 내에서뿐만 아니라 학교와 사회와의 관련 속에서 찾으려 했던 점에서 학교교육에 대한 다양한 틀을 제공하는 데 공헌을 하였다. 그러나 갈등론적 교육 이론은 다음과 같은 비판을 받는다.

첫째, 결정론(determinism)에 빠져있다는 비판을 받는다. 갈등 이론은 구조 결정론에 빠져 교육을 경제 구조나 문화 구조에 의해 일방적으로 그 성격이 결정된다고 보았다.

둘째, 사회 구조를 너무 단순화시켰다. 사회 구조는 다양한 양상을 보임에도 불구하고 사회 구조를 지배자와 피지배자, 자본가와 노동자로 단순화함으로써 교육의 본질을 왜곡하거나 과장하고 있다.

셋째, 학교교육을 지배 구조를 고착화하기 위한 도구적 수단으로 취급함으로써 사회에 대한 학교교육의 공헌을 무시한다.

3. 신교육사회학의 해석적 접근방법

1) 신교육사회학의 발전 과정

앞에서 살펴본 기능 이론과 갈등 이론은 사회학의 양대 시각으로서 교육사회학의 주류를 이루어 왔다. 그들은 주로 학교교육의 사회적 기능, 사회적 선발,

교육의 기회 균등, 교육의 효율성 등의 문제에 주된 관심을 가져왔다. 기능론적·갈등론적 교육사회학은 이러한 문제들을 사회 체제와 관련하여 거시적·객관적 절차에 따라 분석하는 경향을 보였다.

그러나 1960년대를 거쳐 1970년대 초 사회 평등 구현을 위한 수단으로서의 학교교육에 대한 관심이 극도로 고조되었던 시기에 이러한 시각과 방법의 연구들은 교육 불평등의 실태를 피상적으로 기술할 뿐 구체적으로 파악하는 데 한계가 있음이 드러나게 되었다. 또한 1970년대 비판적 사회학과 급진적 사회학의 영향으로 구조 기능주의적 교육이 비판을 받기 시작하면서 새로운 교육사회학적 접근의 필요성이 제기되었다. 신교육사회학[27]은 바로 전통적 교육사회학의 한계와 이로 인한 새로운 교육사회학적 접근의 필요성에 근거를 두고 참신한 문제의식과 신선한 연구 주제, 그리고 독특한 연구 방법의 절차를 제시하면서 새롭게 등장하였다.

신교육사회학의 발전은 영국의 사회학자 영(Young)에 의해 시작되었다. 그는 1971년에 영국 사회학회의 교육사회학회에서 여러 논문을 편집한 보고서『지식과 통제: 교육사회학의 새 방향(*Knowledge and Control: New Directions for the Sociology of Education*)』을 출판하였다. 그의 이 책은 신교육사회학의 성립에 중요한 역할을 하게 되었다.

신교육사회학의 대표적인 학자들로는 영(Young) 이외에도 사회언어학적 연구를 통해 신교육사회학에 공헌한 번스타인(Bernstein), 신교육사회학이라는 용어를 처음 사용한 고버트(Gobutt), 그 밖에 데이비스(Davies), 이글스톤(Eggleston) 등이 있다.

---

27) 신교육사회학(new sociology of education)이라는 용어는 구교육사회학과 대비시켜 사용한 말로, 전통적 교육사회학을 비판하고 새로운 시각과 새로운 방법을 적용하여 교육을 연구해야 한다는 주장을 한다.

2) 신교육사회학의 기본 입장

신교육사회학은 해석학적 관점에서 교육의 내적 과정에 대한 이론적 체제화를 시도함으로써, 거시적 관점의 교육사회학 이론에서 학교교육의 내적 과정을 검은 상자(black box) 이론으로 설명하는 것에 반대한다. 신교육사회학은 관심 영역과 연구 방법에서 전통적 교육사회학과는 다음과 같은 차이를 보인다.

신교육사회학의 관심 영역은 크게 두 가지로 구분된다. 하나는 학교의 교육과정으로 선정되는 지식에 대한 연구이다. 다른 하나는 교실 연구로서, 학급 안에서 이루어지는 교사와 학생의 상호 작용, 교실 안에서 통용되는 가치 및 분류의 기준, 언어 등에 관한 연구이다. 종래의 교육사회학이 주로 사회 구조가 교육기회 분배와 계급 문화 유지에 어떻게 작용하는지에 관심을 가지고 이를 밝히는 데 몰두하였다고 한다면, 신교육사회학은 학교 내부의 교육과정과 수업 진행 과정 및 교사·학생 간의 상호 작용 관계를 파악하였다. 이런 의미에서 기존의 교육사회학 연구를 거시적 접근(macro approach)의 교육사회학, 신교육사회학을 미시적 접근(micro approach)의 교육사회학이라고 한다. 신교육사회학자들은 학교에서 일어나는 현상을 이해하기 위해서 규범적 준거를 벗어버리고 학교나 교실과 같은 일상적 교육 현상을 있는 그대로 평가하기 위하여 학생들의 학교 생활에 참여하여 관찰하는 참여 관찰 또는 민속 방법론과 같은 질적 연구 방법을 사용한다.

또한, 신교육사회학은 지식사회학[28)]을 그 이론적 배경으로 삼는다. 신교육사

28) 지식사회학(sociology of knowledge)은 1920년대 독일의 사회학자 셸러(Scheller)가 창안하였다. 지식사회학의 근본 명제는 마르크스가 말한 "의식이 존재를 결정하는 것이 아니라, 존재가 의식을 결정한다."에 두고 있다. 즉, 인간의 의식은 자신의 사회적 존재 조건에 따라 좌우된다는 것이다. 지식사회학에서는 지식이 사회의 소산임을 문제로 삼고, 지식이 어떠한 사회적 요인을 조건으로 취하며 또 그 요인과 어떻게 기능적 관련을 갖느냐에 관심을 둔다. 이는 경험론과 프랑스 관념론자의 사상에까지 소급될 수 있는데, 지식사회학과 직접적인 관계를 갖는 것은 마르크스와 엥겔스의 이데올로기론이다. 이는 셸러, 만하임 등으로 이어졌으며 그 연구 영역도 여론과 매스컴, 과학의 사회학, 지식인의 역할 등의 문제로 확대되고 있다.

회학은 지식사회학의 관점에서 지식의 사회적 제도화에 비판을 가하면서, 교육 내용과 그 조직 방식에 관한 탐구에 지식사회학의 기본 입장을 응용한다. 지식사회학의 기본적 입장을 살펴보면 다음과 같다. 첫째, 지식의 존재 구속성: 지식은 사회적 맥락과 구조에 의하여 결정된다. 둘째, 지식의 상대성: 지식의 진리값은 사회적·문화적으로 상대적인 것으로서, 절대적이고 보편적인 진리는 존재하지 않는다. 셋째, 지식의 가변성: 지식은 불변하는 것이 아니라 항상 변화한다. 요컨대, 지식사회학에 따르면 모든 지식은 사회적으로 구성되며, 변화에 종속된다. 또한 지식을 획득한 사람들의 문화를 통해 걸러지고 해석된다. 그 까닭은 사회집단마다 현실을 다르게 인식하고 해석하기 때문이다(이종각, 2002: 231).

신교육사회학자들은 지식과 헤게모니 분석을 통하여, 교육이 특권 지배 집단의 이데올로기를 문화적으로 재생산하고 있음을 지적한다. 이러한 인식하에 교육 불평등의 문제는 사회 계층 구조, 교육내용의 성격, 그리고 교사와 학생의 상호작용 등에 근거하여 발생하는 것이라고 주장한다.

3) 신교육사회학의 주요 논제

학교는 사람을 다루는 동시에 지식을 다루는 사회 기관이다. 즉, 학교는 사람과 지식을 분류·처리하는 기관임을 신교육사회학은 강조한다. 이들은 교육과정 내용과 교육과정의 선정 및 조직 뒤에 깔려있는 이데올로기 및 그러한 이데올로기를 떠받치고 있는 사회 구조 사이의 관계를 규명하고자 한다. 이러한 문제를 규명하는 데 있어 신교육사회학자들은 다음과 같은 관심을 갖는다.

첫째, 학교에서 가르치고 있는 지식은 누구에 의해 구성되었는가?

둘째, 학교에서 가르치고 있는 지식은 왜, 어떤 이유로 선택되었는가?

셋째, 학교에서 가르치고 있는 지식은 어떻게 학생들에게 분배되고 있는가?

넷째, 교사·학생은 어떻게 조직되고 있으며 그 준거는 무엇인가?

즉, 신교육사회학자들은 교육과정 속에 나타나 있는 지식과 사회구조와의 역학 관계, 지식과 집단 간의 사상적 갈등에 주목한다. 그들은 교육과정을 기존 사회 지배 계층의 이해 관계를 반영하여 지배 집단의 이권을 세대에 걸쳐 유지시켜 주는 내재적·실질적 도구로 파악한다.

영과 번스타인을 비롯한 신교육사회학자들은 교육내용의 성격과 그것이 전수되는 과정을 명확히 이해해야 한다고 생각하고, 교육내용으로서의 지식에 관한 연구와 교사와 학생 간의 상호작용에 관한 연구를 주로 주제로 삼았다. 번스타인은 교육과정에 나타나는 지식의 계층 구조가 사회 계층 문화를 반영하는 의미 전달 체계가 된다고 파악한다. 그는 특히 사회 계층에 따른 의사소통 형태를 비교 분석하면서 노동 계층 아동과 중·상류층의 아동을 비교하였다. 연구 결과, 중류층은 개념적·추상적 언어 즉, 공식어를 사용하는 반면에 노동계층은 대중어를 사용하였다. 노동 계층의 전형적이고 지배적인 구어 양식인 대중어는 구문의 융통성이 없고 문장 조직의 가능성이 몇 가지로 제한되어 있어, 사람들은 이 제한된 범위 안에서 언어를 구사한다. 이에 반해 중류 계층의 구어는 그 자체가 지적 활동의 대상으로 간주되며, 문장을 조직할 가능성에 대하여 사람들은 탐구적 태도를 가진다.

번스타인은 언어를 사회적 맥락에 구속되어 사용하느냐 아니면 맥락으로부터 독립하여 사용하느냐에 따라 어법을 제한된 어법(restricted code)과 정교한 어법(elaborated code)으로 구분하였다. 각각의 어법은 하층 계급과 상층 계급의 어법에 상응한다. 중류 계층의 아이들은 공식어와 대중어를 모두 구분할 수 있고 필요한 상황에서 적절하게 공식어를 사용할 수 있다는 의미에서 정교한 어법을 가진다. 이에 반해 노동 계층은 대중어 밖에 사용할 수 없다는 의미에서 구어 형식이 제한된 어법을 가진다.

여기에서 문제가 되는 것은 성취, 객관적 평가, 업적 등이 강조되는 전형적인 공식적 상황인 학교의 사태에서 요구되는 의사소통 언어가 중류층 이상에서 사용되는 공식어 또는 정교한 어법으로서, 학교에서는 이러한 공식어와 정교한 어법이 지향하는 인지적·정의적 활동이 격려된다는 것이다. 학교가 정련된 어법과 분석적인 인지 유형을 학습 상황에 채택하게 된 것은 사회 지배집단인 중산층의 권력과 통제가 작용했기 때문이다. 따라서 피지배계급인 노동자 계층의 학생들은 공식어 또는 정교한 어법을 사용하는 데 어려움이 있고 분석적 인지 유형의 학습 상황에 익숙하지 않기 때문에 학업 성취에서 중·상류 계층의 학생들에 비해 불리할 수밖에 없다.

신교육사회학자들의 입장에서 보면, 학교교육의 내용은 사회적으로 통제된 문화 전수의 한 방편이기 때문에 그것은 보편적인 것도 절대적인 것도 아니다. 즉, 교육과정은 사회적·정치적 산물이며, 교사·학생 간의 상호 작용 또한 사회적으로 규정된 것이기 때문에 어떤 학생에게는 유리하게 작용하는가 하면 다른 학생에게는 불리하게 작용할 수도 있다.

영은 기존의 교육사회학 연구가 교육내용을 주어진 것으로 보고 사회학적 탐구 대상에서 제외시킨 것을 비판하고, 학교에서 제공되는 지식을 사회학적 탐구의 중요한 대상으로 삼았다. 그는 지식을 사회적·정치적·문화적 조건에 영향을 받지 않는 보편적 가치를 지닌 것이라고 보는 전통적 지식관에 이의를 제기한다. 그는 지식은 사회적 구성물에 불과한 것이라고 주장하고 지식의 사회성을 주장한다.

〈표 11-2〉 전통적 교육과정관과 신교육사회학의 교육과정관 비교

전통적 교육과정관	신교육사회학의 교육과정관
과학적 지식이 교과과정의 핵심이며, 형식적 교과과정을 중시한다.	교육과정에서 다루어지는 지식은 특수 사회계층의 영향력을 받은 것이다.
지식은 객관적으로 정당화된 것이고, 학교는 지식을 가르치는 곳이다. 교육과정은 과학적, 객관적, 조직적으로 구성된다.	교육과정 계획이나 교과의 우선순위를 정하는 일은 결코 객관적이지 못하다.
교육내용의 보편성, 교육평가의 보편성, 교육목표의 보편성 등의 원칙을 강조한다.	교육과정은 사회권위, 권력, 사회계층, 학교 조직 간의 연계 관계에서 파악할 수 있다.

이상의 학자들의 견해를 중심으로 신교육사회학적 관점에서 교육내용에 대한 견해를 다음과 같이 정리할 수 있다(송병순, 1996: 127-128).

첫째, 학교에서 다루어지는 교육내용은 학교에 영향을 미치는 사회, 정치, 문화, 이데올로기와 관련시켜 교육과정을 사회적으로 분석해야 한다.

둘째, 사회체제를 현상 유지하거나 변혁시키는 이념이 교육이념에 영향을 미침으로써 특정 지배 집단의 이해관계가 학교교육에 내재하게 되기 때문에 이들의 이해관계가 학교를 통하여 문화적으로 재생산된다.

셋째, 현행 학교에서 다루어지는 교육내용은 사회적으로 제도화된 지식이기 때문에 이러한 지식은 특정 계층(그 사회의 지배 계층)의 문화와 이념이 내포되어 있다.

넷째, 사회적으로 제도화된 지식을 주입시키는 현행의 주지주의 교육은 평등화 실현에 위배된다.

다섯째, 학교에서 다루어지는 지식에 강조점을 두고 있는 신교육사회학에서는 학업 성취의 균등성으로서 교육의 기회 균등을 강조한다.

4) 신교육사회학의 의의

교육 연구에 있어서 미시적인 입장을 취하고 있는 신교육사회학은 다음과 같은 점에서 그 의의를 찾을 수 있다.

첫째, 지금까지 자명한 것으로 인정해서 연구의 관심을 기울이지 않았던 교실 안의 교수-학습 영역과 장면에 대하여 관심을 가지도록 함으로써 교육사회학의 탐구 영역을 확대하였다.

둘째, 교육 내부의 구체적 과정 속에서 나타나는 지식의 문제를 파헤쳤다. 즉, 교육과정과 학급에 대한 사회학적 접근에 의하여 교육사회학의 지평을 확대시켰다.

셋째, 교사·학생의 상호 작용에 주목하고 긍정적 인간관을 지향하고 있다는 점에서 그 의의를 찾을 수 있다.

그러나 신교육사회학은 연구에 비경험적 요소가 많아서 재현 가능성과 반증 가능성이 약하며, 그들의 극단적 상대주의는 연구의 일관성을 유지하기 힘들게 만든다는 비판을 받는다.

CHAPTER
12

제12장 교육의 사회적 쟁점

1. 교육 경쟁과 교육열
2. 교육 불평등
3. 교육의 사회적 측면들

교육은 사회 속에서 이루어지는 실제적인 현상이고 실천적인 행위이다. 이러한 교육의 특성은 여러 사회 문제·제도와 맞물려 긍정적 기능을 보여주지만 반대로 부정적 현상을 일으키기도 한다.

현재 한국 사회에서 대표적인 교육의 문제를 들면 사교육 문제라고 할 수 있다. 사교육비 부담은 그간 심각한 한국 사회의 문제로 부각되어 왔다. 1997년 현재 한국의 사교육비는 총 13~14조 원에 이른다. 이 중 사교육비의 주종을 이루는 연간 총 과외비는 GNP 대비 2.2% 수준의 9조 원, 4,380억 원으로 추정되고 있다. 사교육비의 증가는 연쇄적으로 한국 사회에 여러 문제를 야기하고 있다.

일차적으로 경제적인 측면에서 기형적인 가계 경제 부담 문제를 야기했으며, 교육적 측면에서는 과열 과외로 학생들의 전인적 발달을 저해하고, 학교교육 과정의 정상적 운영을 불가능하게 하여 학교 기능의 마비와 학교교육에 대한 불신을 더욱 증폭시켜 왔다. 나아가 사회구조적 측면에서는 사교육비 부담 능력에 따라 과외를 받게 됨으로써 국민 간 위화감이 조성된다는 문제 등이 제기되고 있다. 교육은 사회 현상이며 제도이기 때문에 교육의 문제는 사회의 문제로 발전하는 것이다.

사회에서 나타나는 교육적 쟁점들을 보다 깊이 있게 이해하기 위해서 여기서는 교육 경쟁, 교육열, 교육 불평등, 교육 내용의 사회적 측면들을 살펴보자.

1. 교육 경쟁과 교육열

한 사회에서의 교육 경쟁은 학력에 대하여 그 사회가 어떤 의미를 부여하고 어떠한 가치로서 바라보느냐에 따라 결정된다. 이하에서는 사회가 취하고 있는 선발 제도의 유형에 따른 교육열에 대하여 자세히 알아보자.

1) 교육 선발 제도와 교육 경쟁

교육 경쟁의 강도는 학교의 지위 분배 기능이 클수록 강해진다. 즉, 학력은 직업 수행에 유용한 도구적 기능, 학력에 따른 자격 등을 부여하는 질서적 기능, 그리고 높은 학력을 가진 경우 우선적으로 선발의 기회가 주어지는 선발적 가치에 중요한 결정 요인으로 작용하면 할수록 교육 경쟁은 치열해진다. 어떠한 사회든 그 사회가 유지·발전되기 위해서는 모든 분야에서 경쟁 구조를 갖는다. 그러한 경쟁 구조의 중심에 교육이 있다.

교육 경쟁을 한 마디로 정의하면 상위 교육 단계와 일류 학교에 선발되기 위한 경쟁이다. 따라서 교육 경쟁은 교육 선발 제도의 영향을 받는다. 교육 경쟁 구조는 분리형 교육 경쟁 구조, 쌍봉형 교육 경쟁 구조, 피라미드형 교육 경쟁 구조, 그리고 병목형 교육 경쟁 구조로 나누어 볼 수 있다.

〈그림 12-1〉 선발 제도와 교육경쟁 구조

분리형 교육 경쟁 구조는 신분의 구분이 뚜렷한 사회에서 볼 수 있는 경쟁 구조이다. 엄격한 신분제 사회였던 고대 사회, 중세 사회에서는 귀족층에만 교육이 실시되었고, 귀족층에서만 제한적 교육 경쟁이 이루어졌다. 쌍봉형 교육 경쟁 구조는 조기·다단계 선발 제도에서 2원적 교육 경쟁을 하게 된다. 다단계 교육 경쟁 구조는 일반적으로 단선형 구조 아래 초·중·고·대학의 각 단계마다 상위 단계로 나아가기 위한 선구조로 되어 있다. 이것은 상위 경쟁 구조로 가면 갈수록 선발 인원이 적어지는 피라미드 모형을 보이게 된다. 따라서 이 모형을 피라미드형 교육 경쟁 구조라 부른다. 다음으로 병목형 교육 경쟁 구조는 일반적으로 단선제이면서 만기 선발 교육제도를 취하고 있으며 사회에서 나타나는 교육 경쟁 구조이다. 만기 선발제는 보통 단선제이면서 각 단계마다 경쟁을 통한 선발을 하는 것이 아니라 특정 단계나 최종적인 단계에서 엄격한 선발을 실시하는 제도로 그 경쟁 정도가 다른 경쟁구조보다 치열한 양상을 보여준다.

이상의 교육 경쟁에 대한 개념을 토대로 한국 사회의 교육 경쟁 양식을 분석해 보면 다음과 같다. 한국의 교육 경쟁 양식은 그 선발 양식으로 볼 때 병목형 교육 구조를 취하고 있다. 또한 개방적 경쟁 양식 중 자본주의적 경쟁 양식에 속하고 상징적 학력추구형이며, 학업 성적을 기준으로 하는 업적형 경쟁 양식이지만 부모의 사회적 배경에 영향을 받고 빈부 간 격차가 영향을 미치는 후원형 경쟁 양식을 취하기도 한다. 이상의 경쟁 양식의 복합성으로 볼 때 한국의 교육 경쟁은 연합적 경쟁 양식이다.

교육 경쟁을 부추기는 요인으로는 인구 증가, 핵가족화, 인구의 도시집중, 산업화, 경제발전, 관료화, 도·농 간의 격차 등을 들 수 있다. 한국 사회에서는 사회 경제적인 문제로는 1970년대 이후 경제 발전을 바탕으로 한 도시집중화 현상과 핵가족화, 그리고 전통적으로 관료를 중시하는 의식 속에서 교육 경쟁은 가속화되었다. 교육 자체의 요인으로는 선발 양식의 문제를 그 요인으로 생각할 수 있다.

교육 경쟁의 장·단점을 알아보면 다음과 같다. 중앙집권적이고 단선제의 만기 선발의 교육 경쟁 구조를 취하고 있는 우리나라의 경우 교육 경쟁 현상은 지배계급과 서민계급간의 교육적 차별을 없애고, 모든 국민에게 골고루 그들의 능력에 따라서 교육의 기회를 제공할 수 있다는 장점을 지닌다. 또한 사회경제적 계층, 신앙, 성별에 따른 진학의 제한을 받지 않고 동일 학년의 학생이면 어느 학교에서나 같은 내용과 같은 수준의 교육과정을 배우게 됨으로써 전학이나 학점의 이전이 자유롭다고 할 수 있다. 그러나 교육 경쟁의 과열 현상이 나타나 사교육비 증가 현상과 개인의 소질과 흥미에 기초한 다양한 교육과정을 마련하고 제공하는 데에는 어려움이 따를 수 있다.

2) 교육열

교육열이란 어느 사회에서도 그 현상을 쉽게 찾아 볼 수 있다. 그 형성 과정과 성격이 나라마다 차이가 있을 뿐이다. 따라서 교육열이란 용어는 그 사용자나 맥락에 따라 다소 다른 의미를 갖는다. 교육열에 대한 가장 간단한 정의는 아마도 "교육을 받고자 하는 열망"이라고 할 수 있을 것이다.

교육열의 형성 배경은 거시적 측면과 직접적인 측면으로 나눌 수 있다. 거시적 측면으로는 사회의 자원 구조, 신분 구조, 정서 구조로 세분할 수 있으며, 직접적인 측면은 전통과 가치관으로 구분할 수 있다. 특히 한국에서 교육열의 직접적 측면을 보면 전통적 가치관에 기초한 부모-자녀 간의 공생적 관계, 인문 숭상의 전통, 체면 의식 등을 들 수 있다. 또한 교육열은 문화적 측면과 심리적 측면으로 나누어 설명할 수도 있다. 한국 사회에서 교육열의 문화적 측면으로는 숭문주의적 전통, 입신양명주의, 문벌주의를, 심리적 측면에서는 지식과 이해의 동기, 심미적 동기, 자아실현 동기, 그리고 성장 동기로서의 성취 동기를 들 수 있다.

교육열에 대한 개념을 정확히 하기 위해 기존의 연구자들의 정의를 빌려 정리해 보면 다음과 같다.

김영화(1993: 13)는 교육열을 "교육에 대해 가지고 있는 열망과 실제로 교육을 위해 투입하는 행위"를 포함하는 개념으로 정의하였으며, 교육열의 개념을 명료화하기 위해 6개의 범주로 분류하였다. 6개의 범주는 주체, 대상, 목적, 범위, 교육의 형식성, 그리고 현실감의 정도이다.

〈표 12-1〉 교육열에 대한 6개의 범주

범 주	교육열 구분
교육열의 주체에 따라	개인의 교육열 사회집단의 교육열 국가의 교육열
교육열의 대상에 따라	사적 교육열 공적 교육열
교육열의 목적에 따라	도구적 교육열 본질적 교육열
교육열의 범위에 따라	협의의 교육열(취학열, 진학열) 광의의 교육열(다양한 영역에서의 교육열)
교육의 형식에 따라	학교교육열(형식적 교육열) 학교외 교육열(비형식적 교육열)
현실감의 정도에 따라	이상적 교육열 현실적 교육열

최봉영(2000: 55)은 교육열을 "학교를 중심으로 한 제도 교육에 대한 강한 집착"이라고 본다. 그러나 교육열은 교육에 대한 열의와는 다른 차원의 개념이다. 교육열과 교육에 대한 열의를 구분해 보면, 우선 교육에 대한 열의는 어느 사회에서나 볼 수 있는 보편적 현상으로, 교육성취를 통한 자아 만족과 실현에 궁극적 목적이 있다고 할 수 있지만, 교육열은 교육이 집단적 경쟁의 방식으로 운영됨으로써 사회적 관심을 불러일으킨다는 것이다. 따라서 교육에 대한 열의는 교육 그 자체가 목적이지만, 교육열의 개념에서 교육은 입신양명과 출세 등을 위한 수단으로 이해된다. 여기에 더하여 오욱환(2000: 18)은 교육열을 "교육욕구가 사회적으로 만연하여 사회 전반적으로 나타나는 정상 수준을 넘어선 학력 및 학벌 쟁취 현상"이라고 정의하고 있어, 교육열에 대한 비정상성을 강조한다.

이종각(2002: 259-262)은 교육열을 "교육을 통한 자녀 성취 욕구" 혹은 "자녀에 대한 투자 동기 체제"로 정의하였다. 교육열은 교육에 대한 동기 그 자체가 아니라, 교육 동기의 정도를 말한다. 즉, 교육 동기가 대단히 높은 경우 그것을 교육열이라 부를 수 있다는 것이다. 그의 정의에서 교육열은 자녀애와 성취 욕구로 나뉜다는 것을 알 수 있다. 부모는 자녀를 위해서, 그리고 자녀를 통해서 자녀의 성취 욕구는 물론, 부모 자신의 성취 욕구까지를 충족시키려 한다.

이상의 정의들에서 교육열에 대한 다음과 같은 공통적 개념을 찾을 수 있다.

첫째, 교육열은 정상성을 넘어선 것이다. 교육열은 일반적으로 보이는 교육에 대한 열의와는 다르다. 교육에 대한 열의는 다른 사람에 대한 경쟁보다는 자신의 자아 만족과 관련된 개념이지만, 교육열은 그 자체로 경쟁의 의미를 포함한다. 교육열의 관점에서 교육은 수단이지 목적이 아니다.

둘째, 교육열은 사회적 속성으로 사회적 특성을 반영한다. 교육열은 사회풍토를 기반으로 한다. 이종각(2000: 19-25)에 따르면, 교육열은 학습된 것이며 역사적으로 누적·확산되어 온 것이다. 교육열은 개인에 의해서가 아니라 사회적 특성과 교육에 대한 역사적 인식에 의해서 강화되거나 약화되는 현상을 보여준다.

교육열의 긍정적인 측면과 부정적인 측면을 살펴보면 다음과 같다. 긍정적인 측면으로는 급속한 교육의 양적 팽창, 경제 성장과 사회 발전의 원동력이 된다는 것이다. 우리나라의 높은 교육열은 1970년대 이후 경제 발전을 토대로 교육의 급속한 양적 증가 현상을 가져왔다. 또한 사회 발전과 경제 발전을 위한 기반이 되었음은 부정할 수 없는 사실이다. 반대로 기형적인 교육열은 사회경제적으로도, 교육 자체에도 부정적 현상을 야기했다. 대표적인 부정적 현상으로 전인적 교육의 저해, 학교교육의 비정상화, 국민들 간의 위화감 조성, 가정 경제 위축 등을 들 수 있다.

2. 교육 불평등

오늘날 교육사회학을 이끌고 있는 핵심 규범은 '교육 평등'과 '사회 평등'이다. 교육 평등의 논의는 우리나라의 교육 경쟁 구조와 뜨거운 교육열의 측면에서 볼 때 너무나도 중요한 문제이다. 이는 교육 평등의 문제가 교육 경쟁 구조, 교육열, 그리고 교육관과 직접적인 관련을 갖는 교육 선발 제도에 영향을 받기 때문이다.

교육 불평등의 문제는 교육사회학의 영원한 과제이다. 교육의 기회균등의 문제는 학문적 배경에 따라 교육 격차, 불균형, 불평등과 같은 의미로 그 개념적 접근이 이루어져 왔다. 교육 평등이란 다음의 의미를 포함한다(김천기, 1998, 120-124).

첫째, 평등이란 '공정한 경쟁'을 의미한다. 이러한 평등의 관점에서 교육 평등은 공정한 경쟁을 위해 모든 사람들에게 교육의 기회를 균등하게 주는 것을 의미한다. 이것이 교육의 기회균등의 원리이다.

둘째, 최대 이익의 원리이다. 최대 이익의 원리는 우리가 교육활동의 문제를 선택할 때, 최대 다수의 사람에게 최대의 행복 혹은 최대의 이익이 돌아가게끔 하는 결정이어야 한다는 것이다.

셋째, 인간 존중의 원리이다. 인간 존중의 원리는 인간들의 동등한 가치를 존중하는 방식으로 교육활동이 이루어져야 한다는 것이다.

넷째, 최대 최소의 원리이다. 이 원리는 사회에서 불리한 입장에 있는 사람들의 필요에 특히 신경쓸 것을 요구한다. 즉, 약자에게 최대의 이익이 되는 방식으로 자원을 분배하고 강자에게는 최소의 이익만을 분배해야 한다는 것이다. 미국의 소수계 우대정책이 그 대표적인 예라 할 수 있다. 그 반대 법안으로는 '주민발의안 209호'[29])가 있다.

교육의 불평등 구조는 선발에 대한 교육관에 기초한다. 일반적으로 교육관을 선발과 관련하여 나누면 엘리트주의 교육관과 평등주의 교육관으로 나눌 수 있다. 엘리트주의 교육관에서는 개인의 능력을 선천적·유전적 능력에 기초하여 조기 선발을 하게 되며, 우수한 능력을 가진 집단과 그렇지 못한 집단을 분리하여 교육하는 제도가 발달하게 된다. 반면에, 평등주의 교육관에서는 인간은 누구나 교육받을 권리를 가지며 개인의 능력은 선천적·유전적 요인보다는 환경적 요인의 영향에 의해 좌우된다고 본다.

〈표 12-2〉 엘리트주의 교육관과 평등주의 교육관 비교

구분	엘리트주의	평등주의
선발 기준의 강조점	개인의 능력	교육받을 권리
능력에 영향을 미치는 결정적 요인	선천적·유전적 요인	환경적 요인
입직을 위한 교육선발 시기	조기선발 분리교육	만기선발 통합교육
교육선발 구조	복선형	단선형

출처: 송병순, 1987: 7

29) '주민발의안 209호'는 '캘리포니아 209'로 더 유명하다. 미국은 약자 보호법으로 소수계 우대정책 및 여성차별을 금지하는 법안을 시행해 왔다. 그러나 이는 역차별을 가져온다는 반대 운동을 불러일으켰다. 특히 소수계 우대정책에 있어 한국, 중국, 중남미, 흑인계 등 소수민족과 여성에게 공공기관 취업, 입학, 승진, 관급 계약 체결 시 특혜를 주는 것을 캘리포니아는 지난 1996년 주민 투표를 통해 이 정책을 폐지시켰다. 그러나 일부 카운티(군), 시정부와 교육기관 등에서는 소수계 끌어안기 차원에서 우대 프로그램을 직·간접으로 시행해 오고 있다.

〈그림 12-2〉 **교육 평등관**

역사적으로 보면 사회 평등 의식의 확산으로 엘리트주의는 차츰 후퇴하고 교육에 대한 평등 의식이 성장하고 있다. 교육 평등 의식은 그 의식의 수준에 따라 위의 〈그림 12-2〉와 같이 구분한다.

교육평등관은 크게 기회의 평등과 내용의 평등으로 구분할 수 있다. 기회의 평등은 다시 허용적 평등과 보상적 평등으로, 내용의 평등은 교육조건의 평등과 교육결과의 평등으로 세분된다(김신일, 1994: 259-267).

1) 교육 기회의 허용적 평등

허용적 평등관은 모든 사람들에게 동등한 기회가 주어져야 한다는 관점이다. 법적으로 제도상으로 특정 집단에게만 기회가 주어지고 다른 집단에게는 금지되는 일은 철폐되어야 한다. 그러나 주어진 기회를 누릴 수 있느냐 하는 것은 개인의 역량과 형편의 문제에 달려 있다. 허용적 평등은 신분·종교·성·지역·인종 등의 이유로 차별받아오던 교육적 불평등을 철폐하고 누구나 개인의 능력에 따라 교육을 받을 수 있도록 허용하자는 것이다. 즉, 허용적 평등관의 핵심은 제도적 차별을 철폐함으로써 동등한 교육의 기회를 제공하는 것과 개인의 능력과 형편에 따른 교육 기회를 획득하는 것에 있다.

2) 교육 기회의 보장적 평등

보장적 평등은 허용적 평등에서 교육받을 기회를 허용하는 것만으로는 개인의 능력과 형편에 따른 교육 기회의 획득에 차별이 존재하므로 완전한 교육 평등의 실현이 불가능하다고 본다. 즉, 허용적 평등에서는 교육받을 기회는 제공하지만 개인의 경제적 능력과 지리적 여건으로 교육의 기회를 놓치는 경우가 발생할 수 있다. 따라서 교육의 기회를 가로막는 경제적·지리적·사회적 제반 장애를 제거해 주어야 교육 기회 획득과 실현에 있어 불평등 구조가 사라진다. 이러한 입장을 교육 기회의 보장적 평등이라고 한다. 그 대표적인 예로는 취학의 보장과 의무 교육 제도를 들 수 있다.

3) 교육 조건의 평등

교육 기회의 평등은 교육 기회의 확대를 가져왔다. 그러나 이러한 교육 기회에 따른 취학의 평등만으로 교육 평등이 실현된 것은 아니다. 교육 평등이 실현되려면 평등하게 효과적인 학교에서의 취학이 보장되어야 한다. 즉, 학교 간 차이가 없어야 한다. 이를 위해서는 학교의 시설, 교사의 질, 제공되는 교육과정 등 학교에서 제공되는 물적·질적 시설과 여건의 평등이 보장되어야 한다. 교육 조건의 차이는 각 학교에 대한 사회적 인식의 차이와 학교 문화 구조의 차이에 의해서 결국 교육기회 분배의 차이를 가져오게 되기 때문이다.

4) 교육 결과의 평등

교육을 받는다는 것은 단순히 학교를 다니는 데 목적이 있는 것이 아니라 배워야 할 것을 배우는 데 그 목적이 있다. 즉, 교육의 결과가 같지 않다는 것은 교육이 불평등하다는 것을 의미한다. 따라서 진정한 교육 평등을 이루기 위해서는 교육 결과의 평등 즉, 학업 성취의 평등을 위한 적극적 조치를 취해야 한다. 그러나 문제는 대부분의 학업 성취의 차가 개인의 능력과 가정환경의 차에서도 기인하기 때문에 또 다른 문제가 제기된다. 교육 결과의 평등을 위해 능력이 낮은 학생들에게 더 많은 시간을 제공하고 기회를 제공한다면 역차별이라는 문제가 제기되어 교육 평등에 대한 개념의 혼란이 야기된다.

3. 교육의 사회적 측면들

1) 정치 이념의 변화와 교육과정

교육은 사회적 현상으로 당연히 사회적 차이와 사회적 변화에 영향을 받는다. 우선 사회의 제도적 차이가 교육과정 결정에 어떠한 영향을 미치는지 알아보면 다음과 같다. 사회가 취하고 있는 제도적 특성에 따라 교육과정의 강조점이 달라진다.

먼저 지방분권적인 교육행정 제도와 개방적 교육정책 결정구조를 취하는 경우 교육과정, 지도 방법, 교과서 선택 등에서 교장과 교사의 재량권이 커지게 되고, 중앙집권적 교육정책을 채택하고 있는 경우에 비하여 교육정책 결정 과정에 여러 압력 단체들 즉, 출판업자, 기업인, 노동단체, 학부모 등이 관여하게 됨으로써 보편주의적이고 실용적인 교육과정이 선택되는 경우가 많다.

반면 중앙집권적이며 폐쇄적 교육행정 제도를 취하는 경우, 그리고 엘리트주의적 교육관이 지배적인 사회에서는 교육과정의 결정이 지성 지향적 성격을 갖기 때문에 학문 중심적인 교육내용이 선택될 확률이 높다.

이는 교육과정이 보편적 가치로 구성되어 있다는 기존의 상식적 주장과는 달리 해당 교육과정이 시행되는 사회적 특성 즉, 통제 집단의 특성, 사회역사적 단계와 가치관, 사회가 채택하고 있는 제도의 특성, 교육과정 결정의 개방성·폐쇄성 등에 따라 상대적 가치로 구성된다는 것을 보여준다.

하지만 교육이 사회·정치적 특성에 일방적인 영향만을 받는 것은 아니다. 교육 또한 사회·정치적 측면에 영향력을 미친다. 우선 교육은 정치적 사회화를 통해 국민들을 국가의 정치 풍토에 입문시키는 주요 동인으로서 기능하고 정치적 엘리트의 양성과 선발을 위한 최고의 동인으로서 기능한다. 또한 국민의 정치 의식의 확립과 정치 통합에 기여하는 기능을 수행한다(윤정일 외 역, 1986: 155).

2) 지식의 계층화 및 성 차별화

지식의 계층화 현상이란 사회의 사람들이 위계화되어 있듯이 지식도 이와 유사하게 계층 구조를 이룬다는 것이다. 지식의 계층화를 지식의 지위 위계화라고도 한다. 즉, 한 사회의 상위층과 하위층이 가지고 있는 지식에는 차이가 나타나며, 이러한 차이는 해당 사회에서 통용되는 지식의 가치 때문에 위계적 구조를 이룬다는 것이다(이종각, 2002: 234).

애플(Apple), 영(Young) 등과 같은 교육과정 사회학자들은 지식이 연령 간, 사회경제적 계층 간, 직업집단 간, 권력집단 간에 불균등하게 분배되어 있음을 지적한다. 문화자본 이론에 따르면, 사회의 불평등 및 교육의 불평등 현상은 문화자본(cultural capital)[30)]의 불균등한 분배에서 온다고 본다. 불균형한 문화자본의 분배 현상은 학교와 같은 문화자본의 선택·분배기관을 통해서 이루어지는데, 권력 집단은 학교를 통하여 다른 집단에 권력과 통제를 행사하게 되고, 이로 인해 불평등한 사회구조가 재생산된다.

지식의 위계화·계층화 현상은 교육의 불평등 구조와 맞물려 지배구조를 유지·존속시킨다. 문화자본 이론에 따르면 자본주의적 민주 정치 체제 아래의 공립학교 교육은 실력 위주로 이루어진다고 간주되는데도, 좋은 성적을 가장 자주 내는 학생은 반드시 가장 재능이 뛰어난 학생이 아니라 그의 집안이 사회적·경제적·문화적으로 지위가 높은 학생이다. 다시 말하면, 지배계급의 문화자본을 가장 많이 소유하고 지배 문화에 익숙한 계층의 학생이 학교에서도 높은 학업 성취를 얻을 수 있다. 결과적으로 개인의 능력보다는 각 계층이 소유한 문화의 형태에 따라 학업 성취의 정도가 달라진다.

학교에서 제공되는 교육내용은 많은 부분 지배 계층이 소유한 문화를 반영하고 있다. 학생들은 학교에서 이런 문화에 대한 이해의 정도를 각종 시험을 통해 평가받게 된다. 따라서 개인의 능력과는 관계없이 학생들이 속한 계층의 차이에 따라 학업 성취의 결과가 나타나게 된다. 그래서 즉, 지배 문화에 익숙하지 못한 학생들은 지배 문화에 익숙한 학생에 비하여 학업 성취의 정도가 낮아질 수밖에 없다.

교육과정의 편향은 성(性) 문화에서도 나타난다. 지금까지의 교육은 남성중심의 사회에서 형성되고 발전되어 왔기에, 교과서에 담겨져 있는 내용 또한 남성

---

30) 문화자본은 상징적 표현이 화폐·재산과 같이 사회의 지배계급에 의하여 결정된 교환가치라는 주장에 근거하여 성립된 개념이다. 1977년에 부르디외(Bourdieu)와 파스롱(Passeron)의 공저 『*Reproduction in Education, Socity and Culture*』에서 처음으로 사용된 말이다. 문화사본이라는 용어는 상징적 표현이 화폐나 재산과 마찬가지로 사회의 지배계급에 의하여 결정된 교환 가치라는 주장에 근거하여 성립된 개념으로 어떤 사회의 구성원은 그 사회의 지배계급에 의해 가장 높이 평가되는 언어를 이해하고 활용하는 능력이 많으면 많을수록 문화자본을 많이 소유할 수 있을 뿐만 아니라, 문화자본의 분배와 전수 방법 역시 많이 통제할 수 있다는 것이다.

위주의 지식으로 구성되어 있다. 즉, 많은 지식은 남성의 사고를 정당화하고 성차별을 합리화한다. 예를 들어, 교육을 통해 남학생에게는 진취적이고 적극적이며 건설적인 교육내용을 제공하지만, 여학생들에게는 순결과 순종, 소극적 성격을 소유하도록 강요된다. 직·간접적으로 여성은 다소곳하여야 하며 보호받아야 할 연약한 존재로 묘사된다.

교육은 누구에게나 평등하게 제공되어야 한다. 특히 지리적인 차이, 경제적인 차이, 성별 차에 따른 차별이 이루어져서는 안 된다. 이러한 차별 구조는 역사적으로 유·무형의 교육을 통해 고착화되었다. 교육 평등을 이루기 위해서는 많은 문제들이 복합적으로 작용하지만 교육의 평등은 사회의 평등으로 가는 지름길이 될 수 있을 것이다.

PART
5

교육의 행정적 이해

제13장 교육과 행정
제14장 교육행정의 조직과 체계
제15장 교육과 교사

CHAPTER
13

제13장 교육과 행정

1. 교육행정의 개념
2. 교육행정의 성격
3. 교육행정 이론

한 국가의 공적인 교육이 소기의 목적과 기능을 달성하려면 제도적으로 이를 뒷받침하고 지속적으로 관리하는 일이 필요하다. 교육에 관한 행정적 지원과 관리는 바로 이러한 필요 때문에 등장하였다. 이 장에서는 교육에 관한 행정적 접근으로써, 교육행정의 개념과 성격을 살펴보도록 한다.

1. 교육행정의 개념

교육행정의 개념규정은 교육행정에 대한 정의(定義)를 밝히는 것이다. 교육행정은 교육과 행정이 합쳐진 용어이기 때문에 교육과 행정을 해석하는 기준에 따라 다양한 해석이 가능하다. 이러한 다양한 견해를 살펴보면 다음과 같다.

1) 국가공권력설

국가공권력설은 행정의 포괄적인 개념에서 교육에 대한 행정만을 따로 분리하여 해석한 개념이다. 국가의 공권력은 법규에 의해 발생되기 때문에 국가공권력설을 법규해석적 정의로 이해하기도 한다. 행정은 국가의 통치행위 중 사법과 입법의 영역을 제외한 영역을 말하는 것으로서 그 하위 영역으로 내무·외무·국방·재무 등의 분야가 있다. 이러한 분야 중 교육행정은 내무행정에 포함된다. 여기서는 법규를 중요시하고 정책의 결정뿐만 아니라, 정책의 집행을 강조하기 때문에 행정작용에 있어서 자율적인 면보다는 강제적이고 획일적인 기능을 강조한다.

2) 조건정비설

조건정비설은 교육행정을 교육목표를 달성하기 위한 수단이나 봉사적인 측면으로 본다. 국가공권력설이 교육에 관한 행정을 강조함으로써 행정을 교육의 개념보다 상위 개념으로 파악하는 반면, 조건정비설에서는 행정의 개념을 교육보다는 하위의 개념으로 규정함으로써 교육의 생산성을 높이기 위한 조건을 정비하는 수단으로 보는 것이다. 따라서 국가공권력설은 위에서부터 아래로의 성격을 가지고 있는 반면에 조건정비설에서 나타나는 행정의 성격은 아래로부터 위로의 성격을 가지고 있다. 교육행정의 개념을 조건정비설로 규정하는 견해는 교육목표 달성을 위한 행정의 기능적 역할을 강조하기 때문에, 교육행정의 기능적 해석 또는 조건 정비적 정의라고도 한다. 조건정비설은 교육행정에 있어서 중앙집권적인 측면보다 지방분권적인 자율적인 측면을 강조하기 때문에 교육행정의 본질을 규명하는 입장에 있어서도 교육행정을 중앙집권적인 형태에서 당위적으로 규명하기보다는 교육의 실제현장에서 일어나고 있는 사실로부터 파악한다. 조건정비설을 주장하는 대표적인 학자는 몰맨(Moehlman)과 리더(Reeder) 등이 있다. 몰맨은 교육행정이란 교육의 목표를 효과적으로 실현하기 위한 봉사활동이라고 주장하였으며 리더의 경우도 교육행정은 교육목표를 달성하기 위한 수단으로 존재하는 것이지 다른 목적이 존재하는 것이 아님을 강조하였다.

3) 정책달성설

정책달성설은 교육행정을 교육정책을 실현하는 기능으로 해석한다. 교육정책이란 교육기관이 공적인 목표를 달성하기 위해 계획을 수립하는 것이다. 교육행정을 교육정책의 달성을 위한 집행의 기능으로 보는 정책달성설의 입장에서는 교육행정기관에서의 권력적인 요소를 중요시한다. 정책달성설에서 말하는 교육행정의 개념은 사적인 기업의 운영이나 경영과는 구별이 되며, 단위 교육기관에서 교육목표를 달성하기 위한 수단적·조성적 역할을 강조하는 조건정비설과도 그 성격을 달리한다. 여기서는 정치와 행정의 차별을 줄이고 행정의 정치적인 기능을 강화하여 행정의 효율성을 높이는 개념으로 행정을 파악한다. 따라서 교육행정의 개념을 넓게 파악하는 동시에 좀 더 적극적인 개념으로 파악하고 있으며 행정의 공공성을 강조하여 교육에 대한 행정의 책임을 강조한다.

4) 행정행위설

행정행위설에서는 교육행정을 교육목적을 효과적으로 달성하기 위한 여러 사람의 협동적 행위로 해석한다. 행정행위설에 있어서는 교육행정에 있어서 행정의 목표를 실천에 강조를 둔다. 따라서 여기서는 교육행정이 지나치게 교육만을 강조하는 입장을 비판하고 행정행위를 할 수 있는 공통적인 요소를 강조한다. 행정행위설에 있어서는 교육조직 뿐만 아니라 다른 공공기관·기업체·군대·호텔·병원 등에서 일어나는 공동적인 행위를 강조한다.

여기서의 행정행위란 계획되지 않은 일시적인 행동이나 실천을 말하는 것이 아니고 계획적이며 지속적인 활동을 말하며 일정한 조직의 목표를 달성하기 위한 합리적인 행위를 말한다.

캠벨(Campbell) 등은 교육행정이 지나치게 교육적인 면을 강조하여 행정적인 측면을 소홀히 했다고 지적하면서 교육행정의 바른 이해를 위해서는 일반행정에 대한 이해가 필요하다고 지적하였다. 행정행위란 일정한 행정조직에 있어서 조직의 목표를 달성하기 위한 일반적인 행동이기 때문에 교육행정의 행정행위를 다른 행정과 분리하여 구분하는 것은 바람직하지 않다. 이런 측면에서 행정의 일반적인 특징인 조직의 목표를 달성하기 위한 기능이나 조직의 유형이나 기능 등은 다른 어떤 행정에 있어서도 공통적인 사항이기 때문에 이를 바탕으로 한 각 행정영역의 특수성을 강조하는 것이 필요하다. 행정행위설에서 주장하는 교육행정은 이렇게 행정에 있어서의 보편성을 강조하며 이를 바탕으로 한 일반적인 행정행위를 강조한다.

5) 종합설

이상과 같은 교육행정에 대한 다양한 견해는 교육행정의 여러 가지 성격 중 일면만을 강조하여 해석하고 있다. 국가공권력설은 교육행정에 있어서 법규적인 측면만을 지나치게 강조하여 교육행정의 공식적이고 관료적인 측면만을 강조한 반면, 조건정비설에 있어서는 교육행정의 수단적·기능적인 측면만을 강조하여 교육행정의 주체적이고 주도적인 역할을 소홀히 하고 있다. 또한 정책달성설에 있어서는 교육행정의 정치적 기능을 강조함으로써 행정의 고유기능을 경시하고 있으며 행정행위설에 있어서는 교육행정의 보편성만을 지나치게 강조함으로써 교육행정의 나름대로의 특수성과 독자성을 무시하였다.

이와 같은 교육행정에 있어서의 다양한 주장은 장점과 단점을 동시에 가지고 있기 때문에 교육행정을 전반적으로 설명하는 데는 일정한 한계를 나타낸다. 따라서 이러한 여러 가지 주장을 종합적이고 포괄적으로 다루는 개념으로서의 교육행정의 정의를 규정할 필요성이 대두된다. 이러한 교육행정의 개념규정을 교육행정의 종합설이라고 한다. 종합설에서 지적하고 있는 교육행정의 개념을 설명하면 교육행정은 교육목표를 달성하기 위해 교육법규에 근거를 둔 공권력에 바탕을 두고 단위교육기관의 교육목표달성은 물론 상급행정기관에서 결정하는 교육정책의 달성을 위해 합리적인 행동을 할 수 있도록 유도하는 수단적·봉사적 활동을 말한다.

2. 교육행정의 성격

교육행정의 개념규정에 있어서 교육행정은 행정일반의 보편적인 개념과 교육행정만의 특수적·독자적 개념이 있음을 밝혔다. 여기서는 교육행정만이 가지고 있는 독자성을 중심으로 그 기본적인 성격에 대해 살펴보고자 한다.

1) 수단적·봉사적 성격

교육행정 중 수단적·봉사적 성격은 교육행정은 교육목표를 달성하기 위하여 필요한 인적·물적 자원을 제공하고 이를 조장하는 역할을 하는 것을 말한다. 교육목표를 원만히 달성하기 위해서는 여러 가지 수단이 필요하다. 이러한 역할을 담당하는 교육행정은 행정을 위한 행정이 아니고 결국은 교육목표를 달성하는데 도와주는 역할을 한다. 이와 같은 기능을 교육행정의 수단적·봉사적 기능이라고 한다. 따라서 교육행정은 합리성과 능률성을 갖추어야 하고 내용이 고정적이기보다는 교육의 목표에 따라 유동적이며 기술적이고 발전적인 성격을 가져야 한다.

2) 전문적 성격

교육행정이 일반행정의 일부이지만 교육행정만이 가지고 있는 고유한 영역이 있기 때문에 거기에 따른 전문적인 성격을 무시할 수 없다. 교육행정에 관련된 업무를 담당하는 교육행정가는 전문가적인 소양을 갖추기 위해 일정한 교육이나 정해진 훈련과 경험이 필요하다. 특히 사회가 복잡하고 다양해 짐에 따라 행정에도 점점 전문성과 특수성이 요구되고 있다. 교육행정에 있어서도 일반행정과 분리하여 교육행정 전문가가 담당함으로써 그 특수성이 적극적으로 보장되어야 한다.

3) 민주적 성격

교육행정의 개념 규정에 있어서 공적이고 법규적이며 권력적인 요소가 가미되지만 그 근저에는 민주적인 요소가 항상 바탕이 되어야 한다. 즉, 교육행정의 모든 절차가 민주적인 절차에 의해 이루어져야 하며 교육행정의 자주성과 자율성이 보장되어야 한다. 교육행정의 민주적 성격은 교육의 민주성을 강조한 현행 헌법 제31조 4항(교육의 자주성·전문성·정치적 중립성 및 대학의 자율성은 법률이 정하는 바에 의하여 보장된다.)의 규정에 근거를 둔 것이다. 따라서 교육은 자주성과 정치적 중립성을 보장받기 때문에 교육행정 또한 일반행정으로부터 분리 독립되어야 하며 정치적으로도 중립을 유지해야 한다.

4) 장기적 성격

교육의 효과가 단기적이고 가시적으로 나타나는 것이 아니기 때문에 교육행정의 성격도 장기적인 성격을 지닌다. 교육행정가는 정책의 계획이나 결정에 있어서도 항상 장기적이고 넓은 의미로 업무를 파악하고 수행하는 자세를 가져야 한다. 이러한 교육의 장기성을 이해하지 못하는 사람들은 교육의 장기적 투자와 투자 이익회수의 장기성을 비생산적인 활동으로 생각하기 쉽다. 그러나 교육은 사람을 대상으로 하는 활동이기 때문에 다른 생산활동과는 그 가치에 있어서 비교를 할 수 없을 만큼 중요한 활동이며 그에 따라 투자의 효과를 위해서는 오랜 동안의 기간이 필요하다.

3. 교육행정 이론

1) 고전적 조직론

고전적 조직이론은 20세기 초에 나타난 이론으로 과학적 관리론, 행정관리론, 관료제 이론 등이 있다.

(1) 과학적 관리론

20세기 이전에는 관리에 대한 체계적인 연구가 없이 경험과 상식을 바탕으로 한 조직관리가 이루어졌다. 과학적 관리론은 행정이론 중 테일러(Taylor)가 주장한 이론으로 작업(일)과 노동자를 과학적으로 관리하여 작업의 효과성을 극대화시킨다는 이론이다. 테일러는 현장의 노동자들을 오랫동안 관찰·분석한 결과 생산 능률을 결정하는 것은 감독자가 아니라 노동자들이며 노동자가 인습에 길들여 있기 때문에 많은 동작과 시간을 낭비하고 있다고 생각하여 작업방법을 개선하면 작업능률이 향상될 것이라고 생각하였다. 그의 과학적 관리론은 다음과 같은 원리로 요약될 수 있다.

첫째, **표준화한 조건**. 이것은 과업이 성공적으로 이루어질 수 있도록 작업조건과 도구에 기준을 정하여 여기에 맞추어 작업을 진행시키는 것을 말한다.

둘째, **1일 최대 작업량**. 이것은 노동자가 하루에 할 수 있는 최고의 작업량을 말한다.

셋째, **성공에 대한 보상**. 과업을 성공적으로 완수한 경우에는 성공에 대한 보상이 이루어져야 한다.

넷째, **실패에 대한 책임**. 과업을 성공적으로 달성하지 못한 경우에는 실패에 대한 책임을 감수해야 한다.

다섯째, **과업의 높은 숙련도**. 노동자에게 주어지는 과업의 양과 수준은 일급노동자가 할 수 있을 만큼 어려운 것이어야 한다.

테일러(Taylor)의 과학적 관리론은 미국의 강철회사나 철도회사 등에 적용되어 크게 영향을 미쳤으나, 다른 한편 노동자들의 반발을 많이 받았다. 노동자들은 과학적 관리론은 자신들을 기계로 취급한 이론이라고 강하게 비판을 하였다. 오늘날의 관점에서 볼 때 과학적 관리론은 인간의 경제적인 측면만을 지나치게 강조하고 사회심리적인 측면을 간과했다는 점을 지적할 수 있다. 특히 조직의 공동목적을 달성하기 위해 인간의 노력을 유도하는 데 필수적인 동기적, 심리적, 정서적 상호작용을 소홀히 하였다는 비판을 면치 못한다.

(2) 행정관리론

고전 이론의 또 다른 이론이 행정관리론이다. 과학적 관리론이 개개 노동자의 과업에 초점을 둔 이론이라면 행정관리론은 조직의 전체관리에 초점을 두었다. 행정관리론은 페욜(Fayol)에 의해 밝혀진 이론으로 그는 노동자를 기계로 취급한 테일러와는 달리 관리에 초점을 두고 행정과정을 생산과정과는 다른 측면으로 보았다. 그는 여러 조직에 공통적인 행정과정을 다음과 같이 다섯 단계로 분류하였다.

① **계획**: 향후 전망을 연구하여 운영 계획을 세우는 것
② **조직**: 사업의 인적 물적 조건을 체계화하는 것
③ **명령**: 직원들에게 각자의 일을 시키는 것
④ **조정**: 모든 노동활동을 관련시켜 적절히 배분하고 통합하는 것
⑤ **통제**: 모든 활동이 계획과 규칙대로 이루어졌는가를 확인하는 것

이상과 같은 행정과정 외에도 페욜은 14개의 조직관리 원칙을 요약하고 있는데 이들 원칙은 현대 조직관리에서도 중요한 원리로 취급되고 있다.

① 분업(division of work)의 원리
② 권한의 원리
③ 규율의 원리
④ 명령통일의 원리
⑤ 지휘통일의 원리
⑥ 개인적 이익의 종속원리
⑦ 보상의 원리
⑧ 집권화의 원리
⑨ 책임계열의 원리
⑩ 질서의 원리
⑪ 공평성의 원리
⑫ 직원 신분보장의 원리
⑬ 자발성의 원리
⑭ 단체정신의 원리

페욜은 이와 같은 원리를 특정한 조직에 적용할 때에는 행정가의 독단적이고 엄격한 적용보다는 융통성과 균형감각을 강조하였다. 이는 과학적 관리의 원칙을 일률적, 강압적으로 적용하기를 주장한 테일러와는 다른 점이다. 후에 귈릭(Guilick)은 페욜의 5단계 행정과정을 발전시켜 계획(planning), 조직(organizing), 인사(staffing), 명령(directing), 조정(coordinating), 보고(reporting), 예산(bugeting) 등의 7단계 행정과정인 POSDCoRB라는 용어를 창안하였다.

(3) 관료제 이론

고전 이론 중 독일의 사회학자 막스 베버(Max Weber)는 조직을 구조적 측면에서 연구하였다. 그는 최소한의 인적·물적 자원을 투자하여 조직의 목적을 달성할 수 있는 조직구조를 발견하려는 연구를 계속하였고, 그 결과로 나타난 것이 관료제(bureaucracy)이다. 베버(Weber)는 관료제를 사회이론의 한 부분으로 보았으며 정부, 기업, 종교 기관 등에서 볼 수 있는 조직의 한 형태라고 보았다. 관료제의 일반적인 특징을 살펴보면 다음과 같다.

① 조직의 목적에 필요한 활동은 공식적인 직무이다.

② 조직의 원칙은 계층제의 원리에 따른다.

③ 직원은 직무수행에 있어서 엄격하고도 체계적인 규칙에 의해 통제를 받으며 그 적용은 일률적이고 획일적으로 받는다.

④ 조직구성원은 과업을 수행하는 데 있어서 형식주의적 원칙에 의해 개인적인 감정을 드러냄이 없이 수행한다.

⑤ 조직구성원은 전문적인 기술·자격에 의해 선발 임명된다.

이러한 관료제의 특징들은 합리적인 의사결정과 행정의 효율성을 극대화하는 데 필요한 요소이다. 그러나 실제로는 이러한 특징들이 상호 결합할 때 역기능이 생기기도 한다. 호이와 미스켈(Hoy & Miskel)은 관료제의 특징을 분업과 전문화, 몰 인정성, 권한과 위계, 규정과 규칙, 경력지향성, 능률의 강조 등 여섯 가지로 규정하였다. 이와 같은 설명은 관료제의 특징과 순기능, 역기능을 함께 나타낸 것이다. 다음은 관료제가 나타나는 권한에 대한 내용인데 베버(Weber)는 관료제를 권한의 정당화에 따라 다음과 같이 세 가지로 구분하였다.

① 전통적 권한(traditional authority)

조직구성원이 상급자의 명령에 대하여 '그것은 전통적으로 그러했다'는 근거에 따라 권한을 받아들이는 것으로서 대표적인 예는 과거의 왕조시대에 있어서의 왕의 권한과 같은 것이다.

② 카리스마적 권한(charismatic authority)

조직구성원이 상급자의 비범한 자질 때문에 그의 명령을 정당한 것으로 받아들일 때 나타나는 권한으로써 종교, 정치, 군사 분야의 많은 추종자들을 이끄는 지도자들에게서 전형적인 예를 찾을 수 있다.

③ 합리적·합법적 권한(rational-legal authority)

이는 조직구성원이 상위자의 권한이 합리적이고 합법적인 것이라고 생각하고 거기에서 지배가 도출되는 현상을 말하며 현대의 대규모 조직이 이에 속한다.

이들 세 개의 유형은 현실적으로 따로 존재하는 것이 아니라 실제로는 세 가지 유형이 혼합된 형태로 나타난다. 베버는 세 가지 권한 유형 가운데 '합리적·합법적 권한이 관료제를 이루어야 한다'고 지적하였다.

(4) 고전 이론과 교육

고전적 조직이론은 교육행정과 학교현장에도 그대로 적용되었다. 당시 미국은 의무교육 입법, 이민에 의한 인구 증가로 많은 시설과 교사가 필요하였다. 이로 인하여 교육비를 절약하면서 과업의 능률을 높이려는 운동이 전개되었다. 당시의 교육행정가들은 교육행정의 총체적인 문제점을 지적하고 과학적 관리를 통한 교육제도 개선을 주장하였다. 따라서 교육행정가는 과학적 체계에 의해 의사결정을 해야하며, 목표에 대한 기준을 설정하여 수행해야 할 과업과 급여를 결정하고, 수업방법을 결정하며 교사를 선발하여 훈련시키고, 학습에 이용할 자료와 시설을 알맞게 선택해야 된다고 하였다.

바비트(Bobbit)는 고전 이론과 교육행정과의 관계를 다음과 같이 지적하였다.

① 교육할 수 있는 학교시설을 가능한 많이 이용할 것

② 교사의 작업능률을 최대한 활용하여 교사수를 최대한 줄일 것

③ 낭비를 추방할 것

④ 학생 개개인에 맞는 프로그램을 진행할 것

2) 인간관계론

과학적 관리론, 행정관리론, 관료제 이론으로 대표되는 고전 이론은 1930년대 초까지 행정에 많은 영향을 주었으나 1930년대에 경제공황이 일어나면서 이론에 한계를 나타내게 되었다. 곧 고전 이론에서는 합리적·경제적 관점에서만 조직의 생산성을 분석하고, 인간의 잠재력이나 개성에 대한 연구는 고려하지 아니하였기 때문이다. 따라서 인간보다는 과업을 중시하고, 개인의 욕구보다는 조직의 생산성을 강조한 나머지 인간을 기계시하여 '인간 없는 조직'이라는 이미지를 낳게 되었다. 이러한 고전 이론의 비판으로 조직에 있어서 인간을 강조한 인간관계론이 대두되게 되었다.

(1) 호손(Hawthorne) 연구

호손(Hawthorne) 실험은 메이요(Mayo)와 그의 동료 교수에 의해 1923년에서 1932년 사이에 시카고 근교에 있는 웨스턴 전기회사의 호손공장에서 이루어졌다. 호손 연구의 중요내용을 설명하면 다음과 같다.

웨스턴 전기회사는 후생시설, 연금제도, 오락시설 등이 잘 갖추어져 있기 때문에 많은 발전을 할 수 있을 것으로 기대가 되었지만 회사는 종업원들의 긴장과 갈등으로 인하여 생산성이 낮아졌다. 따라서 그 원인을 규명해보려는 일련의 연구가 시작되었다. 최초의 연구는 공장의 조명과 생산 수준과의 관계를 연구하

는 실험이었다. 실험집단과 통제집단으로 나누어 실험한 결과 양 집단 간에 조명과 생산성과는 차이가 나지 않았다. 그 이후 조사팀은 휴식시간과 생산성과의 상관관계를 연구하였다. 그 결과 휴식시간과 생산성과의 관계에 있어서도 많은 상관관계를 나타내지 않았다. 이와 같은 연구에서 제시하는 것은 조직의 생산성의 증가는 물리적 조건과 구성원의 피로의 정도에 의해 좌우된다는 고전 이론 학자들의 주장과는 다른 결과를 나타낸 것이다.

또한 이 연구의 2차 조사에서 밝혀진 내용은 고전 이론에서는 언급되지 않았던 조직 내 구성원 간의 관계나 조직분위기와 생산성과의 관계이다. 이와 같은 내용의 연구에서 연구자들은 조직의 생산성은 조직 내의 자생조직인 비공식적 사회집단과 밀접한 관계가 있음을 밝혔다.

이와 같은 사항을 중심으로 호손 실험연구를 통해 조사된 연구결과를 요약해 보면 다음과 같다.

① 생산량은 작업환경의 물리적 조건에 의해서가 아니고 근로자의 인간적인 조건에 의해 결정된다.

② 구성원에 대한 비경제적인 보상과 인정이 구성원의 행동에 영향을 미치며 이에 따라 조직의 생산성이 영향을 받는다.

③ 조직구성원은 개인으로서가 아니라 집단의 성원으로서 행동하거나 반응한다.

④ 집단규범을 설정하여 집행하는 지도성의 중요성과 공식적 및 비공식적 지도성 간의 차이는 조직의 생산성에 많은 영향을 미친다.

⑤ 의사소통과 의사결정에 있어서도 참여적, 민주적 지도성이 중요하다.

(2) 인간관계론의 학자들

인간관계론을 주장한 학자들은 메이요(Mayo) 이외에도 다수의 학자들이 있다. 폴레트(Follet)는 인간관계의 중요성과 행정에서의 심리학적인 측면을 최초로 인식한 학자였다. 그는 고전 이론에 인간의 감정과 창의성을 불어넣었다. 또한 조직에서의 갈등이 해로운 것이 아니라, 조화로운 인간관계를 형성하며 개인의 발전이나 조직의 발전을 위해 필요한 요소라고 주장하였다. 그는 갈등의 해결방법으로 당사자 사이에 한편이 승리하는 지배, 양쪽이 서로 양보하는 타협, 양쪽이 모두 승리하는 통합을 제시하였다. 집단역학(group dynamic)의 연구로 알려진 레빈(Lewin)도 인간관계이론에 영향을 미쳤고 특히 그들은 지도성의 유형을 민주적 지도성, 전제적 지도성, 자유방임적 지도성으로 구분하고 조직구성원이 적극적으로 참여하는 민주적 집단이 전제적 집단이나 방임적 집단에 비해 조직의 생산성을 더 많이 낸다는 결론을 내렸다. 칼 로저스(Carl Rogers)는 상담에 있어서 인간관계론의 접근을 사용하였다. 그에 의하면 인간의 행위를 이해하는 가장 좋은 방법은 끊임없이 변하는 세계에서 개인의 내적인 상태를 보는 것이며 인간은 그러한 실체 속에서 자신의 삶의 조건을 실현하고 유지하려고 스스로 노력한다는 것이다. 모레노(Moreno)도 인간관계론에 기여한 학자이다. 그는 집단성원 간에 서로의 선호관계를 이해할 수 있는 사회성 측정기법(sociometric technique)을 개발하여 학습에 있어서 동료관계를 파악하는 데 이바지하였다.

(3) 인간관계론과 교육

민주주의 사회에서 교육은 인간을 중요하게 여기고, 개인의 자율성과 자아실현을 이룩하게 하며, 타인과의 원만한 관계개선을 도모하게 한다. 따라서 인간관계론적 접근은 교육과도 많은 관련성을 가지고 교육행정에도 쉽게 접목할 수 있었다. 특히 학교경영에 있어서 교장과 교사, 교사상호 간의 원만한 인간관계를 수립하여 자발적 협동과 자유로운 창의력을 발휘하게 하는 것은 학교경영의 민주화와 밀접한 관계가 있는 것이다. 교육행정에 있어서의 인간관계론의 접근은 민주적 교육행정, 민주적 장학, 민주적 의사결정 등의 이론으로 나타났다. 특히 인간관계론은 듀이(Dewey)의 아동중심 교육론, 생활적응 교육사상과 접목

되어 2차대전 후인 1950년대에 크게 지지를 받았다. 인간관계론의 입장에서 교육행정이론을 체계화하려는 시도는 그리피스(Griffiths)의 저술에 나타났다. 이어서 카츠(Katz)는 행정가가 과업을 수행하는 데 가져야 할 기술로서 사무적(technical) 기술, 인간관계(human) 기술, 통합적(conceptual) 기술(skill) 등이 있다고 하였다. 사무적 기술은 특정활동의 방법, 과정, 절차, 기술에 대한 이해와 숙련을 말하며 통합적 기술은 조직을 전체로 보는 능력으로서 최고 경영자에게 필요한 기술이다. 인간관계기술은 조직의 일원으로서 효과적으로 일하고 조직원의 동기를 유발하는 기술을 말한다. 야치(Yauch)는 인간관계론에 입각한 교육행정의 원리를 다음과 같이 들고 있다.

① 민주적 교육행정은 인간관계와 관련된다. 교장이 가장 중요시해야 할 것은 교사를 개인 및 집단으로 취급하는 것이다.
② 가장 효과적이고 자연적인 민주적 행동의 단위는 학교의 교직원들이다.
③ 교장은 교사에게 민주적 경험을 제공하기에 가장 좋은 위치에 있는 사람이다.
④ 교원은 다양한 사회집단으로서 전문적 대우를 원한다.
⑤ 교장의 일차적 책임은 교사에게 최대의 이익이 되도록 교직원을 결속하고 지원하는 것이다.
⑥ 어떠한 의사결정에 영향을 받게 될 사람은 그 결정을 하는 데 공동으로 참여를 하여야 한다.

(4) 인간관계론에 대한 비판

인간관계론은 조직의 운영에 있어서 구성원 상호관계의 중요성을 강조하였으며 기계의 부속품처럼 무시된 개인의 중요성을 강조하고 직무만족과 생산성과의 관계를 밝히는 등 많은 공헌을 하였다. 그러나 인간관계론의 접근은 다음과 같은 단점이 있다.

① 공식조직의 역할을 지나치게 소홀히 하였다.
② 조직을 폐쇄체제로 보고 정치, 경제, 기타 환경적 영향을 무시하였다.
③ 조직 내의 협동의 중요성을 무시하였다.

말하자면 인간관계론적 접근은 개인의 감정과 대인 상호 간의 관계에 초점을 두는 반면 인간관계를 구성하는 사회조직의 원리나 조직상황 그 자체는 보통 주어진 것으로 가정하였기 때문에 특별한 주제가 되지 못했다. 그러나 1950년대부터는 조직에 있어서 개인이 문제가 되는 구성원의 문제보다 조직 전체의 속성으로 파악되고 있는 행동과학적 접근인 권력과 권한의 성격과 배분, 구성원의 역할, 집권화의 정도 등에 보다 많은 연구와 관심이 주어지게 되었다.

3) 행동과학 이론

(1) 행동과학 이론의 핵심

고전 이론이 지나치게 과업달성의 효과성과 조직 구성원의 문제만을 강조하였고 인간관계이론에서는 개인의 감정이나 태도, 비공식 집단의 사기를 지나치게 강조한 결과 공식조직을 소홀히 한 경향이 있었다. 그러나 위와 같은 양쪽 이론은 인간과 조직을 동시에 조화롭게 파악하는 데는 일정한 한계를 보이고 있다. 따라서 양 이론의 단점을 극복하고 조직이론의 변증법적인 발전을 구축하고자 나온 이론이 행동과학이론이다. 행동과학이론의 대표적인 학자는 바나드(Barnard)와 사이먼(Simon)이다. 바나드(Barnard)는 『경영자의 역할』이라는 그의 저서를 통해 공식조직에 있어서의 협동적 행위와 협동적 체제인 조직의 경영자나 지도성의 기능, 과정, 본질적 문제에 대한 포괄적 이론을 제시한 반면 비공식조직에 대한 분석도 아울러 제시하였다. 바나드(Barnard)가 주장하는 중심개념은 협동체제이다. 협동은 구성원 개인이 단독으로 할 수 없는 것이고 조직 내

다른 구성원이 함께 참여해야만 이루어질 수 있다. 조직에 있어서 이와 같은 협동의 분위기를 조성하기 위해서는, 조직 전체에 있어서는 효과적(effectiveness)이어야 하고, 개인적인 측면에서는 능률적(efficiency)이어야 한다. 요컨대 조직이 유지·운영되고 구성원 간의 협동적 분위기를 조성하려면 조직의 목표와 개인의 목표가 균형을 이루며 동시에 추구되어야 한다. 바나드(Barnard)의 공헌은 이렇게 효과와 능률이라는 개념을 도입하여 조직의 목표와 개인의 목표와의 상호관계를 규명하였다.

사이먼(Simon)은 『행정행위론』이란 그의 저서를 통해 의사결정이 행정의 핵심이며 행정과정은 의사결정 과정임을 강조하였다. 그는 특히 논리실증주의에 입각하여 행정에서 가치와 사실을 엄격히 분별하고 행정연구에 있어서 가치문제는 거론하지 않고 사실 문제만을 연구의 대상으로 삼으려는 입장을 취하였다.

(2) 교육행정에서의 행동과학이론

행동과학이론이 조직 전반에 영향을 미침에 따라 교육행정에서도 행동과학적 접근이 적용되기 시작하였다. 교육행정에서는 이를 '새로운 운동(new movement)'이라고 불렀는데, 이 운동은 1950년대와 1960년대에 걸쳐 가치와 사실, 철학과 과학을 엄격히 구분하는 논리 실증주의에 입각한 교육행정의 이론화 작업을 활발히 전개하였다. 이와 같은 활동은 게첼스(Getzels), 캠벨(Campbell), 할핀(Halpin), 그리피스(Griffiths) 등의 학자들을 중심으로 활발하게 이루어졌다. 행동과학적 이론이 조직의 구조적 성격과 그 조직을 구성하는 개인 간의 역동적 관계를 이해하려고 하였다. 때문에 게첼스-규바(Getzels-Guba) 모형과 같이 학교를 사회체제로 개념화하여 공식 조직에서의 역할과 그 역할을 수행하는 개인의 성격 간의 관계를 연구하였다. 또한 행동과학이론은 할핀(Halpin)의 구조(과업)중심 지도성과 배려(인간)중심적인 지도성의 연구와 관련이 있다.

4) 체제이론

(1) 체제이론의 의의

고전 이론, 인간관계론, 행동과학이론 등 기존 이론의 한계를 극복하기 위하여 1960년대에 발생한 이론이 체제이론이다. 체제의 개념에 대해서는 여러 가지로 말해지고 있으나 이를 종합해 보면, 체제란 '정해진 목표를 달성하기 위해 상호관련된 개개의 요소들의 결합체'라고 규정할 수 있다. 체제의 개념은 원래 생물학자인 버타란피(Bertalanffy)에 의해 제시된 것인데 이것을 사회과학에 적용하여 일반체제이론으로 발전시킨 것이다. 크네즈비츠(Knezevich)는 체제를 '모든 조직된 실체를 위한 일단의 목표를 달성하기 위하여 상호작용을 하면서도 상호독립적인 구성요소들의 집합체'라고 하였다. 체제의 기본모형은 다음과 같다.

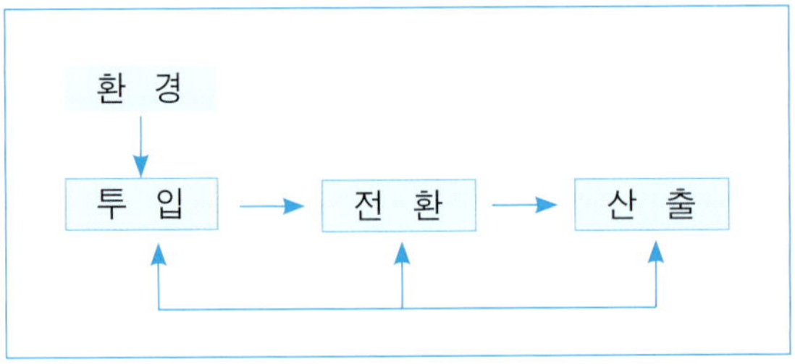

〈그림 13-1〉 체제의 기본모형

이 그림에서와 같이 체제는 환경으로부터 일정한 투입을 받으며 이것을 전환과정을 통하여 산출로 변화시켜 환경으로 배출하고 일부는 투입으로 다시 피드백를 하게 된다. 이와 같이 체제는 하나의 전체를 이루는 상호 관련된 부분들의 집합으로 되어 있다. 예를 들면 생물체제에는 인간, 동물, 식물 등이 있고 교통체제에는 기차, 오토바이, 항공기, 선박 등이 있으며 학교체제에는 초등학교, 중학교, 고등학교, 대학교 등이 있다.

이상과 같은 체제의 성격을 보다 구체적으로 밝히면 다음과 같다.

① 체제란 어떤 목적을 달성하기 위해 계획된 많은 하위체제로 구성되어 있으며 이들은 상호 관계를 가진다.

② 체제는 각 체제의 개별성을 인정하면서도 전체적으로는 일정한 질서를 갖는 총합적인 성질을 갖는다.

③ 체제는 전체로서 결합되는 형태를 가지며 환경과의 상호작용을 하며 변화한다.

(2) 체제의 특성

① **소멸하려는 경향**: 모든 체제는 한 체제가 자연과 환경에 의해 활동을 계속하게 되면 유지되나, 제 기능을 발휘하지 못할 때에는 그 성질, 크기, 형태에 관계없이 무질서하고 무력하게 되어 결국은 소멸하려는 경향이 있다.

② **경계영역**: 모든 체제는 자신의 안과 밖을 구분하는 한계인 경계영역을 가지고 있다.

③ **환경**: 모든 체제는 환경을 가지고 있으며 체제의 환경은 체제 영역 주위의 모든 것을 의미한다. 환경은 체제를 평가하고, 통제하고 다른 체제를 포함하기 때문에 체제를 원활히 이용하기 위해서는 환경에 대한 포괄적인 지식이 필요하다.

④ **변인과 매개변수**: 모든 체제는 그 구조와 기능에 영향을 주는 요소를 가지고 있는데 체제 내의 요소를 변인(variables)이라 하고, 체제 외의 환경에 속하는 것을 매개변수(parameters)라고 한다. 폐쇄체제는 변인에 의해서만 영향을 받으나, 개방체제는 변인과 매개변수 모두에 의해 영향을 받는다.

⑤ **하위체제**: 모든 체제는 하위체제를 가지고 있으며 하위체제는 상위체제에 전적으로 의존하는 것이 아니고 나름대로의 역할을 하면서 전체적으로 통합을 이룬다.

(3) 개방체제

체제에는 외부환경과 분리되어 자체로서 모든 것이 충족된다고 생각하기 쉬우나 실제로는 그러한 체제가 있을 수 없다. 체제는 외부환경과 역동적 관계를 유지할 뿐만 아니라 체제 내의 요소 간에도 개방적인 관계를 갖는다. 개방체제는 환경으로부터 에너지와 정보를 받아들여 이것을 여러 가지 방법을 사용하여 산물로 변형시켜 다시 외부환경으로 내보내는 일을 한다. 따라서 개방체제는 '살아 있는 상태'에 놓여 있다고 볼 수 있으나 폐쇄체제는 무기력한 '죽어있는 상태'에 놓여 있다고 볼 수 있다. 이러한 개방체제의 특징을 살펴보면 다음과 같다.

① 투입, 전환, 산출과정: 개방체제는 외부환경으로부터 어떤 형태의 자원을 투입 받아 여러 가지 형태로 변형시켜 외부로 내보내는 작용을 한다. 그리고 이와 같은 과정은 계속해서 순환된다. 따라서 개방체제는 체제 자체의 존속과 다른 체제에 필요한 산물을 내보냄으로써 환경에 봉사하는 역할을 한다.

② 소멸 저항장치(negative entropy): 개방체제는 스스로의 노력을 통해 생존유지하려는 성질이 있다. 체제에서 조직이 해체 또는 소멸되는 과정을 엔트로피(entropy)라고 한다. 개방체제가 유지되기 위해서는 엔트로피적인 과정을 없애야 한다. 즉, 엔트로피에 부정적인 반응을 보여야 한다.

③ 항상성(homeostasis): 개방체제는 엔트로피의 발생에 의한 에너지 소비를 보충하기 위하여 환경으로부터 적당한 에너지를 공급받아 안정 상태를 유지하게 된다. 개방체제는 이렇게 스스로 조절할 수 있어 항상 안정 상태를 유지한다. 개방체제에서의 항상성이란 환경에서부터 에너지가 계속 투입되고 생산물이 계속 배출되어 체제의 특성이 변하지 않고 계속유지 되는 것을 말한다.

④ 환류(feedback): 개방체제는 환류과정을 통하여 안정된 상태를 유지한다.

개방체제는 환류를 통하여 체제의 산출과 과정을 평가한다.

5) 다원적 이론

교육행정이론은 1960년대까지 비약적인 발전을 하였으나 그 이후에는 별다른 발전을 보지 못했다. 그러나 1970년대 이후 논리실증주의에 입각한 가설연역적 연구와 양적연구에 대한 비판으로 질적(현상학적, 민속지학적, 자연주의적) 방법론에 의한 연구가 교육행정에서도 받아들여지기 시작하였다. 이러한 경향은 크게 해석학적 관점과 급진적 관점으로 구분될 수 있는데, 이와 같은 각각 영역의 주요 내용을 살펴보면 다음과 같다.

(1) 해석학적 관점

조직은 객관적 체제가 아니고 인간에 의해 창조된 문화적인 가공물로 여기는 이론으로서 어떤 이론의 구축에 있어서도 사람마다 결정을 내리는 방향이 다르기 때문에 통계적 방법으로 일반화된 이론을 구축할 수 없다는 이론이다. 해석학적인 관점에서는 조직을 외적 실체로 보지 않고 인간의 주관적 구성체로 본다. 따라서 조직은 사람이며 사람 속에 속한다는 것이다. 또한 권력은 조직의 구조나 과정에서 나오는 것이 아니고 인간관계에서 나온다는 것이며 가치는 주관적 실체이기 때문에 객관적 세계에는 존재하지 않는다는 주장을 한다.

(2) 급진적 관점

급진적 관점은 조직이론에서 비합리적이고 특수한 측면이나 주변적·소외적 측면에 대한 탐구이다. 급진적 이론은 객관적으로 보이는 사실은 사회적 맥락 속에 구속되어 있다는 입장을 취한다. 급진적 이론에는 포스트모더니즘, 비판이론, 페미니즘이 있다. 포스트모더니즘은 이성, 진리, 합리성, 절대성을 부정하고 상대성, 다양성, 탈 정형성, 우연성을 수용하는 견해이다. 비판이론은 현대조직이 지배계급의 이익을 위해 어떠한 기능을 수행하는지를 밝히는 이론으로서 인간의 소외와 억압, 불평등을 유지하는 사회구조 및 조직의 변혁을 주장하는 이론이다. 페미니즘은 순응, 복종, 충성, 경쟁, 공격성 등 남성문화에 대한 비판으로 여성의 역할을 부각하여 강조하는 이론이다. 따라서 페미니즘에는 자유주의적 여권(女權)론, 관료제 조직의 변혁, 교직의 성차별 문제 등을 중점적으로 연구한다.

CHAPTER 14

제14장 교육행정의 조직과 체계

1. 교육행정의 조직
2. 조직의 종류
3. 교육행정의 체계

1. 교육행정의 조직

1) 조직의 정의

인간은 사회적 동물이라는 말은 인간은 혼자서 살 수 없는 존재라는 뜻이다. 이와 같이 사회성이 인간의 본능적이 요소임을 감안할 때 두 사람 이상이 생활하기 위해서는 반드시 일정한 조직이 갖추어져야 한다. 따라서 인간은 대부분의 시간을 일정한 조직을 통해 보내며, 조직에서 교육을 받으며 생활한다. 이와 같은 역할을 하는 조직의 개념을 밝히는 것은 학자에 따라 다르기 때문에 조직에 대한 정확한 정의를 내리는 것은 어려운 일이다. 바나드(Barnard)는 조직을 두 사람 이상이 의도적으로 조정된 행동과 힘의 체제라고 말했다. 할핀(Halpin)은 조직은 특수한 형태의 구성원들이 집단의 목표를 완수하기 위해 책임이 분할되어 있는 사회적 집단이라고 하였다. 힉스(Hicks)는 조직을 사람들이 함께 일할 때 나타나는 관계, 역할, 활동들의 구조로 파악하였다.

이와 같은 정의를 토대로 조직의 개념을 정립해 보면 조직이란 인간이 사회생활을 하기 위해 일정한 목표를 수립하고 이를 분담하여 시행하기 위한 사회적 체제라고 볼 수 있다. 따라서 조직에는 일정한 목표가 있으며, 목표를 달성하기 위해 분업화의 원칙에 의해 역할을 분담해야 하고, 조직의 외부환경과 상호작용을 하며, 조직 구성원을 통제하기 위한 규범을 가지고 있어야 한다. 사이먼(Simon)은 현대사회에 있어서 조직의 중요성을 다음과 같이 밝혔다.

① 조직은 사람의 행동과 습관을 형성하고 발전시키는 대부분의 힘을 제공한다.

② 조직은 지도자에게 조직원에 대한 권한과 영향력을 행사할 수 있는 여건을 제공한다.

③ 조직은 의사소통의 장(場)을 제공한다.

2. 조직의 종류

1) 공식조직과 비공식조직

(1) 공식조직과 비공식조직의 구분

조직에는 공식조직과 비공식조직이 있는데 일반적으로 조직을 일컬을 때는 공식조직을 말하는 것이다. 공식조직(formal organization)이란 일정한 목적을 달성하기 위한 의도적이고 인위적인 조직이다. 따라서 공식적, 제도적으로 형성되며 구조에 중점을 둔다. 공식조직은 조직의 권한과 계통을 기능적으로 분류한 조직표(organization chart)로 나타낼 수 있다. 그러나 조직표에는 조직구성원의 인간성에 대한 정보는 들어 있지 않다. 따라서 조직표는 인간성에 대한 정확한 기능을 발휘하지는 못한다. 이러한 공식조직의 부족한 점을 보완하기 위해 또 하나의 조직인 비공식조직이 필요하게 된다. 비공식조직이란 공식조직에서 생활하는 가운데 개인적 접촉이나 상호작용의 결과 자연발생적으로 형성된 조직이다. 때문에 흔히 비공식조직을 자생집단 또는 자생조직이라고도 한다. 비공식조직이 관심을 끌게 된 것은 메이요(Mayo) 등을 중심으로 한 호손연구(Hawthorne)가 계기가 되었다. 호손연구는 조직의 생산성을 향상시키는 것은 물리적 작업환경이 아니라 조직 내 성원 간의 비공식적인 의사소통과 합의라는 사실을 밝혔다. 비공식조직의 형성요인은 여러 가지가 있지만 대체적으로 성별, 연령, 취미, 종교, 고향, 출신학교, 업무의 유사성, 근무기간, 계급 또는 직위 등이 있다. 공식조직과 비공식조직의 차이를 좀 더 구체적으로 살펴보면 다음과 같다.

① 공식조직은 인위적으로 형성된 조직임에 비해 비공식조직은 자연발생적으로 만들어진 조직이다

② 공식조직은 조직의 설립과 폐지에 따라 그 존재가 좌우되지만 비공식조직은 조직의 존폐(存廢)에 영향을 받지 않는다.

③ 공식조직은 성문화되고 외면적·외재적인 조직임에 반해 비공식조직은 성문화되지 않고 내면적·내재적인 조직이다.

④ 공식조직은 계층에 따른 과업분담이 분명함에 비해 비공식조직은 계층이나 성원의 역할 분담이 불분명하다.

⑤ 공식조직은 조직성원 전체로 구성되지만 비공식조직은 조직성원의 일부로 구성되기 때문에 소집단으로 구성된다.

⑥ 공식조직은 합리성 또는 능률의 논리에 따라 구성 운영됨에 비해 비공식조직은 비합리적인 감정의 논리에 의해 형성 운영된다.

(2) 비공식조직의 역할

비공식조직은 공식조직에 속하는 성원 상호 간에 빈번한 접촉을 통하여 그들 특유의 태도, 신념, 습관 및 행동양식을 형성하고 거기에서 새로운 경험과 조직에 대한 소속감과 정서적 만족감을 얻는다. 이와 같이 비공식조직이 공식조직의 목표와 조화를 이룰 때 공식조직에 유리한 방향으로의 발전이 가능하지만, 비공식조직이 의사소통을 왜곡시키거나 비공식조직의 영향이 부당할 경우에는 공식조직의 운영에 역기능을 하게 된다. 따라서 조직을 운영하는 경영자는 비공식조직을 조직발전의 순 기능적 측면으로 활용해야 한다.

바나드(Barnard)는 비공식조직의 기능을 다음과 같이 밝히고 있다.

① 조직의 관습, 습관, 제도를 형성한다.

② 공식조직 유지의 여건을 조성한다.

③ 의사소통을 용이하게 한다.

④ 조직의 일체감을 증진시킨다.

기존의 조직문화는 비공식조직을 중요하게 여기지 않은 경향이 있었다. 그러나 현대 조직에서는 공식조직과 비공식조직이 병존함으로써 서로 공생관계를 인정하여 조직의 목표달성에 양 조직을 적극적으로 활용해야 한다고 파악하고 있다.

2) 계선조직과 참모조직

계선조직과 참모조직은 모두 공식적 조직을 이루고 있는 요소이다. 조직에 있어서 계선조직(line organization)은 군대의 지휘 명령계통과 같이 상사의 명령이 부하에게 전달되도록 편성된 조직이다. 계선조직 내의 구성원들은 명령일원화의 원칙에 의거해서 상급자의 명령에 따라 행동하고 그에게만 책임을 진다.

참모조직(staff organization)은 계선조직이 그 목적을 원활하게 수행할 수 있도록 자문·권고하는 조직을 말한다. 따라서 참모조직은 전문화의 원리를 도입한 조직형태이다. 조직에서 모든 명령과 결정은 계선조직을 통해 이루어지며 참모(staff)인 전문가는 직접적으로 명령을 내리거나 결정을 내릴 권한은 없고 단지 계선조직의 의사결정자에게 자문을 하거나 고문(顧問)의 역할을 담당한다. 따라서 참모의 역할은 연구·조사·계획·정책구상 등에 필요한 조직의 두뇌역할을 담당한다. 이와 같이 계선조직은 최고위층에서 최하위층에 이르기까지 명령계통에 의해 이루어지며 참모들은 계선조직에 대하여 자문과 권고만 하는 역할을 수행하므로 명령일원화의 원칙이 지켜지고 책임의 일원성도 유지되는 것이다. 그런데 실제 조직에 있어서는 계선조직과 참모조직 간에 불화와 갈등이 야기되는 경우가 많다. 참모의 역할에 있어서 계선조직과의 역할이 혼동되기 쉽고 참모가 조직의 장(長)의 권한을 초과하여 영향력을 발휘하는가 하면, 계선의 장(長)도

참모의 역할을 무시하거나 독단적인 의사결정을 수행할 때 양 조직사이에 갈등이 유발된다.

3. 교육행정의 체계

교육목표 달성에 보조적 역할을 하는 교육행정은 국가에 따라 권한의 성격과 배분이 상이하다. 대부분의 국가에서는 교육행정의 권한을 중앙정부와 지방정부가 나누어 가지고 있다. 교육행정에 있어서 의사결정이 중앙정부에 집중된 상태를 중앙집권제라고 부르고 의사결정이 지방에 분권화 되어 있는 것을 지방분권제라고 부른다. 일반적으로 중앙집권적 조직형태는 권위주의적이며 지방분권은 근대적이고 민주적인 것으로 여기고 있다. 그러나 현대국가에서의 교육행정 조직은 완전히 한쪽 성격만을 가진 것이 아니고, 양 제도를 적당히 절충하여 각각의 국가에 맞는 행정제도를 구축하고 있다.

이러한 제도를 김종철은 적도집권의 원리라고 제시하였다. 교육행정조직에 있어서 중앙집권제가 좋은가 지방분권제가 좋은 제도인가는 한마디로 간단히 말할 수 없다. 다만 교육정책의 문제나 사안에 따라 행정의 기능을 적당히 분류하여야 한다. 예를 들면 중앙에서는 법규, 예산, 재정과 교육문제의 조사·통계 및 연구 등을 전담하고 나머지 정책과 업무는 지방에 이전하여 상호보완적으로 업무를 조정해야 한다. 양 제도의 특징을 중앙집권제부터 설명하면 다음과 같다.

① 업무와 정책의 일관성과 통일성을 가진다.

② 국가자원을 동등하게 발전시키고 독립성을 유지한다.

③ 정책집행이나 실천을 능률적으로 할 수 있다.

이에 반해 지방분권제도는 교육정책이나 문제를 각 지방마다 자율적으로 운영하므로 민주주의적인 요청에 부합되고, 지방주민들의 참여로 인하여 자치와 협동정신을 고양시킬 수 있는 이점이 있다.

1) 중앙 교육행정

한국의 교육행정조직은 중앙 교육행정 조직과 지방교육행정 조직으로 나누어져 있다. 중앙 교육행정은 교육부를 중심으로 이루어지며 행정의 법률주의의 원칙에 따라 대통령, 국무회의와 국무총리 등으로 이루어진다.

(1) 대통령

대통령은 국가를 대표하며 행정부의 수반(헌법 제66조 제4항)이다. 따라서 교육행정을 포함한 모든 국가행정의 정점에 위치하고 있다. 대통령의 교육행정에 대한 주요권한은 다음과 같다.

① 교육에 관한 대통령령이나 긴급처분 명령권의 발포: 대통령은 법률에서의 구체적인 범위를 정하여 교육에 대한 시행령과 법률의 효력을 가진 처분이나 명령을 발할 수 있다.
② 교육공무원 임면권: 대통령은 교육과 관련된 공무원을 임면한다. 예컨대 교육부장관, 교육부차관, 부교육감, 국립대학 총·학장, 국·공립학교 교장 등을 임면한다.
③ 대통령은 국무회의 의장이 되어 주요 교육정책을 심의한다.
④ 교육행정기관의 지휘감독: 대통령은 정부의 수반으로서 교육부장관을 비롯한 모든 행정기관의 장을 지휘 감독한다.

(2) 국무회의와 국무총리

국무회의는 15인 이상 30인 이하의 국무위원으로 구성된다. 대통령은 의장이 되며 국무총리가 부의장이 된다. 국무회의는 정부의 권한에 속하는 중요한 정책을 심의하는 기관이며 행정에 관한 최고 심의기관이다. 헌법상 국무회의의 심의를 거쳐야 할 교육정책과 관련된 사항은 다음과 같다(헌법 제89조).

① 국정의 기본계획과 정부의 일반정책
② 예산·결산 등 재정에 관한 사항
③ 행정각부의 권한 확정
④ 정부안의 권한 위임 또는 배정에 관한 기본 계획
⑤ 국정 처리사항의 평가 분석
⑥ 행정각부의 중요한 정책의 수립과 조정
⑦ 정부에 제출 또는 회부된 정부의 정책에 관계되는 청원의 심사
⑧ 국립대학 총장 기타 법률이 정한 공무원 임명
⑨ 기타 대통령 국무총리 또는 국무위원이 제출한 사항

한편 국무총리는 국무회의의 부의장으로서 국무회의를 통해 교육부에 영향권을 행사할 수 있을 뿐만 아니라, 대통령을 보좌하고 행정에 관하여 대통령의 명을 받아 행정각부를 통괄하는 권한도 또한 가지고 있다(헌법 제86조).

(3) 교육부

교육부는 중앙 교육행정의 중심을 이루는 기관이다. 따라서 교육부는 교육행정의 핵심을 이루며 법령과 대통령의 지시·명령 및 국무회의의 심의에 따라 국가의 교육에 대한 정책을 입안하고 집행한다. 교육부장관은 정무직 공무원이고

차관, 실·국장, 과장은 장관의 보조기관이다. 한국의 교육부는 1948년 정부수립 이후 문교부로 창설되었다가 1990년 정부조직법의 개정으로 교육부로 개정하고 그 후 명칭이 바뀌기도 하였다.

교육부장관을 지원하기 위한 소속기관으로는 대한민국 학술원사무국, 국사편찬위원회, 국제교육진흥원, 국립특수교육원 등이 있다. 한편 교원 지위향상을 위한 특별법 제7조의 규정에 의해 각급 학교 교원의 징계처분에 대한 재심 청구사건의 심사와 결정에 관한 사무를 관장하는 교원징계재심위원회가 있다. 또한 교육부에 소속된 주요 단체로는 국정교과서주식회사, 한국정신문화연구원, 한국교육개발원, 유네스코 한국위원회, 대한교원공제회, 사립학교 교원연금관리공단, 한국학술진흥재단 등이 있다. 이들 소속기관이나 단체들은 교육행정이나 정책결정에 전문적으로 지도 조언과 자문을 하고 때로는 압력단체의 기능을 한다.

2) 지방 교육행정

교육행정에 있어서 교육의 민주화와 분권화를 보장하기 위해서는 중앙집권적 행정보다 교육의 자주성과 중립성을 보장하는 교육자치제를 확립하여 운영해야 한다. 민주주의는 국가의 주인인 국민의 뜻에 따라 정치가 이루어지기 때문에 민주주의의 이념을 구현하기 위해서는 지방자치가 반드시 필요하다. 지방자치란 한 국가의 일정한 지역에서 발생하는 문제를 그 지역 주민들이 참여하여 자율적으로 해결할 수 있도록 만든 제도이다. 따라서 지방자치에는 다음과 같은 원리가 적용된다.

(1) 지방자치의 원리

첫째, 지방분권주의의 원리. 이것은 중앙의 획일적 통제를 지양하고 지방의 실정에 맞고 그 다양한 요구에 부합되는 행정을 하려는 것이다. 이 원리는 교육행정의 특수성을 살리고 자율과 자치의 정신을 함양하려는 데 의의가 있다.

둘째, **주민자치의 원리**. 주민자치의 원리를 구현하는 것은 교육에 관한 기본정책을 주민들이 결정하는 것을 의미한다. 지방분권주의의 원리와 주민자치의 원리는 다 같이 민주성의 원리라고 볼 수 있으며 교육행정의 민주화를 위한 필수적인 조건이라고 할 수 있다.

셋째, **일반행정으로부터의 분리 독립의 원리**. 이것은 교육활동의 특수성에 비추어 그 자주성과 전문성을 보장하기 위하여 교육행정을 일반행정으로부터 분리 독립하여 운영해 나가는 것을 의미한다. 교육행정의 기구를 일반행정의 기구와 구분하여 조직하고 인사, 재정, 장학 등을 일반행정과 분리하여 자주적으로 운영한다는 데 의의가 있다.

넷째, **전문적 관리의 원리**. 전문적 관리란 교육의 본질과 특수성에 대한 인식을 가지고 교육행정에 대한 교양과 훈련을 쌓은 전문적인 인사들로 하여금 교육행정을 운영하게 하려는 것이다. 구체적으로는 교육감제도와 그 효율적인 운영을 의미한다. 이 원리와 일반행정으로부터의 분리 독립 원리를 전문성의 원리라고 한다.

(2) 우리나라 교육자치제의 발전 과정

주민자치는 민주주의 행정을 구현하기 위해 지방분권을 실시하고, 일반행정으로부터의 분리와 전문성의 확보를 통해 교육행정의 자주성을 보장하려는 제도이다. 이와 같은 원리에 의해 한국의 교육자치제는 다음과 같은 단계를 거쳐 발전하였다.

① 제1단계(태동기)

1945년 해방부터 1952년 이전까지의 교육자치제 실시 이전의 준비단계이다.

해방 후 미국의 영향을 받아 교육행정의 민주화가 추진되어 미국의 교육위원회 제도를 받아들여 교육자치제를 창설하려는 운동이 일어났다. 미군정 말기에 군정장관 딘(William F. Dean) 소장의 특명으로 교육자치에 대한 법령이 기초되고, 1948년 8월 12일 '교육구령의 설치에 관한 법령'이 공포되었다. 이 법령은 비록 실시되지는 못했으나 정부수립 후 제정된 교육법의 토대가 되었다. 정부수립 후 1949년 '지방자치법'이 발효되고 교육자치제를 규정한 교육법이 제정되었으나 6·25의 발발로 지연되다가 1952년 6월 4일에야 비로소 교육자치제의 역사적인 발족을 보게 되었다.

② 제2단계(시련과 중단기)

이 시기는 1952년부터 1961년 5·16혁명기까지의 기간이다. 교육자치제는 발족 후 처음 실시되는 제도로 인하여 운영상 많은 문제점이 나타남에 따라 1953년에 폐지된다. 그러나 이에 대한 반작용으로 문교부는 교육연합회와 함께 교육자치제 강화를 위한 건의문을 대통령, 국회의장, 국무총리 등에게 제출하였다. 1955년에 내무장관을 중심으로 각 시·도의회에서 교육청 폐지와 공무원 삭감을 주장하며 교육자치제 폐지를 주장하였다. 이에 교육계에서는 자치제 확보를 위한 조직적인 운동을 전개하였으나, 1961년 5·16 군사혁명으로 교육자치제도는 폐지되기에 이른다. 이어서 군사정부는 교육행정을 시장, 군수의 관할로 편입시킴으로써 내무행정으로 통합시켰다.

③ 제3단계(부활기)

군사정부가 민정으로 이양하면서 문교부측에서는 1962년부터 교육자치제의 부활을 위한 계속적인 노력을 경주하였다. 이에 따라 3공화국 정부는 1963년 12월 교육법을 개정하고 교육자치제를 부활하였다. 지방자치제가 확립되지 않은 상황에서 실시되는 교육자치제는 여러 가지 제약이 있었지만 대부분의 내용은 1991년까지 계속 실시되었다.

④ 4단계(계속적인 유지기)

1991년 3월 8일 지방자치에 대한 법률이 공포됨에 따라 실제적으로 교육자치제가 시·도 단위로 실시되었다. 이에 따라 시·도 단위에 심의 의결기관인 교육위원회를 두고 시·도 교육청에 교육감을 두고 교육감의 하급기관으로서 시·군·구 교육청에 교육장을 두었다.

CHAPTER

15

제15장 교육과 교사

1. 교직의 전문성
2. 교사의 자질
3. 교사와 인간애
4. 교사와 윤리

교사는 학생을 가르치는 것을 주요업무로 하는 직업이다. 따라서 직업의 분류상 전문직의 봉사직에 속하며 다른 직업과는 다른 점이 많다. 교육의 수준은 교사의 수준을 넘지 못한다는 말처럼 교육에 있어서의 교사의 역할은 아무리 강조를 하여도 지나침이 없다. 때문에 교사는 오랜 기간 동안의 교육과 훈련을 받아야 하는 등 전문직으로서의 소양을 갖추어야 한다. 오늘날 바람직한 교사는 이론적 지식과 함께 여러 가지 부수적인 역할과 자질이 필요하다. 여기서는 교사의 역할을 살펴보기 전에 전문직으로서의 교직의 특성과 교사의 자질을 살펴보고 교사에게 가장 필요한 교육애와 교직수행에 반드시 요구되는 교직의 윤리성에 대해 고찰해 보고자 한다.

1. 교직의 전문성

1) 장기간의 교육과 훈련

전문직은 일반직보다 어렵고 직무가 미치는 영향력이 크기 때문에 이에 상응하는 오랜 기간의 교육과 훈련이 필요하다. 과거에는 전문직 중에서도 아직 분화가 덜되고 사회적 인식이 널리 보급되지 않은 직업은 준비에 있어서 개인교습이나 도제방식(apprentice) 등 특별한 방법을 실시하였다. 그러나 현대에 들어와서 사회적 인식이 넓고 직업이 요구하는 기능이 고도로 발달된 전문직에서는 직업에 필요한 자질을 장기간의 교육과 훈련과정을 통해 습득하게 된다. 교직에 있어서도 직무의 원활한 수행을 위해서는 일정기간 교육을 받아야 한다. 이러한 취지에 따라 한국에서는 교사가 되기 위해 최소한 16년 이상의 정규교육을 이수해야 한다. 과거에는 교사교육을 위한 특별한 교육과정이 없었다. 교사교육이 국가적 과제가 된 것은 근대국가가 성립된 이후의 일이다. 여기서 말하는 교사교육은 교직이전(pre-service)의 '양성교육'과 현직에 근무하면서 받는 '현직교육(in-service)'을 전부 포함한다. 전문직으로서의 교직을 수행하기 위해서는 투철한 교육관과 고도의 지식 및 기술을 중심으로 한 교육과 훈련을 교사가 되기 이전(以前)이나 이후를 막론하고 계속적으로 해야 되기 때문이다. 더욱이 오늘날과 같이 신속히 변화하는 사회에 적응하기 위해서는 교사 자신이 여러 가지 노력을 통하여 계속적인 변화를 모색하여야 한다.

한국에서는 교직의 전문직으로의 향상을 위해 교사양성제도를 오래 전부터 확립하여 현재에 이르고 있다. 그러나 이러한 교사양성 과정이 전문직을 원활히 수행할 수 있도록 편성되었는지에 대해서는 여러 가지 이론(異論)이 제기되고 있다. 징재철(1996)은 한국 교사양성기관의 문제점을 다음과 같이 지적하였다. 첫째, 현행 교사양성기관은 사명감이 투철한 교사를 양성해 내지 못하고 있다. 교직은 앞에서도 지적한 바와 같이 일반적인 직업과는 여러 가지 면에서 다름에도 불구하고, 현행 한국의 교사양성제도는 교직의 사명감을 불러일으킬 수 있는 내용이 부족하다. 둘째, 교사 양성기관으로서 사범대학이나 교육대학의 교육내용이 일반대학과의 비교에 있어서 많은 차이를 보이지 않는다. 사범대학이나 교육대학의 학생들은 장차 교직수행을 위해서 좀 더 심화된 교육과정을 실시하여야 함에도 불구하고 현행제도는 일반대학의 교직과정 운영과 크게 차별화 된 과정을 설치하지 못하고 있다. 이와 같은 교원양성기관의 문제점들은 전문성 있는 교원을 양성하는 데 있어서 많은 한계를 보이고 있으며 결국 교직의 전문성을 위협하는 요인으로 작용하고 있다. 현행 교사양성제도에 있어서 이러한 문제점을 극복하고 합리적인 교원양성체제를 유지, 운영할 수 있도록 하는 것이 시급한 과제로 지적되고 있다.

2) 직무의 자율성

일반적으로 대부분의 직장에서는 직무에 대한 의사결정이 계층적으로 이루어져 있는 경우가 많다. 그러나 전문직의 경우는 대부분의 직무가 자율성에 바탕을 두고 민주적인 과정을 통해 이루어지도록 되어 있다. 그것은 전문직이 고도의 지식과 기능을 필요로 하고 여러 가지 문제들을 다양한 입장에서 해석해야 하기 때문이다. 만일 전문직에 종사하는 사람들에게 자율성이 제한된다면 그러한 직업은 전문직으로서의 성격을 갖추지 못했다고 볼 수밖에 없다. 어떤 직업이든지 전문성을 띤 직업일수록 자율성이 보장되고 장려된다. 교사는 자신의 철학에 의해 학생들을 가르치며 평가할 수 있는 자율성이 보장되어 있다. 이는 교사가 어떤 교과나 내용을 교육할 때 자신에게 맞는 방법을 자신이 선택하여 교육할 수 있음을 뜻하는 말이다. 그러나 이러한 자율성은 무한정으로 보장되는 것은 아니고 현실적으로 많은 제한을 받게 된다. 왜냐하면 전문직의 자율성은 여러 가지 상황에서 자기가 자유로이 선택한 가치에 대해서 책임을 져야 하기 때문이다. 전문직에 종사하는 사람으로서 명심해야 할 사항은 자신의 직무에 자율을 누릴 수 있는 만큼 거기에 따르는 자격을 갖추어야 하며 거기에 따른 책임을 감수해야만 한다는 것이다. 한국에서는 교직의 자율성 확보를 위해 중앙집권화로 이루어지던 종래의 교육조직운영을 완화하고 지방에 권한을 이양하는 등 많은 노력을 경주하고 있지만, 아직도 개선해야 될 점들이 많다. 이러한 점들을 고찰해 볼 때 교직의 자율성 확보를 위한 교사 자신의 노력이 절실히 요구된다고 볼 수 있다.

3) 책임감

전문직은 그 직무가 미치는 사회적 영향과 효과가 넓게 나타나기 때문에 거기에 따르는 책무성(accountability)을 지니고 있어야 한다. 대부분의 전문직의 경우 직무준비 기간이 길고 직무의 수행이 어렵기 때문에 자신의 직무를 원활히 수행하기 위해서는 직무에 대한 책임감을 가져야 한다. 교사는 성장과정에 있는 학습자에게 가장 많은 영향을 미치는 사람 중의 하나이다. 장차 교직에 종사하기 위해 준비하는 사람들은 평소 이러한 사명감을 가지고 이에 따른 책임을 감수해야 한다. 직업에 대한 사명감은 자신의 직업에 책임감을 가졌을 때 더욱 강화되기 때문이다. 이와 같이 교사는 전문직의 어느 직종보다도 직무에 대한 사명감과 책임이 요구되는 직업이라는 것을 명심해야 한다.

4) 봉사

봉사는 자신의 이해를 돌보지 않고 남을 위해 일하는 것을 의미한다. 직업의 역할은 경제적 욕구를 충족시키며 사회적 참여를 통해 자아실현을 이루는 것이다. 사회생활을 하는 대부분의 사람들은 각자의 직업에 종사함으로써 궁극적으로는 사회전체에 봉사를 하면서 살아가고 있다. 오늘날 많은 직업의 종류 중에서 특히 전문직에서 봉사를 강조하는 이유는, 전문직의 경우 봉사활동의 수혜가 여러 사람에게 미치고 또한 많은 사람들이 전문직의 봉사정신을 요구하고 있기 때문이다. 따라서 전문직에 종사하게 되면 보통의 직업보다 봉사활동의 범위가 넓어지고 책임이 커진다. 더구나 교직은 원래 인간 생활에 있어서 가장 중요하다고 볼 수 있는 사람을 가르치는 직업이기 때문에 교사는 항상 봉사정신에 입각하여 자신의 직무를 수행하여야 한다는 점을 잊어서는 안 된다.

5) 자치단체 조직

전문직은 직업의 성격상 직업에 종사하는 사람들의 근무조건 향상이나 권익보호를 위한 단체가 있어야 한다. 전문직의 경우 장기간 준비가 필요하고 직무를 안정적으로 수행할 수 있는 제도가 마련되어야 하기 때문이다. 이러한 취지에서 대부분의 전문직에서는 자신의 직업에 권익을 보호하기 위해서 전문적 단체가 구성되어 있으며 교사들도 이러한 단체가 조직되어 있다. 교원단체에 있어서는 국제적으로는 WCOTP(세계교직단체총연합)와 IFFTU(국제자유교원노조

연맹) 등과 같은 전문단체가 결성되어 있었으나 EI(세계통합교원조직)으로 통합되었으며, 미국에서도 AFT(미국교원연맹)와 NEA(전국교원연맹)와 같은 단체가 결성되어 있다. 한국의 교원단체는 1947년 대한교육연합회에서 시작하여 1989년 명칭을 변경한 한국교원단체총연합회와 전국교직원노동조합 등이 결성되어 있다. 이와 같은 교원단체의 역할을 분류하면 다음과 같다(김종철 외 1996).

첫째, 교원단체는 교사의 의견을 대변하는 역할을 한다. 교원들은 저마다 교육과 교직에 관련된 공동의 관심사에 대하여 다양한 견해를 가진다. 그러나 이러한 의견은 수렴되어 단체적으로 제시되어야 실효를 거둘 수 있다. 교원단체는 이와 같은 다양한 견해를 수렴하여 교육정책에 반영시키는 역할을 담당한다. "구슬이 서 말이라도 꿰어야 보배"라는 말이 시사하듯이 교사의 의견은 일정한 조직을 통해서 만이 제대로 반영될 수 있다는 뜻에서 교원단체는 교사들의 의견을 대변하는 성격을 띠고 있다고 볼 수 있다.

둘째, 교원단체는 교원들 자신은 물론 교육에 관련된 사람들을 위한 압력단체의 기능을 한다. 대기업이나 중소기업을 위해서는 경제인 단체나 중소기업단체 등이 있으며 산업근로자들을 위해서는 이들을 위한 근로단체가 존립한다. 이 밖에도 수많은 직능단체들이 각기 자신들의 권익보호를 위해 단체를 조직하고 있다. 민주사회의 기본적인 특징 중의 하나는 다양한 이익단체들이 저마다 압력단체의 기능을 수행하고 있다는 것이다. 교원단체가 교원들의 자치단체이면서 교직자를 위한 압력단체의 역할과 기능을 하는 것은 민주사회의 기본조건의 하나이며 교육발전을 위해 바람직한 일이다. 이와 같이 교원단체가 전문직의 단체라고 본다면, 교원단체는 안으로는 교원들의 전문적 자질을 향상시키고 밖으로는 교원들의 지위를 향상시키는 동시에, 이의 효과적인 성취를 위하여 교육정책 결정에 능동적으로 참여하여야 한다. 한국의 교원단체는 과거보다 그 조직이 상당히 다양해졌으며 교육정책결정에 있어서도 역할이 높아지는 등 교직의 전문성

신장을 위해 많은 역할을 하고 있다.

6) 직업윤리의 강조

전문직은 그 직무의 성격상 고도의 직업윤리와 책무성이 필요하다. 모든 직업은 직무수행에 있어서 양심과 책임감이 요구되지만, 특히 전문직에 있어서는 그 직업이 미치는 영향이 크기 때문에 직무에 대한 윤리의식이 절대로 필요하다. 교육은 교사와 학생 사이에 학습내용을 통하여 이루어지는 상호활동이다. 교사가 수행하는 교직이라는 직업이 다른 직업과 다른 것은 교직은 아직 성숙단계에 있는 학생들을 대상으로 하는 직업이라는 것이다. 때문에 직무수행에 있어서 다른 직업과는 달리 일정한 한계를 나타낼 수밖에 없고 이에 따라 많은 어려움이 수반된다. 더구나 현행 제도에서는 교사의 교육활동에 대한 질(質)을 판단 할 수 있는 장치가 없다. 따라서 교사 자신의 양심이나 도덕성이 더욱 많이 요구되는 것이다.

과거에는 교사의 수가 적고 직업의 종류가 많지 않아서 교직은 다른 어떤 직업보다도 존경을 받는 직업이었다. 그러나 현재는 직업의 종류가 많아지고 교직에 있어서도 인원이 상당히 팽창되었다. 이로 인해 종전의 교직관과는 좀 더 다른 시각에서 교직을 대하는 모습들을 보이고 있으며 심지어는 교직에 대한 불신을 보이는 경우가 나타나기도 한다. 이와 같은 이유는 여러 가지가 있겠지만 교직에 대한 윤리적인 문제로부터 기인되는 경우가 많다. 한국에서는 전문직으로서의 교사의 도덕성을 강조하여 종전의 '교사윤리 강령(1958)'을 변경하여 '사도헌장(1982)'과 '사도강령(1982)'을 설정하여 교직윤리의 중요성에 대비하고 있다.

2. 교사의 자질

전문직에 종사하기 위해서는 나름대로 직업에 필요한 자질과 자격기준이 필요하다. 교직을 원활하게 수행하기 위해서도 여러 가지 자질이 필요하지만, 그 중에서 대표적인 것을 거론하면 다음과 같은 것이 있다.

첫째, 교과내용에 대한 정확하고 풍부한 지식: 교사는 무엇보다도 먼저 자신의 담당교과의 내용에 대한 이해가 있어야 한다. 특히 실기교사는 담당교과에 대한 지식뿐만 아니라, 실기 내용도 함께 알고 있어야 한다.

둘째, 학생들의 생활지도에 대한 이해와 지식: 교사는 학생들의 학교생활을 원활하게 할 수 있도록 학생들의 발달단계에 따른 심리적 특성과 학생들의 수준에 대한 정확한 이해를 할 수 있어야 한다.

셋째, 인간관계에 대한 중요성의 파악과 이해: 교직 수행은 교사와 학생과의 관계뿐만 아니라, 교사 상호관계나 학부형과의 관계 그리고 지역사회와의 관계 등 다양한 인간관계를 필수적으로 접하게 된다. 때문에 인간관계에 대한 지식과 상대방을 배려하는 자세 등을 파악하고 이해하여야 한다.

넷째, 인간존중과 봉사정신: 교직은 근본적으로 사람을 대상으로 하는 직업이기 때문에 교사는 항상 인간에 대한 이해와 존중의 자세를 지녀야 한다. 사람은 개개인 모두가 다른 어떤 대상과도 비교되지 않는 중요한 존재인을 잊지 말아야 하며, 특히 교사는 종전의 권위적인 입장을 지양하고 학생들의 입장을 이해하며 교육하는 인간주의적인 교육관을 지니고 있어야 한다.

3. 교사와 인간애

경제학은 경제에 대한 이론과 현상에 대한 학문이고 행정학은 행정을 연구의 대상으로 삼는 학문이며 정치학은 정치에 대한 이론과 구조를 연구하는 학문이다. 이에 비해 교육학은 인간을 대상으로 하는 학문이기 때문에 교육의 관건(關鍵)은 결국 인간에 대한 이해와 사랑에 달려있다. 따라서 교육을 실지로 담당하고 있는 교사는 다른 직업에 비해 사람에 대한 특별한 관심과 애정이 있어야 한다. 이와 같이 교육에 있어서의 인간에 대한 사랑을 교육애(教育愛)라고 한다. 교육애와 관련하여 인간 삶에 있어서 가장 기본이 되는 사랑에 대해서 간단히 살펴보면 다음과 같다.

1) 종교에서의 사랑

종교는 인간이 자신의 능력에 한계를 느끼고 이를 절대자에게 의지함으로써 현실 생활의 어려움을 극복하고자 하는 활동이다. 종교가 추구하는 여러 가지 덕목이 있지만, 표현의 용어가 다를지라도 그 공통적 의미는 사랑의 덕목으로 귀결이 된다고 볼 수 있다. 왜냐하면 현실세계의 고통은 모든 사람들이 겪고 있는 것이기 때문에 고통을 받는 사람끼리 서로 아끼고 사랑을 해야만 어려움을 극복할 수 있기 때문이다.

기독교에서의 사랑은 현실생활에서는 실천하기 힘들지라도 많은 것을 사랑의 범주에 포함시키는 헌신적인 사랑이다. 때문에 오늘날과 같이 어려운 교육여건을 개선하기 위해서는 이와 같은 기독교적인 사랑이 필요하다고 볼 수 있다.

불교에 있어서의 사랑은 그 범위를 인간뿐만 아니라, 생명을 가진 모든 대상에게 확대함으로써 사랑의 영역이 무한함을 나타내고 있다. 이러한 불교의 사랑은 오늘날 모든 생명윤리의 근본이 되고 있으며 생명의 무한한 가치를 대변하고 있다. 불교적인 사랑 역시 현실적으로 나타나고 있는 생명존중에 대한 실제와는 상당한 차이가 있지만, 교육애의 궁극적인 목표가 교육을 받는 대상만을 가리키는 것이 아님이 명백하기 때문에 결국은 교육애의 근본이 됨을 부인할 수 없다.

유교에서의 사랑은 그 표현이 인(仁)으로 나타난다. 인의 의미는 여러 가지가 있지만 사람을 측은(惻隱)하게 여기는 마음에서 시작된다. 이러한 의미는 교육을 실천하는 교사의 교육애와 상당히 밀접한 관련이 있으며, 따라서 유교에서 말하는 인(仁)의 의미가 결국은 교육애의 바탕이 된다는 것을 시사하는 것이다.

2) 교사의 사랑: 교육애

교육애는 교사가 학생에게 가지는 사랑을 의미하며 교사에게 필요한 절대적인 요소이다. 교육은 교사가 학생에게 가지는 사랑에 의해서만 가능한 것이며, 교사의 덕목 중 가장 중요한 것이 사랑이다. 오천석(1972)은 교사가 가져야 할 사랑에 대해 다음과 같이 밝혔다.

첫째, 가르침을 받는 자에 대한 사랑이다. 제자에 대한 사랑이 없는 학교는 정서적으로 죽은 학교다. 사랑은 가르치는 사람과 가르침을 받는 사람과의 마음 사이에 놓이는 다리다. 이 사랑이라는 다리를 통하여 오감이 교류되지 않으면, 두 마음을 교통하는 길이 끊기고 만다. 이 길이 있음에, 두 마음은 연결되고, 참된 주고받음이 있을 수 있다. 이 다리가 걸려 있음에 두 마음 사이에 따뜻한 교섭이 있을 수 있다. 이 통로를 거쳐서만이 한 인격이 다른 인격에 부딪칠 수 있고 마음의 공감이 일어날 수 있는 것이다. 그러나 교사의 사랑은 어머니가 자식을 향하여 가지는 감정과는 그 성질이 다르다. 어머니의 사랑은 혈연에서 자연적으로 흘러나오는 느낌이다. 이것은 거의 맹목적이요, 무의도적인 사랑이다. 하지만 교사의 사랑은 인간의 존엄성을 소중히 여기는 마음에 원천을 둔 사랑이다. 그의 무한한 가능성을 의식하는 데서 흘러나오는 사랑이다. 그의 선함을 믿고, 그의 쉬지 않는 성장을 믿는 데서 오는 사랑이다. 사회적 죄악과 타락에 물들지 않은 순진성을 보는 데서 솟아오르는 사랑이다. 하루하루 그의 영이 자라고 있음을 지켜보는 희열에서 샘솟는 사랑이다. 이러한 사랑이 없는 교실은 마치 물건을 만드는 공장과도 같은 곳이다. 기계를 돌려 상품을 제작하는 과정의 작업장에 지나지 않는다. 사리(私利)에 이끌려 노동이 강요되는 비인간적 직장에 불과하다. 우리가 지키는 교실은 이와 같은 한기가 도는 살벌한 곳이 될 수는 없다. 따뜻한 사랑의 훈풍이 감도는 온정의 교실이 될 때, 비로소 참된 교육이 이루어질 수 있는 것이다.

그 다음, 교사의 사랑은 그가 하고 있는 일에 반영되어야 할 것이다. 교직은 외부로부터 우리에게 부과된 직업이 아니다. 이것은 우리 스스로 선택한 것이요, 우리 자신의 양심에 부름을 받아 짊어진 십자가다. 소명감에 심금을 울려 우리 스스로가 자진하여 짊어진 짐이다. 밖으로부터 우리가 받은 노동이 아니라 안으로부터 우리 자신이 우리에게 준 직업이다. 그러므로 교직은 노동의 대가를 위하여 하는 일이 아니라, 우리 스스로를 봉헌하는 과업이다. 따라서 이것은 물질적 보수를 목적으로 강요되어 수행되는 노동이 아니라 우리가 사랑하고 우리의 모든 정열을 바치는 봉사다. 가르침에서 행복을 느끼며, 아동의 성장에서 기쁨이 차는 섬김이다. 기계적인 말(言)은 사람을 움직이지 못한다. 이것은 소리의 전달에 불과하다. 오직 말에 정열이 끓고 있을 때 비로소 듣는 자에게 영감을 불러일으킬 수 있고 감화를 줄 수 있다. 그룬트비가 덴마크의 청년들을 감동시킨 것은 결코 그의 해박한 지식이나 정연한 이론이 아니었다. 그의 정열, 그의 열애가 그들의 마음을 뒤흔들었고, 그들을 분기시킨 것이다. 앤 설리번 메이시가 헬렌 켈러로 하여금 장님, 귀머거리, 벙어리라는 신체적 장애를 능히 극복하고 작가, 연사, 자선가로서 그 이름을 세상에 떨치게 한 것은 결코 학식도 아니요, 간호도 아니었다. 불우한 한 여성에 대한 사랑에서 오는 헌신과 열정이었다. 사랑이야말로 자기 임무에 대한 정열과 헌신의 원천인 것이다.

끝으로, 교사의 사랑은 진리에 대한 사랑을 의미한다. 교사는 진리의 영원한 추구자다. 세계가 숨기고 있는 비밀의 발견자요, 인간 사회의 질서와 개인 행위의 기준이 되는 가치의 탐구자이며 최상의 생명에 비결을 탐색하는 구도자다. 그는 베이컨이 말한 각종 '우상'에서 해방되어 참을 발견하고 따르는 목마른 사슴과 같은 사람이다. 거짓을 미워하고, 허위를 증오하며, 부정을 혐오하는 사람이다. 진리를 찾아 쉴 줄을 모르는 사람이며, 허위를 파헤치기에 용감한 사람이요, 불의를 깨뜨리기 위하여 헌신하는 사람이다.

이상과 같은 내용은 교사와 사랑과의 관계에 대해 밝힌 것이다. 오늘날 어려움을 겪고 있는 교육상황을 살펴볼 때 특히 필요로 하는 것이 교육에 대한 교사의 애정이다. 교육에 있어서는 관련된 모든 사람들이 중요하지만 그 중에서도 주도적인 역할을 하는 사람은 역시 교사라고 볼 수 있다. 대부분의 학생은 아직 미성숙자이고 교육에 대해서는 학부형보다 교사가 더 전문적인 경우가 많기 때문이다. 교육의 질은 교사의 질에 달려 있다고 해도 지나친 말이 아닐 것이다. 이와같이 교사는 교육의 근본은 사랑이라는 것을 명심하고 이를 몸소 실천 할 때, 진정한 의미의 교육자가 될 수 있는 것이다.

4. 교사와 윤리

직업의 역할 중의 하나가 경제적 욕구의 충족이기 때문에 직업에는 반드시 윤리적인 문제가 따르게 된다. 특히 교직은 그 영향이 많은 사람에게 미치기 때문에 다른 직업보다도 더욱더 윤리적인 자세가 필요하다. 교직이 윤리를 강조하는 것은 원래 교육의 어원과 관계가 있다. 교육의 어원은 '장선(長善)'이라고 하여 착한 행동을 장려한다는 의미가 있기 때문이다. 특히 유학에서는 학문 자체가 윤리적인 내용과 매우 밀접한 관계가 있기 때문에 교육과 윤리는 불가분의 관계가 있다. 한국에서는 교사의 윤리를 강조하여 특별히 교사에 대한 윤리강령을 제정한 바 있다. 여기서는 1982년 5월 15일 발표한 사도헌장과 사도강령에 대해 알아보기로 한다.

1) 사도헌장

오늘의 교육은 개인의 성장과 사회의 발전과 내일의 국운을 좌우한다. 우리는 국민교육의 수임자로서 존경받는 스승이요 신뢰받는 선도자임을 자각한다. 이에 긍지와 사명을 새로이 명심하고 스승의 길을 밝힌다.

- 우리는 제자를 사랑하고 개성을 존중하며, 한마음 한뜻으로 명랑한 학풍을 조성한다.
- 우리는 폭넓은 교양과 부단한 연찬으로 교직의 전문성을 높여 국민의 사표가 된다.
- 우리는 원대하고 치밀한 교육계획의 수립과 성실한 실천으로 맡은바 책임을 완수한다.
- 우리는 서로 협동하여 교육의 자주혁신과 교육자의 지위향상에 적극 노력한다.

2) 사도강령

민주국가의 주인은 국민이므로 나라의 주인을 주인답게 길러내는 교육이 가장 중대한 국가적 과업이다.

우리 겨레가 오랜 역사와 찬란한 문화를 계승·발전시키며 선진 제국과 어깨를 나란히 하며 인류복지 증진에 주도적으로 기여하려면, 무엇보다도 문화국민으로서의 의식개혁과 미래사회에 대비한 창의적이고 자주적인 인간육성에 힘을 기울여야 한다. 그러기 위하여 우리 교육자는 국가발전과 민족중흥의 선도자로서의 사명과 긍지를 지니고, 교육을 통하여 국민 각자의 능력을 최대한으로 계발하여, 개인의 자아실현과 국력의 신장, 그리고 민족의 번영에 열과 성을 다하여야 한다.

또한 교육자의 품성과 언행이 학생의 성장·발달을 좌우할 뿐만 아니라 국민윤리 재건의 관건이 된다는 사실을 명심하고, 사랑과 봉사, 정직과 성실, 청렴과 품위, 준법과 질서에 바탕을 둔 사도확립에 우리 스스로 헌신하여야 한다.

이러한 우리의 뜻은 교직에 종사하는 모든 교육자가 공동체 의식을 가지고 노력하여야만 이루어질 수 있다는 것을 인식하고, 사도헌장 제정에 때맞추어 우리의 행동지표인 현행 교원윤리강령을 사도강령으로 개정하고 이를 실천함으로써 국민의 사표가 될 것을 다짐한다.

① 스승과 제자

스승의 주된 임무는 제자로 하여금 고매한 인격과 자주정신을 가지고 국가사회에 봉사할 수 있는 유능한 국민으로 육성하는 데 있다. 그러므로

- 우리는 제자를 사랑하고 그 인격을 존중한다.
- 우리는 제자의 심신발달이나 가정의 환경에 따라 차별을 두지 아니하고 공정하게 지도한다.
- 우리는 제자의 개성을 존중하며, 그들의 개인차와 욕구에 맞도록 지도한다.
- 우리는 제자에게 직업의 존귀함을 깨닫게 하고, 그들의 능력에 알맞은 직업을 선택하도록 지도한다.
- 우리는 제자 스스로가 원대한 이상을 세우고, 그 실현을 위하여 정진하도록 사제동행한다.

② 스승의 자질

스승은 스승다워야 하며, 제자의 거울이 되고 국민의 사표가 되어야 한다. 그러므로

- 우리는 확고한 교직관과 긍지를 가지고 교직에 종사한다.
- 우리는 언행이 건전하고 생활이 청렴하여 제자와 사회의 존경을 받도록 한다.
- 우리는 단란한 가정을 이룩하고, 국법을 준수하여 사회의 모범이 된다.
- 우리는 학부모의 경제적·사회적 지위를 이용하지 아니하며, 또 이에 좌우되지 아니한다.
- 우리는 자기 향상을 위하여 전문적인 지식과 전문화된 기술을 계속 연마하는 데 주력한다.

③ 스승의 책임

스승은 제자 교육에 열과 성을 다하며 맡은 바 책임을 다하여야 한다. 그러므로

- 우리는 사회의 일원으로서 모든 책임과 의무를 다한다.
- 우리는 교재연구와 교육자료 개발에 만전을 기하여 수업에 최선을 다한다.
- 우리는 생활지도의 중요성을 인식하여 제자들이 올바른 사람이 될 수 있도록 지도에 철저를 기한다.
- 우리는 교육의 성과를 공정하게 평가하고, 이를 교육에 충분히 활용한다.
- 우리는 제자와 성인들을 위한 정규교과외 활동에 적극 참여한다.

④ 교육자와 단체

교육자는 그 지위의 향상과 복지의 증진을 위하여 교직단체를 조직하고 적극 참여함으로써 단결된 힘을 발휘할 수 있다. 그러므로

- 우리는 교직단체 활동을 통하여 교육자의 처우와 근무조건의 개선을 꾸준히 추진한다.

- 우리는 교직단체의 활동을 통하여 교육자의 자질향상과 교권의 확립에 박차를 가한다.
- 우리는 편당적·편파적 활동에 참가하지 아니하고, 교육을 그 방편으로 삼지 아니한다.
- 교직단체는 국가의 중요 교육정책 결정에 참여하여 교육자의 여망과 주장을 충분히 반영시킨다.
- 교직단체는 교육의 혁신과 국가의 발전을 위하여 다른 직능단체나 사회단체와 연대 협동한다.

⑤ 스승과 사회

스승은 제자의 성장·발달을 돕기 위하여 학부모와 협력하며, 학교와 사회와의 상호작용의 원동력이 되고, 국가발전의 선도자가 된다. 그러므로

- 우리는 학교의 방침과 제자의 발달상황을 가정에 알리고, 학부모의 정당한 의견을 학교교육에 반영시킨다.
- 우리는 사회의 실정을 정확하게 파악하고, 지역사회의 생활과 문화향상을 위하여 봉사한다.
- 우리는 사회의 욕구를 교육계획에 반영하여 학교의 교육활동을 사회에 널리 알린다.
- 우리는 국민의 평생교육을 위하여 광범위하게 협조하고 그 핵심이 된다.
- 우리는 확고한 국가관과 건전한 가치관을 가지고 국민의식 개혁에 솔선수범하며, 국가 발전의 선도자가 된다.

참고문헌

강봉규(2000). 인간 발달. 서울: 동문사.

강창동(1996). 한국 교육열의 사회화 특성에 관한 연구. 교육문제연구, 8(1), 고려대학교 교육문제연구소.

공영석 외(2002). 현대교육학. 서울: 가산출판사.

구병두(1996). 학업성취 관련변인. 서울: 양서원.

권석만(2000). 인간관계 심리학. 서울: 학지사.

권창길 외(2000). 교육학개론. 서울: 학지사.

김경중 외(2001). 아동발달심리. 서울: 학지사.

김기현(2002). 대학-진보의 동아시아적 의미. 서울: 사계절.

김병성(2002). 교육사회학이론 신강. 서울: 학지사.

김선구 외(2002). 사회변화와 교육사상. 서울: 원미사.

김신일(1993). 교육사회학. 서울: 교육과학사.

김언주 외(2002). 아이들이 행복할 때 교사도 행복하다: 다가가는 선생님이 되기 위한 교육심리. 서울: 창지사.

김영찬(1980). 생활·문화·교육. 서울: 교육과학사.

김영화(1992). 학부모의 교육열: 사회계층 간 비교를 중심으로. 교육학연구, 30(4호), 한국교육학회.

김윤섭(2000). 교육학강의. 서울: 한올출판사.

김종철(1983). 교육행정의 이념과 실제. 서울: 교육과학사.

김창걸(1998). 교육행정학 및 교육경영신강. 서울: 형설출판사.

김천기(1998). 교육의 사회학적 이해. 서울: 학지사.

김충기 외(2002). 교육학개론. 서울: 동문사.

김희복(1991). 한국인의 교육열 탐색. 경성대학교 학술저널, 11(3), 경성대학교.

남정걸 외(1995). 교육조직론. 서울: 한국교육행정학회.

남정걸(2000). 교육행정 및 교육경영. 서울: 교육과학사.

노종희(1992). 교육행정학: 이론과 연구. 서울: 문음사.

노종희(1983). 상황적 리더십 이론. 한국교육행정학의 이론적 접근. 서울: 교육과학사.

박도순 외(1994). 신교육학개론. 서울: 문음사.

박동서(1987). 한국행정론. 서울: 법문사.

박상호 외(1995). 교육학개론. 서울: 집문당.

박승배(2001). 교육과정학의 이해. 서울: 양서원.

박용헌(1968). 학교사회. 서울: 배영사.

박희경 역(2002). 학습과 공부: 연구 조망. 서울: 시그마프레스.

변영계(1999). 교수·학습 이론의 이해. 서울: 학지사.

서울대학교 교육연구소(1999). 교육학대백과사전 I.II.III. 서울: 하우동설.

서울대학교 교육연구소(1981). 교육학용어사전. 서울: 배영사.

서정화(1989). 한국인사행정론. 서울: 세영사

석태종(1996). 교육사회학. 서울: 교육과학사.

송병순(1987). 교육사회학. 서울: 문음사.

오명근 외(1999). 사회학. 한국사회학연구소.

오성삼 외(1998). 교육학의 이해. 서울: 양서원.

오욱환(2000). 학교교육과 불평등. 서울: 교육과학사.

윤길순 역(2001). 사회학. 서울: 김영사.

윤운성(2001). 교육의 심리적 이해. 서울: 양서원.

윤정일 외 역(1986). 교육과 사회발전. 서울: 대영문화사.

이건만(1994). 마르크스주의 교육사회학. 서울: 교육과학사.

이규환(1988). 비판적 교육사회학. 서울: 한울.

이승복 외 역(1997). 심리학사. 서울: 학문사.

이영석 외(2000). 최신 유아교육학개론. 서울: 교육과학사.

이정희 외 역(2000). 성격 유형과 학습스타일. 한국심리검사연구소.

이종각(1996). 교육사회학총론. 서울: 동문사.

이종원 역(1994). 문화를 보는 열다섯 이론. 서울: 인간사랑.

이혜림(2000). 실기교육방법의 이해. 백산출판사.

이홍우(1992). 교육의 개념. 서울: 문음사.

임창재(1999). 수업심리학. 서울: 학지사.

장보웅 외(1996). 인간과 문화. 한국방송통신대학교 출판부.

전성연 외 역(1999). 학습동기. 서울: 학지사.

정범모(1973). 교육과 교육학. 서울: 배영사.

정용교(2001). 문화기술지의 의의와 교육적 함의. 초등교육연구논총, 17(2). 대구교육대학교.

정우현(1996). 교사론. 서울: 배영사.

정재철 외(1996). 최신교사론. 서울: 교육과학사.

조승연(2003). 공부기술. 서울: 중앙 M&B.

조연수 외 공역(1997). 구성주의와 교육. 서울: 학지사.

조화태 외(2002). 인간과 교육. 한국방송통신대학교 출판부.

진영은 외(2002). 교육과정과 교육평가의 탐구. 서울: 학지사.

최정숙 외(1999). 교육사회학. 한국방송통신대학 출판부.

한균자 외(2002). 인간과 사회. 한국방송통신대학 출판부.

한동일(1983). 서양교육사. 서울: 대은출판사.

한정신(1998). 한국여성의 교육열 탐구. 아세아교육연구, 37. 숙명여자대학교 아세아여성문제연구소.

한준상(1982). 새로운 교육학: 교육사회학 이론의 전개. 서울: 한길사.

함종규(1997). 학습지도. 서울: 문음사.

Abraham, M. (1978). *Functionalism*. Englewood Cliffs, New Jersey: Prentice-Hall Inc.

Adams, J. S. (1963). Toward on Understanding of Inequity. *Journal of Abnormal and*

Social Psychology, 67.

Barnard, C. I. (1938). *The Functions of the Executive*. Cambridge, Mass.: Harvard Univ. Press.

Berlo, L. K. (1960). *The Process of Communication*. New York: Holt, Rinehart and Winston Inc.

Bertalanffy, L. V. (1950). An outline of General Systems Theory. *British Journal of Philosophical Science, I*.

Bobbitt, J. F. (1913). Some Geeral Principles of Management Applied to the Problems of City-School System. In S. Chestes Parker(Ed.), *The Twelfth Yearbook of the National Society for the Study of Education, Part I*. Chicago: Univ. of Chicago Press.

Brookover, W. B., & Gottlich, D. A. (1964). *Sociology of Education*. New York: American Book.

Campbell, R. F. (et al.) (1971). *Introduction to Educational Administration* (4th ed.). Boston: Allyn and Bacon Inc.

Charle, C. (1999). 대학의 역사. (김정인 역. 원제: Histoire des universites). 서울: 한길사.

Dahrendorf, R. (1959). *Class and Class Conflict in Industrial society*. California: Stanford University Press.

Drucker, P. F. (1973). *Management: Tasks-Responsibilities practices*. New York: Harper & Row.

Etzioni, A. (1975). *A Comparative Analysis of Complex Organizations*. New York: The Free Press. A division of Macmillan Co.

Fayol, H. (1949). *General and Industrial Management* (Translated by Constance Storrs). London: Sir Isaac Pitman & Sons Ltd.

Fiedler, F. E. (1967). *A Theory of Leadership Effectiveness*. New York: McGraw-Hill Book Co.

Gardner, H. (1998). 다중지능의 이론과 실제. (김명희 · 이경희 공역. 원제: *Multi Ple Intelligences New Horizons in Theory And Practice*).

Goodenough, W. (1963). *Cooperation in Change*. New York: Russell Sage Foundation.

Griffiths, D. E. (1958). Administration as Decision-Making. In A. W. Halpin (Ed.), *Administrative Theory in education*. Chicago: Midwest Administration Center, University of Chicago.

Gulick, L. (1937). Notes on Theory of Organization: *Papers on the Science of Administration*. Edited by L. Gulick and Lyndall Urwick. New York: Institute of Public Administration, Columbia University.

Halpin, A. W. (1959). *The Leadership Behavior of School Superintendents*. Chicago: Midwest Administration Center, The University of Chicago.

Harris, B. H. (1976). *Supervisory Behavior in Education*. Englewood Cliffs, New Jersey: Prentice-Hall Inc.

Hergenhahn, B. R. (2003). 학습심리학. (김영채 역. 원제: *Introduction to theories of learning*).

Hersey, P., & Blanchard, K. H. (1991). *Management of Organizational Behavior: Utilizing Human Resources* (3rd ed.). Englewood Cliffs, New Jersey: Prentice-Hall Inc.

Herzberg, B. M., & Barbara, B. S. (1959). *The Motivation to work*. New York: John Wiley & Sons Inc.

House, R. J. (1971). A Path-Goal Theory of Leader Effectiveness. *Administrative Science Quarterly, 16*(3), September.

Hoy, W. K., & Miskel, C. G. (1987). *Educational Administrational: Theory, Research, and Practice*. New York: Random House.

Katz, D., & Kahn, R. L. (1978). *The Social Psychology of Organizations* (2nd ed.). New York: John Wiley & Sons Inc.

Kluckhohn, C. (1966). The scientific study of values & contemporary civilization. *Zygon 1*(3), 230-243.

Knezevich, S. J. (1975). *Administration of Public Education* (3rd ed.). New York: Harper & Row Publishers.

Lewin, K. (1935). *A Dynamic Theory of Personality*. New York: McGraw-Hill Book Co.

Lindblom, C. E. (1959). The Science of Muddling Through. *Public Administrative Review, 19*.

Lipham, J. M. (1973). Content Selection in Organizational Theory and Behavior in Education. In J. Culbertson (et al.) (Eds.), *Social Science Content for Preparing Educational Leaders*. Columbus, Ohio: Charles E. Merrill Publishing Co.

Luthans, F. (1981). *Organizational Behavior* (3rd ed.). Tokyo: McGrow-Hill Kogakusha Company, Ltd.

March, J. G., & Simon, H. A. (1961). *Organizations*. New York: John Wiley & Sons Inc.

Maslow, A. H. (1965). *Eupsychian: Management A Journal.* Homewood, Ill.: Richard D. Irwin Inc., The Dorsey Press.

Mayo, E. (1946). *The Human Problems of an Industrial Civilization*. Boston: Division of Research, Graduate School of Business Administration, Harvard University.

McGregor, D. (1960). *The Human side of Enterprise*. New York: McGrow-Hill Book Co.

Merrihue, W. V. (1960). *Managing by Communication*. New York: McGrow-Hill Book Co.

Moehlman, A. B. (1951). *School Administration* (3rd ed.). Boston: Houghton Mifflin Co.

Moreno, F. L. (1943). *Who Shall Service? A New Approach to the Problem of Human Relations.* Washington, D. C.: Nervous and Mental Disease Publishing co.

Owens, R. G. (1991). *Organizational Behavior in Education* (2nd ed.). Englewood Cliffs, New Jersey: Prentice-Hall Inc.

Pfiffner, J. N., & Sherwood, F. P. (1960). *Administrative Organization*. Englewood Cliffs, New Jersey: Prentice-Hall Inc.

Porter, L. W., & Lawler III, E. E. (1968). *Managerial Attitudes and Performance*. Homewood, Ill.: Richard D. Irwin Inc.

Rice, R. W. (1978). Construct Validity or the Least Preferred Co-worker Score. *Psychological Bulletin, 85*.

Sara, N. G. (1981). A Comparative Study of Leader Behavior of School Principals in Four Developing Countries. *The Journal of Educational Administration, XIX.*

Schein, E. H. (1980). *Organizational Psychology*. Englewood Cliffs, New Jersey: Prentice-Hall Inc.

Shannon, C. E., & Weaver, W. (1949). *The Mathematical Theory of Communication*. Urbana, Ill.: The University of Illinois Press.

Sime, M. (1998). 피아제가 보여주는 아이들의 인지세계. (문용린 역. 원제: child's eye view : Piaget for young parents and teachers). 서울: 학지사. (원저 1996년 출판).

Simon, H. A. (1976). *Administrative Behavior: A Study of Decision-Making Processes in Administrative Organizational* (3rd ed.). New York: The Free Press.

Taylor, F. W. (1911). *The Principles of Scientific Management*. New York: Harper & Brothers Publishers.

Tyler, S. A. (Ed.) (1969). *Cognitive Anthropology*. New York: Holt, Rinebart and Winston.

Vroom, V. H. (1964). *Work and Motivation*. New York: John Wiley & Sons Inc.

Waller, W. (1932). *The Sociology of Teaching*. New York: Wiley.

Weber, M. (1946). *Essays in Sociology*, ed. HH Gerth and CW Mills. New York: Oxford University. Press.

Wiles, K. (1961). *Supervision for Better Schools* (2nd ed.). Englewood Cliffs, New Jersey: Prentice-Hall Inc.

Yauth, W. A. (1949). *Improving Human Relations in School Administration*. New York: Harper & Brothers Publishers.

저 / 자 / 약 /력

윤건호

성균관대학교 일반대학원 교육학과 졸업

교육학박사

현재 용인송담대학교 유아교육과 교수

김봉석

성균관대학교 일반대학원 교육학과 졸업

교육학박사

현재 용인송담대학교 유아교육과 교수

개정
교육학개론

초판 5쇄 발행 2013년 3월 21일
개정 1쇄 발행 2015년 11월 2일

지 은 이 | 윤건호·김봉석
펴 낸 이 | 김기섭
편 집 인 | 박인순
펴 낸 곳 | 창지사 www.changjisa.com
153-802 서울시 금천구 가산디지털 1로 83 파트너스타워1차 9층
전화 (02) 719-2211~3
팩스 (02) 701-9386
등 록 | 1977년 4월 28일·제1-421호

ISBN 978-89-426-0844-7 (93370)

값 18,000원

이 도서의 국립중앙도서관 출판예정도서목록(CIP)은 서지정보유통지원시스템 홈페이지(http://seoji.nl.go.kr)와 국가자료공동목록시스템(http://www.nl.go.kr/kolisnet)에서 이용하실 수 있습니다.(CIP제어번호:2015022785)